新 MHK 轻松过

全项一本通

郭风岚 主编

苏瑞 郭洋 吴江菊 靳泽怡 编著

U0953373

二级

北京语言大学出版社
BEIJING LANGUAGE AND CULTURE UNIVERSITY PRESS

© 2021 北京语言大学出版社，社图号 20226

图书在版编目（CIP）数据

新 MHK 轻松过（二级）全项一本通 / 郭风岚主编 ；
苏瑞等编著 . -- 北京 ：北京语言大学出版社，2021.4
ISBN 978-7-5619-5828-5

Ⅰ. ①新… Ⅱ. ①郭… ②苏… Ⅲ. ①汉语－少数民
族教育－水平考试－自学参考资料 Ⅳ. ① H19

中国版本图书馆 CIP 数据核字（2021）第 059241 号

新 MHK 轻松过（二级）全项一本通
XIN MHK QINGSONG GUO (ER JI) QUANXIANG YIBENTONG

排版制作：北京创艺涵文化发展有限公司
责任印制：周 燚

出版发行：北京语言大学出版社
社　　址：北京市海淀区学院路 15 号，100083
网　　址：www.blcup.com
电子信箱：service@blcup.com
电　　话：编辑部 8610-82303390
国内发行 8610-82303650/3591/3648
海外发行 8610-82303365/3080/3668
北语书店 8610-82303653
网购咨询 8610-82303908
印　　刷：北京鑫丰华彩印有限公司

版　　次：2021 年 4 月第 1 版　　印　　次：2021 年 4 月第 1 次印刷
开　　本：889 毫米 × 1194 毫米 1/16　　印　　张：17.25
字　　数：330 千字
定　　价：52.00 元

PRINTED IN CHINA

前 言

自2002年出版第一本MHK图书——《MHK大纲（三级）》以来，伴随着MHK考试推行范围的扩大，北京语言大学出版社（以下简称“北语社”）的MHK图书出版也走过了18年的历程。这18年中，北语社一系列MHK图书帮助一届届学子顺利通过了考试，提高了国家通用语言文字水平。

社会的发展日新月异，新事物、新理念层出不穷，新的MHK大纲也应运而生。北语社与时俱进，依据新考试大纲，推出了大型MHK图书产品——“新MHK轻松过”系列。本系列图书体系清晰，品类齐全：既有依据新教学理念编写的考教结合类教材，又有高质量的试卷合辑；既有对考生宏观的考试指导，又有微观的试题解析。可以说，本系列图书满足了考生的各方面需求。

“新MHK轻松过”系列图书架构

级别	考试教程				分项分类练习	附答案详解的模拟试题	模拟试卷合辑 *
一级	听力理解教程	阅读理解教程	书面表达教程	口语考试教程	全项一本通	模拟试题及详解	模拟题集
二级	听力理解教程	阅读理解教程	书面表达教程	口语考试教程	全项一本通	模拟试题及详解	模拟题集
三级	听力理解教程	阅读理解教程	书面表达教程	口语考试教程	全项一本通	模拟试题及详解	模拟题集
四级	听力理解教程	阅读理解教程	读后写教程	口语考试教程	全项一本通	模拟试题及详解	模拟题集

* 每个级别的模拟试卷合辑均有多册，按1、2、3、4排序。

“新MHK轻松过”系列特色

❶ 新大纲，新题型，新语料

本系列所有图书都是依照新大纲编写的，语料涉及的词汇全面覆盖新大纲词汇表，试题按照新大纲样卷中的题型编排，语料反映最新的社会发展状况。一切都力图体现一个“新”字。

❷ 灵活搭配，自由组合，全方位提升

本系列每个级别都包含四类图书，一类一功能，互为补充。考生可以按照图书功能依次使用各册图书，也可以根据自己的语言水平灵活选用。可先使用考试教程，夯实基础；然后进行分项分类练习，逐项巩固；最后使用模拟题集熟悉考试流程，为正式考试做准备。也可以直接使用附答案详解的模拟试题或模拟试卷合辑，先进行考前演练，从中找差距，再针对自己的弱项使用考试教程进行提升。总之，灵活选用本系列图书，可全方位提升考生的应考能力和语言水平。

❸ 好教，好用，配套齐全

本系列图书作者在深入研究新旧两版大纲的基础上，逐个分析考点，逐条讲练应试策略，力求有用、适用、好用。其中配有录音的分册，考生扫描二维码可随时听配套录音。考试教程配有教案、课件，供教师教学时参考。

在本系列图书的编写过程中，我们从国内出版的各种报纸、杂志以及网络上选用了一些语料，并对语料做了适当改写，在此，我们向原作者表示诚挚的感谢。由于种种客观原因，目前我们无法与所有语料的原作者一一取得联系，希望原作者看到本系列图书后尽快与我们联系，我们将按照有关规定支付稿酬。

最后，希望本系列图书给广大考生带来新颖的理念、便捷的体验、立竿见影的实效。祝愿广大考生使用本系列图书后，在 MHK 考试中都取得理想的成绩，切实提高国家通用语言文字水平。

编写说明

教育部民族教育司2016年颁布了修订版MHK（二级）大纲，对等级标准、考试题型以及字表和词表等均做出了调整。

本书是依据新修订的MHK（二级）大纲编写的备考用书。本书从实用的角度出发，旨在帮助考生提高应试效率，取得理想成绩。本书既可用于MHK（二级）课程的集中教学，也可用于考生自学。下面分别介绍修订版MHK（二级）考试和本书的使用方法。

一、关于修订版MHK（二级）考试

（一）修订版MHK（二级）考试有哪些变化

修订版MHK（二级）考试保持了原来考查考生实际运用国家通用语言能力的理念，但对考生能力的考查更加全面；个别题型做了补充、调整和完善；更新、调整了字表和词表；口试不再是“一对一”档案式评价体系，而是充分利用计算机技术，改用基于人工智能和语音识别技术的“人机对话”方式进行测评，使得考试更客观、更科学。

除此之外，听力理解部分最大的变化是取消了听力搭配题型，增加了对话和讲话题的题量，更注重考查考生在实际生活中的语言运用能力。

（二）修订版MHK（二级）考什么

MHK（二级）考什么？简单地说，MHK考查考生实际运用国家通用语言的能力，“突出能力的全面考查”。修订版MHK更加注重考查考生学业上的国家通用语言知识与技能，注重考查考生在日常学习、生活中的国家通用语言实际交际能力。由此可知，考生除了要重点掌握规定的国家通用语言知识与技能，以适应用国家通用语言授课课程的学习外，还需要具备一定的国家通用语言交际能力。

对国家通用语言知识与技能的考查，主要是考查听、说、读、写四项技能，以及考生对字、词、句、段、篇章等基础知识的掌握情况及运用策略。

对国家通用语言交际能力的考查，主要是考查考生在具体的语言环境中运用一定的交际策略完成相应的交际任务的能力。

无论是对语言技能的考查，还是对交际能力的考查，都会将文化意识、学习态度和情感策略融入其中。

（三）修订版 MHK（二级）试卷的构成及内容

与原来的 MHK（二级）考试相同，修订版 MHK（二级）考试的试卷分笔试和口试两部分。全部考试时间约 120 分钟，满分为 400 分。

❶ 笔试

笔试时间约 115 分钟，满分为 300 分。试卷包括三部分：听力理解、阅读理解和书面表达。

（1）听力理解

听力理解共 35 题，答题时间约 35 分钟。每道题的答题时间约 17 秒。

1）试卷结构

试卷由两部分构成：

①第一部分为短对话，共 15 题。每道题都是一男一女各说一句话，第三个人就对话内容提问。

②第二部分包括长对话和简短讲话，共 20 题。先是一男一女的长对话，共三段，每段对话后有两个或三个问题；长对话考完后就是一个人的简短讲话，共四段，每段讲话篇幅为 220~330 字不等，其后有三个或四个问题。

2）考查内容与目标

本部分主要考查考生在日常学习、生活和社会交往中的听力理解能力，要求考生能运用各种听力策略完成任务。具体要求包括：①能掌握听力材料的内容大意及要点；②能抓住并提炼听力材料中的关键信息；③能领会说话人的语气和态度；④能归纳、概括听力材料所表达出来的思想、观点。

3）答题方式

每个问题后都给出 ABCD 四个选项，考生应从中选择最恰当的一个，将答案涂在答题卡相应的位置上。

（2）阅读理解

阅读理解共 40 题，答题时间为 40 分钟。

1）试卷结构

试卷由两部分构成：

①第一部分为选择词语填空。共 15 题，15 分钟。每道题都是一个句子，句子中有一个或两个空，考生需要从给出的四个备选答案中选出一个最适合填入空中的答案。

②第二部分为读后回答问题。共 25 题，25 分钟。共有七篇阅读材料，每篇阅读材料后有三至四个问题。

2）考查内容与目标

本部分主要考查考生的阅读速度和对阅读材料的理解能力，要求考生能够运用相关阅读策略理解长度不同的各类题材和体裁的材料。具体要求包括：①能掌握词语在句子中的意思和用法；②能理解句子的意思；③能根据上下文理解关键词语或句子的意思；④能获取阅读材料的细节性信息；⑤能归纳、概括阅读材料的中心思想或主要内容；⑥能领会作者的观点、态度、情感等。

3）答题方式

每道题后都给出 ABCD 四个选项，考生应从中选择最恰当的一个，将答案涂在答题卡相应的位置上。

（3）书面表达

书面表达共 11 题，答题时间为 40 分钟。

1）试卷结构

试卷由两部分构成：

①第一部分为客观性试题，该部分又包括以下两种题型：

题型Ⅰ：找出错误的句子。共 5 题，5 分钟。每道题有 ABCD 四个句子，其中三个句子是正确的，一个句子是错误的，要求考生找出这个错句。

题型Ⅱ：根据拼音写字。共 5 题，5 分钟。给出一段文字，有 5 处标注的是拼音，要求考生认读拼音后写出正确的字。

②第二部分为主观性试题：写作文。共 1 题，30 分钟。要求考生根据给出的提示材料写一篇作文。

2）考查内容与目标

本部分主要考查考生的书面表达能力。具体要求包括：①能辨识出存在词语、句义、语序或句子结构错误的病句；②能正确地写字；③能写出 300 字左右的简单的记叙文、读后感或应用文；④能正确使用标点符号。

3）答题方式

客观性试题的题型Ⅰ，每个问题后都给出 ABCD 四个选项，考生应从中选择最恰当的一个，将答案涂在答题卡相应的位置上；题型Ⅱ，考生应在答题卡相应的位置上写出正确的字。主观性试题即作文，有专用的卷面稿纸，考生要根据提示内容，将作文写在稿纸上。

❷口试

口试在笔试之外单独举行，约 5 分钟，共 100 分，成绩也单独报告。

（1）考试方式

利用计算机考试，通过人机对话的方式进行。

（2）考试题型、试卷结构及时间要求

口试包括两种题型：

①朗读：朗读句子。共 5 题，2 分钟。考生拿到材料后可以先熟悉一下，然后开始朗读。

②口头报告：共1题，3分钟。试题为一个或两个问题，考生按照考试要求进行简单的准备，然后开始做口头报告。

（3）考查内容及目标

本部分主要考查考生进行简单会话和简短说话的能力。具体要求包括：①能用较标准的语音语调朗读考试材料；②能正确地用学过的词语、句式回答问题和表达看法，表达连贯、具体、有条理；③语速自然，障碍性停顿较少。

二、本书的使用方法

（一）本书的特点

❶ 自学自测和课堂训练双向适用

本书采用讲练结合方式，既适用于教师在课堂上对考生进行针对性训练、辅导，也适用于考生自学和自我测评。

❷ 题目命制科学严谨

本书在题目命制过程中坚持以下原则：

（1）题目设计科学规范

本书严格以修订版MHK（二级）大纲为编写依据，题目的题型、难度都与真题保持一致，其中的摸底检测和实战演练部分完全按照真实考试设计，考生通过这些训练不仅可以提高自己的语言水平，还可以熟悉考试流程，有利于应考。

（2）题目语料来源广泛

本书试题的语料选自古今各类书籍、报刊、融媒体、互联网等等，涵盖了社会、经济、文化、历史、科技、教育、自然等多个领域，信息量大，语言自然、真实，贴近考生的生活实际，符合其语言能力水平。

❸ 题目解析详细精当

本书专项训练部分的题目配有解析，指出了题目的考点以及解答的思路，是教师授课讲解的有益参考和考生自学的重要辅助材料。

（二）本书的结构

本书分为笔试部分、口试部分、听力理解录音文本、参考答案及解析四个部分。笔试部分和口试部分又分别分为摸底检测、专项训练、提速训练和实战演练四个单元。其中，摸底检测和实战演练单元是完整的模拟试题，专项训练和提速训练单元讲练结合，分项设置练习题。总的练习题量为：笔试部分包括 4 套模拟试题、2 套专项练习题和 4 套提速练习题，口试部分包括 4 套模拟试题、2 套专项练习题和 2 套提速练习题。

（三）怎样使用本书

本书作为修订版 MHK（二级）训练用书，既可以用于考前课堂训练，也可以用于考生自学自测。

❶ 课堂训练

本书基本涵盖了修订版 MHK（二级）的全部考查内容。教师课堂训练前应结合考试大纲和本书一起备课。本书主要由摸底检测、专项训练、提速训练和实战演练四个部分构成，环环相扣，层层递进，使训练的针对性更强、更实用。课堂上，专项训练可以全部由教师进行讲解训练，旨在帮助考生掌握并巩固语言知识和技能；提速训练可以让考生课后回家自己练习，当然，如果教师觉得训练量还不够，仍可以在课堂上进行；摸底检测和实战演练的题目是完整的试卷，可作为阶段测验使用。下面我们分别讲解。

（1）摸底检测

摸底检测是全流程测试，是完整的高仿试卷。开始本课程时，建议教师先对考生进行测试，以了解考生的实际水平，并据此拟订下一步的训练计划。这部分检测，还可以在进行专项训练的过程中复测一次，检查一下训练效果。

（2）专项训练

专项训练分听力理解、阅读理解和书面表达三部分。训练时，教师首先用 20 分钟左右的时间讲解答题的方法和注意事项，随后让考生做一套相关专项练习，做完后教师再公布答案，让考生对照答案后自我打分，然后教师根据考生的练习情况迅速归纳出他们容易出错的考点，对此进行重点讲解。

专项训练最好是采取一天一个专项，重点突破的辅导方式。这样做的好处是针对性强，效果较好，而且集中于单一的重点也可以减轻考生的记忆负担。

听力理解部分，教师首先应让考生掌握做题的顺序技巧，引导考生养成先看题目选项，再听录音，听录音的时候关注重点信息的习惯。例如：如果选项是四个地点，教师可引导考生在听录音的时候重点关注地点信息，关注人物或事件与不同地点的关系，这样就容易找到符合题意的正确答案。如果某个题考生出错较多，教师需要分析原因，指出问题，并带考生反复练习。

阅读理解部分，教师同样首先要让考生掌握做题的顺序技巧，训练应考的思维，引导考生先看题干，迅速了解题目意图后再看四个选项。其次，教师可以事先归纳总结出阅读部分常见的考查项目以及相应的提问方式，再讲解各类题目的应对方法，包括怎样捕捉细节，怎样抓关键信息，怎样判断材料反映出来的观点、态度，等等。

书面表达部分包括客观性题目和主观性题目。其中，客观性题目重点考查考生对语言知识的掌握情况，教师除了平时让考生多积累外，还可以对考生进行针对性训练。比如：第一种题型是找出错误的句子，训练前教师需要归纳出考生应该熟悉的句子错误类型，比如词语用错、语序颠倒、搭配不当、成分缺失等。考生掌握了这些错误类型的特点，考试时就能很快地找出错句来。主观性题目是作文。要想写好作文，平时就要多下功夫，要让考生多写多练，比如写一些日记、小故事、常用的应用文等。训练时，教师要事先归纳出作文写作的特点，然后教考生怎样理解题意，怎样根据题意展开内容。

（3）提速训练

提速训练要求在规定时间内完成练习题。如果让考生课下独立完成，上课后教师要组织考生核对答案，根据考生的答题情况，归纳出考生容易出错的考点和反复出错的考点，对此进行重点讲解。对考生反复出现的错误，教师要进行有针对性的讲解和训练，直至考生掌握。

（4）实战演练

这是课程结束前最后的全流程测试，和摸底检测一样，建议教师也按照实际考试流程对考生进行测试，根据测试结果查漏补缺。

本书还可作为教师平时授课中的参考手册。

❷ 考生自学自测

如果觉得学校的训练不够，考生也可以利用本书自学自测，严格按照考试要求用本书中的每一套测试题进行自测，以此来检测自己目前的水平。自测后再根据自身情况进行有针对性的复习。我们从听力理解、阅读理解、书面表达和口语考试四方面给考生一些建议。

（1）听力理解

听力成绩不太好的考生，大多是因为听得少。提高听力成绩最好的方法就是多听多练。建议考生反复听本书所配的录音，直至把录音完全听懂，最好能达到非常熟练的程度。听的时候要注意理解说话人的语气、态度以及说话人之间的关系，学会抓住话语所表达的主要内容、抓住话语中的关键词语进行推理判断。在时间安排上，自测后就可以反复听，尤其是没有一下子听懂的内容要达到非常熟练的程度才好。

（2）阅读理解

阅读理解部分在 MHK 中所占的比重最大。阅读成绩不太好的考生，有的是因为阅读得少，有的是因为不理解题目的意思，缺少做题的经验。我们建议考生从以下两方面来利用本书提高阅读成绩。

本书严格按照修订版 MHK（二级）大纲编写，阅读文章的长度、出题的角度和真题保持一致。考生可以利用书中的阅读材料，将精读和泛读相结合，以此来提高自己的阅读能力。在时间安排上，保证每天至少精读一篇，泛读三篇。精读的时候不仅要弄清楚文章的结构，更要体会每一句话的意思及其在文章中的作用，提高理解能力。泛读就是快速浏览式阅读，通过快速浏览短文，抓住作者的语气、态度，抓住阅读材料所表达的主要内容，提高阅读速度。

另外，考生要主动研究出题特点及规律，在做完练习题之后可以结合答案对问题进行研究，观察每一类问题的答案可能会在什么地方出现，这样做有助于提高答题效率和正确率。例如：如果是问文章的主旨或中心思想，答案一般就在文章的开头或结尾；如果是细节题，则要找到题干中出现的关键词，然后回到文章中找到对应的部分，答案一般就在关键词附近。

（3）书面表达

书面表达分为客观题和主观题两部分，这两部分考查的是考生的写作基本功。基本功不是很快就能掌握的，需要考生长期学习、积累，平时就要注意进行有针对性的训练。

要想答好客观题，考生需要通过多读多写来培养语感，积累语言知识，提高自己的文字书写能力和同音字辨别能力。

主观题是作文，提高作文水平最好的方法是多读多写多练。如果考生一开始觉得自己写不出东西来，可以先看范文，了解范文的结构和用词，平时多读多记一些好文章或好句子。熟能生巧，积累多了，写作文时自然就有话说。平时写完一篇作文后要反复修改条理不清和用词不当的部分，改好后自己背下来，考试的时候有可能用到。

作文部分的训练可以这样做：专项训练部分的作文题最好两天写一篇，写完后不断修改；提速训练部分的作文题可以按照考试规定的时间先只写提纲，培养写作思路，再参考范文扩展内容；模拟试题部分严格按照考试规定的时间完成，以此来测试自己每一阶段的写作水平。

（4）口语考试

口语考试的目的是考查考生的口头表达能力，考生平时要多说多练，不断提高自己边想边说的能力。考试时要注意语句的连贯，减少话语重复。

总之，在学习过程中考生要尽量培养自己的语感，在生活中多观察，在交际情境中多体会、多练习，持之以恒，那么自己的国家通用语言文字水平就会越来越高，在考试中自然就会取得好成绩。祝愿考生考试顺利！

编　者

2021 年 4 月

目录

笔试部分

口试部分

听力理解录音文本

参考答案及解析

MHK（二级）主监考用语

1. 待考生入场、清点考生人数完毕后，主监考向考生宣读：

> **同学们，你们好！欢迎大家参加今天的 MHK 考试。**
>
> **现在我宣布考场纪律：**
>
> **1. 请大家把准考证、身份证件放在桌子的左上角。除了准考证、身份证件、手表、铅笔、钢笔、尺子和橡皮以外，不要把别的东西放在桌子上。**（左一列放在右上角，以便核验。）
>
> **2. 考试过程中请不要说话，不要看别人的答题卡或举起答题卡让别人看。**
>
> **3. 请不要随便离开座位，如果有特殊情况，请举手，得到主监考允许后再离开。**
>
> **4. 请不要把试卷和答题卡带出考场，不要抄录试卷内容，考试结束时，试卷和答题卡都要完好地交还，不能有任何缺损。**
>
> （主监考环视考场，副监考巡视考场，停顿 5 秒钟；当确认无违规者后，主监考宣读：）
>
> **现在请副监考老师分发试卷Ⅰ、答题卡、条形码。**
>
> （副监考正确分发答题卡，帮助考生粘贴条形码。）

> 答题卡分发示意图
>
> | | | | |
> |---|---|---|---|
> | A 卡 | B 卡 | A 卡 | B 卡 |
> | B 卡 | A 卡 | B 卡 | A 卡 |
>
> **拿到试卷后，请不要打开。拿到试卷后，请不要打开。听到打开的命令后，再打开。**（主监考按事先划分的区域，根据实到考生数将试卷交给副监考，副监考核对无误后按顺序将试卷直接发放到考生的手中，不要传递，发完后，主监考宣布：）
>
> **同学们，我们马上就要开始播放考试说明了。如果哪位听不清楚，请举手。**（停顿 30 秒，主监考环视考场，按下录音设备的放音键。2 ～ 7 部分的内容均在录音中播放。）

2. 音乐（中国民乐。30 秒。渐弱。）

3. 播音员

> **同学们，你们好！**
>
> **欢迎大家参加今天的 MHK 考试。**

4. 播音员

> **现在请大家填写答题卡，请大家逐项填写姓名、准考证号等项内容。填写时，横道一定要画得粗一些，重一些，把括号画满。最后请填写试卷号码，试卷号码在试卷的右上方。**（停顿 50 秒。）

此时，副监考巡视，指导考生粘贴条形码，填写答题卡。

5. 播音员

现在请大家看试卷封面上的注意事项。考试包括三项内容，分别是听力理解、阅读理解和书面表达。每项试题都有规定的答题时间。全部考试时间约 115 分钟。

6. 播音员

MHK 考试材料有两种：一种是试卷，一种是答题卡。答案一定要写在答题卡上，不能写在试卷上。作文请使用黑色钢笔或签字笔书写。

7. 播音员

现在请打开试卷，翻到第一页第一部分（停顿 10 秒）。**请注意：听力理解只放一遍录音，每道题后有 17 秒左右的答题时间，请你一边听，一边答。好，请大家准备好，听力理解考试现在开始。**

8. 待听力理解考试结束时（即从录音磁带中听到“听力理解考试到此结束”时），主监考大声宣布：

现在“阅读理解”和“书面表达”第一部分的考试开始，从 36 题到 85 题，共 50 题，时间 50 分钟。（主监考将起讫时间写在黑板上。）

9. 试卷Ⅰ考试时间还剩 5 分钟时，主监考大声宣布：

试卷Ⅰ部分的考试还剩 5 分钟。

10. 试卷Ⅰ考试结束时，主监考大声宣布：

试卷Ⅰ部分的考试现在结束，请大家马上放下笔，停止做题，合上试卷。现在请副监考收试卷Ⅰ。（收完清点无误后，主监考接着说：）**请副监考分发试卷Ⅱ。**

11. 分发试卷Ⅱ结束后，主监考大声宣布：

请大家进入“书面表达”第二部分作文考试。作文考试的时间为 30 分钟。（主监考将起讫时间写在黑板上。）

12. 作文考试时间还剩 5 分钟时，主监考大声宣布：

“书面表达”第二部分作文考试还剩 5 分钟。

13. 作文考试结束时，主监考大声宣布：

“书面表达”第二部分作文考试现在结束。请大家马上放下笔，停止做题，合上试卷，核对自己的姓名、准考证号等是否填写正确。

现在请副监考收试卷Ⅱ和答题卡（直接从考生手中收，不要传递），**请大家坐在原位，保持安静。在清点完试卷之前，请大家坐好，不要说话，不要离开考场。**

14. 主监考清点完毕，确保试卷和答题卡准确无误后，最后宣布：

现在可以离场，谢谢各位的合作。

MHK（二级）口语考试流程

口语考试共有 13 个步骤，具体包括：

1. 考试登录，输入准考证号。

2. 进行身份确认，核对自己的信息是否正确。

3. 根据指令调试耳机与话筒。

指令语为：“现在开始话筒和耳机测试。请按照屏幕上的提示图，戴好耳机，调整好话筒位置。准备好之后，请点击‘开始测试’按钮。”

此时边听指令边将耳机与话筒调整到合适的位置，话筒略低于嘴巴，与嘴巴之间的合适距离为 2 厘米。

4. 根据指令进行录音测试。

指令语为：“请按提示读下面的句子：‘我正在参加 MHK 考试。’”

5. 试听录音测试效果。

回答录音语句“我正在参加 MHK 考试”是否清楚。

6. 进入正式考试。

指令语为：“考试将在 2 秒后开始，请做好准备。”

7. 听播放考试说明。

指令语为：“同学们，你们好！欢迎大家参加 MHK 二级口试。二级口试共分两个部分，第一部分是朗读句子，第二部分是口头报告。”

8. 听播放指令，口头录入考生信息。

指令语为：“好，现在开始口试录音。请看屏幕，在‘嘀’声后回答问题。”

“嘀”声后考生需要口头回答的问题有：①你叫什么名字？②你是什么民族？③你的准考证号是多少？

9. 听播放指令，进入“第一部分：朗读句子”考试。

指令语为：“请看屏幕，注意：五个句子只朗读一遍，准备 60 秒，朗读 80 秒。请在‘嘀’声后开始朗读。”

指令语后就是朗读的具体内容，考生略加准备后开始朗读。

10. 朗读句子结束后，进入“第二部分：口头报告”。

指令语为：“请根据给出的话题进行口头报告，准备 60 秒，回答 90 秒。请在‘嘀’声后开始回答。”

指令语后就是具体的话题内容，考生根据话题内容略加准备后依次回答。

11. 录音结束。

第二部分内容完成后，口语考试就结束了，这时需要按照播放指令进行下一步骤工作。

指令语为：“口试结束，请大家坐好，不要说话。谢谢大家合作。”

12. 上传录音。

13. 根据指令离场。

指令语为：“考试完毕，考生请退场。”

笔 试 部 分

第一单元　摸底检测

MHK

模拟试题（一）

（二级）

注 意 事 项

一、MHK（二级）试卷分为卷Ⅰ和卷Ⅱ两部分：

1. 卷Ⅰ为客观选择题，每题都有四个供选择的答案，要求在答题卡上画出代表正确答案的字母，每题只能画一横道，如:［A］［B］ ■ ［D］。多画作废。

   请考生注意，卷Ⅰ使用阅读机阅卷，答案必须用铅笔画在答题卡上，不能写在试卷Ⅰ上。

   卷Ⅰ包括三项内容，共85题：

   （1）听力理解（35题，约35分钟）

   （2）阅读理解（40题，40分钟）

   （3）书面表达（10题，10分钟）

2. 卷Ⅱ为书面表达主观题（作文），30分钟。内容用黑色钢笔或签字笔写在答题卡的方格内。

   全部考试时间约115分钟。

二、注意看清题目的说明，严格按照说明的要求，在规定的时间内回答问题。

三、严格遵守考场规则，听从主监考的指挥。考试结束后，必须把试卷和答题卡放在桌子上，等监考人员收回、清点后，才能离场。

一、听力理解

（35 题，约 35 分钟）

扫一扫，听录音

第 一 部 分

说明： 1 ～ 15 题，这部分试题，都是两个人的简短对话，第三个人根据对话提出一个问题，听到问题后，请你在四个备选答案中选出唯一恰当的答案。

例如： 第 8 题，你听到：

男：小兰，你刚才去邮局订杂志，怎么没把今天的晚报买回来？

女：晚报都卖完了。

第三个人问：小兰刚才干什么去了？

你在试卷上看到四个答案：

A 寄信　　**B** 订杂志　　**C** 卖报纸　　**D** 买邮票

根据对话，第 8 题最恰当的答案是 **B**，你应在答题卡上找到号码 8，在字母 **B** 上画一横道。横道一定要画得粗一些，重一些。

8［**A**］　　■　　［**C**］　　［**D**］

1. **A** 过年
   B 热闹
   C 好吃的
   D 放爆竹

2. **A** 刘亦菲很好看
   B 花木兰很好看
   C 小龙女很好看
   D 演员扮演的人物

3. **A** 星期六上午
   B 星期六下午
   C 星期天上午
   D 星期天下午

4. **A** 妈妈在扎辫子
   B 晓燕平时扎辫子
   C 晓燕长得很像妈妈
   D 照片上的人是晓燕

5. A 做衣服
B 取衣服
C 送衣服
D 找工作

6. A 因为养鱼花钱少
B 因为他不喜欢猫
C 因为他家房子太小
D 因为他对狗毛过敏

7. A 复习
B 参加考试
C 去图书馆找资料
D 去老师那儿拿资料

8. A 遗憾
B 抱怨
C 安慰
D 原谅

9. A 商店
B 学校
C 实验室
D 男生家

10. A 衣柜
B 窗帘
C 厨房
D 餐桌

11. A 电费比上个月少
B 水费比上个月多
C 电话费比上个月少
D 交通费比上个月多

12. A 欢迎男的加入
B 不欢迎男的加入
C 这个小组没有意思
D 这个小组只收新手

13. A 缴费
B 住院
C 办理住院手续
D 办理挂号手续

14. A 苹果和葡萄
B 苹果和香蕉
C 香蕉和橘子
D 橘子和葡萄

15. A 男的想上吉他课
B 女的想上笛子课
C 男的觉得笛子课没意思
D 女的最后改报了吉他课

第 二 部 分

说明： 16 ～ 35 题，这部分试题中，你将听到几段对话或讲话。每段话之后，你将听到几个问题，听到问题后，请你在四个备选答案中选出唯一恰当的答案。

例如： 第 25 ～ 27 题，你听到：

男：请问，有包子吗？

女：有。刚做好的，都是热的。

男：怎么卖？

女：五毛钱一个。您要几个？

男：给我来两个。

女：好的。收您十块钱，找您九块，请点一下。

男：谢谢。请问附近哪儿有卖报纸的？

女：前面路口向右拐有一家邮局，邮局里就有。

男：太好了，谢谢。

女：不客气。

第三个人根据这段对话提出三个问题：

25. 男的正在做什么？

你在试卷上看到四个答案：

A 问路　　**B** 取钱　　**C** 买东西　　**D** 吃包子

根据对话，第 25 题唯一恰当的答案是 **C**，你应该在答题卡上找到号码 25，在字母 **C** 上画一横道。横道一定要画得粗一些，重一些。

25 [**A**]　　[**B**]　　[redacted]　　[**D**]

……

你又听到：

27. 男的打算去做什么？

你在试卷上看到四个答案：

A 买邮票　　**B** 打电话　　**C** 取包裹　　**D** 买报纸

根据对话，第 27 题唯一恰当的答案是 **D**，你应该在答题卡上找到号码 27，在字母 **D** 上画一横道。横道一定要画得粗一些，重一些。

27 [**A**]　　[**B**]　　[**C**]　　[redacted]

16. **A** 男的的
B 女的的
C 大鹏的
D 爷爷的

17. **A** 找爷爷
B 修收音机
C 买收音机
D 听收音机

18. **A** 男的送的
B 自己买的
C 朋友送的
D 叔叔送的

19. **A** 又好用又便宜
B 好用但是不便宜
C 不好用但是便宜
D 不好用也不便宜

20. **A** 好吃
B 干净
C 便宜
D 种类多

21. **A** 不喜欢做饭
B 不喜欢洗碗
C 自己做饭没营养
D 家里做饭不方便

22. **A** 吃食堂的好处
B 食堂的饭菜怎么样
C 女的喜欢吃食堂的原因
D 男的不喜欢吃食堂的原因

23. **A** 是用来学习数学的
B 2 岁的孩子也能玩儿
C 可以让大脑保持年轻
D 受到很多家长的反对

24. **A** 2010 年
B 2015 年
C 2019 年
D 2020 年

25. **A** 7.080 秒
B 8.039 秒
C 9.662 秒
D 10.063 秒

26. **A** 减少污染
B 变废为宝
C 减少垃圾袋
D 减少土地侵蚀

27. **A** 20% ～ 30%
B 30% ～ 40%
C 40% ～ 50%
D 50% ～ 60%

28. A 把垃圾变为朋友
B 垃圾分类好处多
C 保护环境的重要性
D 垃圾分类人人有责

29. A 9
B 10
C 19
D 29

30. A 跑步者
B 步行者
C 一样多
D 不知道

31. A 跑步能有效控制体重
B 跑步能有效改善食欲
C 跑步有益于身体健康
D 跑步能消耗更多热量

32. A 说话人上二年级时
B 说话人上三年级时
C 说话人上四年级时
D 说话人上五年级时

33. A 忘记给了
B 说话人没有交
C 说话人成绩好
D 要在班里公开展示

34. A 老师表扬了他
B 老师批评了他
C 大家都羡慕他
D 作业不是他做的

35. A 一次难忘的作业
B 姐姐帮我写作业
C 谁的作业最工整
D 自己的作业自己写

二、阅读理解

第 一 部 分

（15 题，15 分钟）

说明：36 ～ 50 题，每一个句子中有一个或两个空，请你从所给的四个备选答案中挑选一个最适合填入空中的答案，并在答题卡上代表正确答案的字母上画一横道。

36. 他就是个骗子，你跟他做生意是________丢钱。

A 明明

B 白白

C 偏偏

D 时时

37. 代表们将投票决定是否________这项法律。

A 通过

B 测量

C 测算

D 操纵

38. 你的话太假了，我想说这是我一生中听到过的最________的话。

A 空虚

B 谦虚

C 虚伪

D 虚心

39. 小________一直在那个地方缝衣服，直到生命的最后一刻。

A 裁缝

B 裁判

C 歌手

D 大夫

40. 这里的船被学校借去了一大半，所以河上可租的船只数量________。

A 有力

B 有数

C 有名

D 有限

41. 这个地方________装着他的回忆。

A 刚刚

B 渐渐

C 往往

D 处处

42. 我________把钱都捐出去，也不会留给你。

A 幸亏

B 宁可

C 算是

D 似乎

43. 上一场比赛________得过于不公平，他真不适合担任裁判。

A 布置

B 扭转

C 裁决

D 判断

44. 在________15场比赛中，他竟然只胜了2场。

A 拼命

B 总共

C 偶尔

D 亲眼

45. 有个房间里全都是画，________着她不同时期的绘画作品。

A 陈列

B 沉默

C 前列

D 沉淀

46. ________你们有事不能来的话，________事先来个电话。

A 假如 就

B 不管 也

C 即使 也

D 不但 都

47. ________你再给我便宜一百块钱，否则我不会________你们公司的产品。

A 无奈 陪伴

B 即使 陪同

C 除非 购买

D 倘若 佩服

48. 奖金是________的话题，人们一般不喜欢公开________。

A 敏捷 发表

B 敏感 谈论

C 模糊 考虑

D 宁静 报道

49. 他不仅在工作上是个________员工，还很能________气氛。

A 荣誉 聚集

B 模糊 活泼

C 陌生 激发

D 模范 活跃

50. 学校已经________了受过训练的老师，就________再找顾问了。

A 邀请 差不多

B 请假 进一步

C 聘请 不见得

D 请客 差点儿

第二部分

（25题，25分钟）

说明： 51～75题，每段文字后都有若干个问题，每个问题都有ABCD四个备选答案，请你阅读后根据每题的要求选出最恰当的答案，并在答题卡上代表正确答案的字母上画一横道。

51～53

20世纪20年代，沈从文以其优美的散文被读者认可，有了很高的名气，因此被聘请到上海一所学校当老师。他当时只有26岁，刚来上海，从来没有讲过课。

第一次上课时，他原以为学生不多，没想到慕名而来的人挤满了教室。虽然他准备得很充分，但因为紧张，他在讲台上待了10多分钟，一句话也讲不出来。后来终于开讲了，本来预计讲一个小时的内容很快就讲完了，离下课的时间还早着呢。沈从文拿起了粉笔，在黑板上写道："今天是我第一次讲课，见你们人多，我害怕了。对不起大家。"学生们都笑了，瞬间理解了这位著名的作家，大家知道了这位著名的作家不是不重视讲课，只是和一般人一样，他也会紧张。

沈从文虽然是当时有名的作家，但他从没有讲过课，所以第一次讲课很紧张，出了一些问题。他很真诚地跟学生解释并道歉，也得到了大家的理解，此后他讲课讲得越来越好。只要我们真诚，别人就能感受到，也会被我们的真诚所打动。真诚是做人的起点，是争取别人原谅的办法。付出真诚，就能收获善意。

【51】沈从文被聘请到学校当老师，是因为他：

A 很有学问

B 散文优美

C 非常有名

D 擅长讲课

【52】沈从文第一次讲课：

A 没好好准备

B 被学生嘲笑了

C 讲了一个小时

D 表现得很紧张

【53】本文想要告诉我们：

A 名人也有缺点

B 做人应该真诚

C 做好准备很重要

D 要学会谅解别人

54 ～ 56

大多数人习惯用右手做事情，比如写字、刷牙等，我们称之为“右利手”或者“右撇子”。与之相反，有些人习惯用左手做事情，我们称之为“左利手”或者“左撇子”。利手，指的是用一只手来支配另一只手。关于左撇子，不同国家有不同的标准，我国的标准有 10 个：拿笔、拿筷子、扔东西、刷牙、拿剪刀、用火柴、穿针、拿锤子、拿球拍和洗脸。这 10 项全部用左手完成，才是严格意义的左撇子。

为什么会有左撇子呢？科学家们指出，左撇子有一种特殊的基因，25% 的左撇子是这种基因造成的。还有研究表明，母亲年龄较大并持续受到压力，或者孩子出生时体重较轻，都是产生左撇子的原因。

因为大多数人都是右撇子，所以左撇子显得有些奇怪，他们常常会引起周围人的关注，甚至被嘲笑。还有一些家长希望改变孩子的用手习惯，但这种做法是不科学的。强迫孩子改变用手习惯，可能会导致口吃、注意力不集中等问题。正确的做法是：顺其自然，尊重孩子的习惯。

【54】左撇子：

A 又称“右利手”

B 不如右撇子灵活

C 习惯用左手做事情

D 国际上有统一的标准

【55】根据本文，为什么会有左撇子？

A 母亲年龄小

B 有特殊基因

C 母亲体重轻

D 孩子有压力

【56】对左撇子，我们要：

A 帮助改变

B 顺其自然

C 密切关注

D 强迫改变

57 ～ 59

有两个差不多的公司。第一个公司的经理非常聪明，他平时会花时间和公司员工在一起，询问他们工作中有什么困难，并想办法帮他们解决，下班后也会和员工一起去喝啤酒娱乐，让员工觉得自己也是公司的主人。等到公司出问题时，员工们大都愿意降低薪水，帮助公司渡过难关，因为经理情商高。

而第二个公司的经理，不仅经常骂员工，而且如果员工在工作中出了错，还会找各种理由扣员工的薪水。当公司遇到困难时，大部分的员工不是被开除，就是自己离开了，最后公司也关门了。

在任何智力测试中，这两位经理的得分都差不多，但他们与人相处的能力则相差很多，第二个公司的经理控制情绪能力差，也就是情商低。

专家研究了情商和工作之间的联系。研究显示，情商低会使大脑中充满破坏记忆、学习和生产力的能量，阻止人们发挥最大潜能。专家对 150 多家公司的老板进行分析，发现情商比智力更重要。对于成败的影响，智力因素仅占 25%，情商因素占 75%。同时，随着任务变得更加困难，智力的作用降低，情商的作用增强。

很显然，在决定一个公司能否成功方面，老板或者管理者的情商比智力重要得多。

【57】第一个公司出问题时，员工愿意降薪水的原因是：

A 他们不缺钱

B 工作不好找

C 经理情商高

D 他们喜欢这个工作

【58】根据专家的研究，下列说法**错误**的是：

A 情商能影响人们潜能的发挥

B 情商对人能否成功的影响比智商大

C 如果要完成的任务非常困难，情商的影响会更大

D 智力因素与情商因素的比例是固定的 25%：75%

【59】本文最后一段主要讲的是：

A 公司能否成功完全取决于老板的情商

B 公司能否成功完全取决于老板的智商

C 情商对公司能否成功的影响大于智商

D 智商对公司能否成功的影响大于情商

60 ～ 63

庄文强是一位著名编剧，他的编剧事业却并不顺利。毕业后庄文强就开始做编剧了，并且他在编剧方面很有才华，常常有创新的想法。老板和同事都很欣赏他，他几乎参与了公司所有的编剧工作。老板想要培养他，他刚开始什么都不懂，慢慢变得越来越有能力。

四年后，他还是一名普通编剧，没有人知道他，他的工资也很低。他的同学做生意赚了很多钱，于是劝他一起做生意。他被说服了，辞掉了编剧工作，开始做生意。从那时起，庄文强开始到处跑，每天穿戴整齐，推销自己的产品。他遇到了很多困难，但他坚信自己会成功。

一年后，他终于明白自己没有做生意的才能。他不喜欢说话，不喜欢和人打交道。于是，庄文强重新做起了编剧。后来他也遇到了一些不错的机会，但他已经明白最适合自己的工作是编剧，所

以坚持了下来，终于以电影《无间道》一举成名。

庄文强说："每个人都有适合自己的工作，不要看别人赚了钱，成了名，我们也去做。找到适合自己的位置，坚持就好了。"

【60】庄文强刚开始做编剧时：

A 不太受重视

B 不在乎工资

C 很有编剧才华

D 不喜欢这个工作

【61】四年后，庄文强：

A 赚了很多钱

B 成为著名编剧

C 辞掉了编剧工作

D 推出了电影《无间道》

【62】做了一年生意后，庄文强终于明白：

A 自己不喜欢说话

B 自己不适合做生意

C 自己有这方面的才能

D 自己不喜欢和人打交道

【63】最适合做本文标题的是：

A 合适的位置

B 成功不怕晚

C 成功贵在坚持

D 善于抓住机会

64 ～ 67

周杰伦是音乐家、歌手、演员和导演。他出生于 1979 年 1 月 18 日。他的父母是高中教师。三年级时，他对音乐产生了兴趣。由于父母离婚，他被同学取笑，性格变得内向。在没有朋友的时候，他喜欢一个人听音乐，打坐，做白日梦。在中学，他学习了钢琴和大提琴。他表现出了创作才能，喜欢流行音乐，并开始写歌。他母亲最初鼓励他成为一名音乐教师，但当时他不知道以后该做什么。

1998 年，周杰伦和他的朋友参加了一个表演。他朋友唱歌，他弹钢琴。虽然他们没有赢，但周杰伦被一个大音乐公司看中。从此，他大部分时间都在学习音乐制作、写歌，但是他的歌没有人愿意唱。一天，他的老板告诉他，给他 3 天时间，如果能写出 10 首歌，就让他唱，结果他真的完成了。2000 年，他作为一名歌手，一举成名。

周杰伦的音乐在全国各地都很受欢迎，因为他的歌与当时的流行音乐非常不同。周杰伦也证明了自己是一个多才多艺的歌手。直到今天，周杰伦在乐坛都有巨大的影响力。

如果没有周杰伦一直以来的努力，我们将少听到很多好听的歌。

【64】关于周杰伦的学生时代，下列说法正确的是：

A 有很多朋友

B 想当音乐教师

C 表现出了创作才能

D 三年级开始学习音乐

【65】周杰伦的老板让他唱歌的条件是：

A 3 天写出 10 首歌

B 他被音乐公司看中

C 他要参加一个表演

D 很多人喜欢唱他的歌

【66】周杰伦的音乐受欢迎是因为：

A 与流行的音乐不同

B 他的歌是自己写的

C 他被大公司看中了

D 他 3 天写了 10 首歌

【67】本文主要讲的是：

A 周杰伦小时候的事

B 周杰伦的成功之路

C 周杰伦的歌非常受欢迎

D 周杰伦的才华是怎么被发现的

68 ～ 71

以前，那些经常从一个国家飞往另一个国家的人，常常会受到航空公司的忽视。航空公司，简单地说，就是用飞机运送人员和货物的公司。许多航空公司因为过于注重吸引新的乘客，牺牲了常旅客的利益。航空公司是想尽可能多地吸引新乘客乘坐他们的飞机，以便从中找到合适的客户群，好让便宜座位被坐满。

航空公司之间竞争很激烈，特别是在经济衰退期间或者特殊时期，客流量降低，票价又便宜，已经把一些航空公司推到了破产的边缘。在这种严峻的形势下，现在航空公司又把目光转向常旅客，以提高回报。他们花了大量的时间和精力来确定常旅客对服务以及飞机上工作环境的需求。对常旅客来说，最重要的是守时，因为常旅客以老板为主，老板的时间就是金钱。飞行服务是许多航空公司吸引常旅客的另一个办法，更好的食物和耳机也是吸引人的一部分。

很多公司推出了常旅客计划，像是会员卡一样，每次坐飞机可以积累分数，达到一定的分数可以乘坐一次免费航班。

【68】根据第一段，以前航空公司常常：

A 只卖票给常旅客

B 不卖票给常旅客

C 重视常旅客的利益

D 牺牲常旅客的利益

【69】根据本文，下面哪一项正确？

A 常旅客现在很受重视

B 常旅客一直不受重视

C 常旅客就是公司老板

D 常旅客一直受到重视

【70】下面哪一项是常旅客才能享受到的？

A 可以多带行李

B 可以买便宜机票

C 可以免费喝饮料

D 坐飞机可以积累分数

【71】本文主要讲的是：

A 航空公司之间的竞争

B 飞机上提供哪些服务

C 怎么做可以免费坐飞机

D 航空公司开始重视常旅客

72 ～ 75

一位著名的哲学家把学生们带到一个苹果园里，让他们从果园的这头走到那头，每人摘一个自己认为最大最好的苹果，但是不允许走回头路，不允许选两次。

学生们摘完以后，哲学家问他们："你们挑到自己最满意的苹果了吗？"大家你看看我，我看看你，都没有回答。

哲学家问："怎么了？难道你们对自己的选择不满意？"

"老师，让我们再选一次吧。"一个学生请求道，"我刚走进果园，就发现了一个很大很好的苹果，但是我想后面肯定还有更大更好的，所以就没摘。但是等我走到果园尽头时，才发现第一次看到的那个就是最大最好的。"

另一个学生说："我和他正好相反。我走进果园不久就摘下一个我认为最大最好的苹果，后来我发现了更好的，可是没有机会再摘了。"

其他学生也请求再选一次。

哲学家笑了笑，对学生们说："孩子们，这就是人生——人生就是一次无法重复的选择。"

面对无法回头的人生，我们只能做三件事：慎重地选择，争取不留下遗憾；如果遗憾了，就坦然地面对它，然后争取改变；如果也不能改变，就勇敢地接受，不要后悔，继续前进。

【72】哲学家让学生们：

A 在苹果园里上课

B 比赛谁摘得最多

C 摘最满意的苹果

D 思考人生的意义

【73】对于摘到的苹果，学生们的心情是：

A 满意

B 后悔

C 激动

D 生气

【74】学生们想再选一次是因为：

A 没有摘到苹果

B 想要更多的苹果

C 错过了更好的苹果

D 不喜欢摘到的苹果

【75】哲学家告诉学生们：

A 要努力追求最好的

B 人生不能重新选择

C 人生不应留下遗憾

D 自己喜欢的就是最好的

三、书面表达

第一部分

（5题，5分钟）

说明： 76～80题，在下面的ABCD四个句子中，只有一个是错误的，请找出这个句子，并在答题卡上代表正确答案的字母上画一横道。

76. **A** 学校将全力做好毕业生升学考试工作。

    B 这种花一年只开一次，并且只在冬季开。

    C 全体师生认真倾听了老英雄那刚毅的面容和感人的报告。

    D 据说蚂蚁感觉到要下雨时，就会集体搬到更安全的地方。

77. **A** 如果时间来得及，我们就去食堂吃饭。

    B 每天放学前，老师都吩咐我们路上要注意安全。

    C 奶奶喜欢养花，家里养了十几盆各种各样的花。

    D 疫情期间，中国人民团结协作，共克时艰，赢得了世界的称赞。

78. **A** 经过反复演算，他终于做对了这道题。

    B 这些感人至深的故事广泛在群众中流传。

    C 这个村地处沙漠边缘，夏季特别热，很少下雨。

    D 教师是人类灵魂的工程师，全社会都应该尊师重教。

79. **A** 亲戚家的小妹妹不仅年龄不大，而且很懂事。

    B 爱国不是停留在口头上，而是体现在行动上。

    C 以前这里一到春天就不断刮大风，偶尔还会有沙尘暴袭来。

    D 每当有重大灾难来临时，中国人民总会团结一心，取得最后的胜利。

80. **A** 感觉到地震后，母亲抱起孩子就往外跑。

    B 张小元很喜欢写诗，虽然工作忙，但一有时间就写几首。

    C 临近期末考试，同学们的学习状态和学习成绩都出现了积极转变。

    D 去年夏天有几天特别热，据说是因为全球气候变暖导致的极端天气。

第二部分

（5题，5分钟）

说明： 81～85题，在下面这段文字中，有5处是用拼音代替字的，请根据上下文的意思认读拼音，然后在答题卡上找到相应的题号，并在横线上写出正确的字。

当你感觉到大地在不停地 yáohuàng（81）时，可以马上 pànduàn（82）出地震了。此时，不要害怕，更不要 yóuyù（83），要迅速寻找安全之处。如果在室外，要避开广告牌、bōli（84）窗；如果在教室里，就赶紧跑到外边，或躲到课桌下边。这些做法都可以让你 bìmiǎn（85）受到伤害。

作文考试

（30分钟）

作文要求

1. 写作前认真阅读作文提示，按提示要求在规定的时间内写完。
2. 用简体字书写。每个空格写一个字，书写要清楚工整；每个标点符号占一个或两个空格，标点符号使用要规范。
3. 作文中不得出现跟考生有关的校名、地名和真实姓名。
4. 保持卷面整洁，不得涂画损坏答卷。

作文提示：

人们常说，教师是人类灵魂的工程师。教师不仅传授给我们知识，还给予我们人生指导，教我们做一个高尚的、对社会有用的人。上学期间，哪位老师给你留下了深刻的印象？请你通过一些事例，描写一下这位老师。

全文不少于300字。

MHK
模拟试题（二）
（二级）

注 意 事 项

一、MHK（二级）试卷分为卷Ⅰ和卷Ⅱ两部分：

1. 卷Ⅰ为客观选择题，每题都有四个供选择的答案，要求在答题卡上画出代表正确答案的字母，每题只能画一横道，如：[A] [B] ▬ [D]。多画作废。

请考生注意，卷Ⅰ使用阅读机阅卷，答案必须用铅笔画在答题卡上，不能写在试卷Ⅰ上。

卷Ⅰ包括三项内容，共85题：

（1）听力理解（35题，约35分钟）

（2）阅读理解（40题，40分钟）

（3）书面表达（10题，10分钟）

2. 卷Ⅱ为书面表达主观题（作文），30分钟。内容用黑色钢笔或签字笔写在答题卡的方格内。

全部考试时间约115分钟。

二、注意看清题目的说明，严格按照说明的要求，在规定的时间内回答问题。

三、严格遵守考场规则，听从主监考的指挥。考试结束后，必须把试卷和答题卡放在桌子上，等监考人员收回、清点后，才能离场。

一、听力理解

（35 题，约 35 分钟）

扫一扫，听录音

第 一 部 分

说明： 1 ～ 15 题，这部分试题，都是两个人的简短对话，第三个人根据对话提出一个问题，听到问题后，请你在四个备选答案中选出唯一恰当的答案。

例如： 第 8 题，你听到：

男：小兰，你刚才去邮局订杂志，怎么没把今天的晚报买回来？

女：晚报都卖完了。

第三个人问：小兰刚才干什么去了？

你在试卷上看到四个答案：

A 寄信　　**B** 订杂志　　**C** 卖报纸　　**D** 买邮票

根据对话，第 8 题最恰当的答案是 **B**，你应在答题卡上找到号码 8，在字母 **B** 上画一横道。横道一定要画得粗一些，重一些。

8［**A**］　　▬　　［**C**］　　［**D**］

1. **A** 因为这周要停电
   B 因为下周要停电
   C 因为朋友过生日
   D 因为朋友家停电

2. **A** 小兰上班迟到了
   B 小兰忘记请假了
   C 经理没答应请假
   D 小兰没有来上班

3. **A** 旅店
   B 饭馆
   C 医院
   D 教室

4. **A** 同事
   B 朋友
   C 同学
   D 师生

5. A 报刊亭
B 图书馆
C 超市和图书馆
D 报刊亭和超市

6. A 在减肥
B 生病了
C 没有工作
D 心情不好

7. A 一班
B 二班
C 三班
D 四班

8. A 重庆
B 四川
C 云南
D 贵州

9. A 他下午很忙
B 他下午不加班
C 他同意帮忙接孩子
D 他不愿意去接孩子

10. A 上班
B 做饭
C 打羽毛球
D 打乒乓球

11. A 买火车票
B 改火车票
C 退火车票
D 买飞机票

12. A 很精彩
B 很激动
C 很可惜
D 很遗憾

13. A 学生
B 老师
C 歌唱家
D 舞蹈家

14. A 因为他考上了研究生
B 因为他当上了总经理
C 因为他儿子双喜临门
D 因为他儿子当上了总经理

15. A 从来不迟到
B 发生了意外
C 家里出事了
D 今天迟到了

第二部分

说明： 16 ～ 35 题，这部分试题中，你将听到几段对话或讲话。每段话之后，你将听到几个问题，听到问题后，请你在四个备选答案中选出唯一恰当的答案。

例如： 第 25 ～ 27 题，你听到：

男：请问，有包子吗？

女：有。刚做好的，都是热的。

男：怎么卖？

女：五毛钱一个。您要几个？

男：给我来两个。

女：好的。收您十块钱，找您九块，请点一下。

男：谢谢。请问附近哪儿有卖报纸的？

女：前面路口向右拐有一家邮局，邮局里就有。

男：太好了，谢谢。

女：不客气。

第三个人根据这段对话提出三个问题：

25. 男的正在做什么？

你在试卷上看到四个答案：

A 问路　　**B** 取钱　　**C** 买东西　　**D** 吃包子

根据对话，第 25 题唯一恰当的答案是 **C**，你应该在答题卡上找到号码 25，在字母 **C** 上画一横道。横道一定要画得粗一些，重一些。

25［**A**］　　［**B**］　　[redacted]　　［**D**］

……

你又听到：

27. 男的打算去做什么？

你在试卷上看到四个答案：

A 买邮票　　**B** 打电话　　**C** 取包裹　　**D** 买报纸

根据对话，第 27 题唯一恰当的答案是 **D**，你应该在答题卡上找到号码 27，在字母 **D** 上画一横道。横道一定要画得粗一些，重一些。

27［**A**］　　［**B**］　　［**C**］　　[redacted]

16. A 不好看
B 很便宜
C 飞得很高
D 是他自己做的

17. A 羡慕
B 吃惊
C 好奇
D 高兴

18. A 上课生动有趣
B 是一个太空迷
C 会做宇宙飞船模型
D 有丰富的太空知识

19. A 以前喜欢，现在也喜欢
B 以前喜欢，现在不喜欢
C 以前不喜欢，现在喜欢
D 以前不喜欢，现在也不喜欢

20. A 5元
B 15元
C 30元
D 50元

21. A 0元
B 2.5元
C 5元
D 15元

22. A 学生
B 导游
C 教师
D 军官

23. A 春天
B 夏天
C 秋天
D 冬天

24. A 家人
B 病友
C 医生
D 护士

25. A 低落
B 担心
C 惊讶
D 高兴

26. A 做第二次调查的是老教授的学生
B 调查报告对孩子们产生了很大影响
C 一位大学教授调查了他的200名学生
D 调查报告认为孩子们不会有很好的未来

27. A 20
B 80
C 180
D 200

28. A 一位商人
B 一位律师
C 一位银行家
D 一位小学教师

29. A 10 次
B 18 次
C 24 次
D 26 次

30. A 打好基础
B 多参加比赛
C 必胜的决心
D 自信与毅力

31. A 开始时她很自卑
B 她觉得自己是高手
C 她为自己的比赛经历而骄傲
D 她觉得自己跟同学没有差别

32. A 蓝莓
B 草莓
C 三文鱼
D 枫糖浆

33. A 纯天然
B 小身体
C 大能量
D 甜度高

34. A 将树干加热
B 在树干上凿洞
C 把整棵树砍倒
D 在树的根部打洞

35. A 什么是超级食物
B 超级食物枫糖浆
C 枫糖浆的收集与制作
D 枫糖浆的营养价值与功效

二、阅读理解

第 一 部 分

（15 题，15 分钟）

说明： 36 ～ 50 题，每一个句子中有一个或两个空，请你从所给的四个备选答案中挑选一个最适合填入空中的答案，并在答题卡上代表正确答案的字母上画一横道。

36. 做事情要把握好度，不要走________。

A 极端

B 多半

C 凡是

D 反而

37. 你刚来我们公司，不要紧张，同事们会帮你慢慢________。

A 过来

B 过时

C 过期

D 过渡

38. 父母只是想让你常回家看看，这个要求不________吧？

A 过期

B 过瘾

C 过分

D 过时

39. 有些________不能从字面上理解，因为它们有更深的含义。

A 成分

B 成语

C 成员

D 成果

40. 不管我怎么劝，他________不听。

A 单独

B 高低

C 即将

D 曾经

41. 他们俩今天上午完成了结婚登记，正式成为________夫妻。

A 合法

B 合格

C 合算

D 合理

42. 前面修路，禁止通行，________你们得走别的路绕一下了。

A 格外

B 赶忙

C 恐怕

D 当面

43. 温暖的阳光________着大地，我们的心情也无比舒畅。

A 照常

B 照样

C 照耀

D 照顾

44. ________因为一次成绩不好就这样想不开呢？

A 何必
B 即将
C 简直
D 陆续

45. 我们的包装非常结实，在正常情况下，完全不怕________。

A 装饰
B 装备
C 装置
D 装卸

46. ________到晚上十二点，我________得把这套练习题做完。

A 既然　　还
B 不只　　也
C 哪怕　　也
D 除非　　还

47. ________你说得多么有道理，也不能把我________。

A 因为　　说话
B 不管　　说服
C 从而　　说明
D 因而　　说谎

48. ________旅行之后她感到非常疲劳，又听到爷爷去世的消息，她心里________难受。

A 长期　　偶然
B 长久　　顺序
C 长寿　　大致
D 长途　　格外

49. 她虽然平时很________，但工作时不会这样，非常识________。

A 紧急　　大臣
B 焦急　　大力
C 娇气　　大体
D 小气　　大方

50. 受到这样________的批评，________每个人都能保持平静的心情。

A 严厉　　不见得
B 严肃　　进一步
C 恐惧　　怪不得
D 惊讶　　基本上

第二部分

（25题，25分钟）

说明：51～75题，每段文字后都有若干个问题，每个问题都有ABCD四个备选答案，请你阅读后根据每题的要求选出最恰当的答案，并在答题卡上代表正确答案的字母上画一横道。

51～53

羊群和狮子生活在草原上。羊群知道自己必须比狮子跑得快，否则就会有生命危险。狮子也想，我必须跑得比羊快，不然我今天就要挨饿了。大自然用一种最简单的方式告诉动物们：必须努力。

“时刻准备被淘汰”，这是自然界提醒我们的一句话，它的意思是不努力就会被淘汰。人也是如此。所以我们要时刻努力，因为我们的生存空间正无限缩小。

在20世纪，一些专家预测，进入21世纪后，人们每周的工作时间将只有几个小时，人们会有更多的时间用于休息、娱乐和做自己想做的事情。但事实是人们投入工作的时间越来越多，很多人一周的工作时间超过了72小时。

那些花更多时间娱乐、放松的人被市场无情地淘汰了。那些不断提升自己的人变得越来越有活力。那些努力工作的人生存了下来。

【51】狮子为什么要比羊跑得快？

A 必须努力

B 为了吃饭

C 准备被淘汰

D 避免生命危险

【52】进入21世纪以后：

A 人们的工作时间越来越多了

B 人们有更多的时间娱乐休息了

C 人们可以做自己想做的事情了

D 人们每周的工作时间超过了72个小时

【53】为什么人们投入工作的时间越来越多？

A 为了生存

B 为了提升自己

C 为了变得有活力

D 时刻准备被淘汰

54 ～ 56

冬天到了，人们穿上厚厚的衣服，那么植物怎么办呢？

跟我们人类一样，植物的体内时刻发生着生理变化。在冬天，植物会降低能量的消耗，从而增强抗寒能力。冬天，室外很多植物枯了，这是它们在冬天保护自己免受冻伤的方式。植物的干枯是减少水分吸收的表现，是为了降低体内含水量。秋天，白杨的叶子掉了，这其实是为了能够在冬天存活。白杨的叶子需要很多水，而冬天寒冷，缺乏水分。冬天雪很多，也容易把叶子和树枝压坏。

不同的植物有不同的过冬办法。小草不畏寒冬，因为它的细胞中的物质可以降低水结冰的温度，使得它在冬天可以很好地存活。

科学家们提醒大家，如果在家里养植物，冬季不要像春夏那样给植物浇很多水，一定要适量，同时温度保持室温即可。最重要的是要对植物进行修剪，把枯叶剪掉。施肥也要适度，不可过量。

【54】冬天有的植物的叶子掉了：

A 是因为冬天经常下雪

B 是为了能在冬天存活

C 是因为冬天天气太冷

D 是因为植物畏惧冬天

【55】根据本文，小草为什么可以在冬天存活？

A 叶子都掉光了

B 能降低体内含水量

C 生活在南方不太冷

D 能降低水结冰的温度

【56】冬天在家里养植物，要：

A 多浇水

B 多施肥

C 剪掉枯叶

D 提高温度

57 ～ 59

根据教育家的研究，教育孩子是个既漫长又复杂的过程。不过父母不得不快速适应。不同的父母有不同的教育方式和不同的教育观念。

有的父母努力让孩子每一天都充满阳光，每一天都幸福快乐，非常注重孩子的心理健康，经常带他们去参加各种活动，比如逛博物馆，甚至连听摇滚乐都允许。这样的孩子也许成绩没那么好，但是身心健康，能力也比较强。

有的父母认为孩子是家中唯一的宝贝，疼爱得不得了，生怕他们受伤，尽可能让他们应有尽有。虽然父母应该爱护孩子，但不能过分，否则就是溺爱，会使孩子从小眼里就只有自己，没有其他人，将来走入社会也会经不住挫折。

还有的父母对孩子很严格，孩子犯了一点儿小错也要批评他们。父母应该让孩子理解自己是错还是对，有的时候批评孩子也是一种教育方式。但如果过分严格，会使孩子变得胆小，不敢轻易尝试，也会错过很多机会。

教育家表示，最好的教育方式是“言传身教”。有的父母一边告诉孩子不许看电视，一边自己看得很开心。而有的父母虽然自己文化水平不高，但每天都看书，孩子自然也会受影响。他们并没有完全禁止孩子看电视，而是帮助孩子控制好看电视的时间，因为看电视也可以学到很多知识。

俗话说，“父母是孩子的一面镜子”。失败的父母与其责怪学校，责怪老师，责怪孩子，不如责怪自己，因为父母应该成为孩子的榜样。

【57】关于孩子的教育，下列说法正确的是：

A 父母们的观念相同

B 父母们可慢慢适应

C 父母们的方式相同

D 过程既漫长又复杂

【58】最好的教育方式是什么？

A 严格要求

B 言传身教

C 充分保护

D 经常表扬

【59】本文最后一段的意思是：

A 父母应该成为榜样

B 父母应该责怪学校

C 父母应该责怪老师

D 父母应该责怪孩子

60 ～ 63

我国著名的政治家、军事家陈毅，从小沉迷于阅读。某天他正在读书，他的妈妈让他去买菜，但是他舍不得放下书，于是拿着书去了市场，边走边看书。等他买完菜回到家时，妈妈问他买的什么，他不好意思地说：“我让卖菜的随便拿的。”原来他的心思都在书上，根本没注意自己买了什么菜。妈妈哭笑不得，看他这么认真也就没批评他。

还有一次，陈毅去一个亲戚家，进门后，看见桌子上有一本自己非常想看的书，于是，他忘了一路的疲劳，立即躲到一个空房间里专心致志地读起来。到了吃饭的时候，亲戚几次喊他吃饭，他都舍不得把书放下。亲戚只好把吃的给他端进去，放在桌子上。陈毅的全部注意力都集中在书上，这种食物本来是要蘸着糖吃的，他竟然蘸着桌子上的墨水吃了，弄得满嘴都是墨水。过了一会儿，亲戚又进来给陈毅送其他吃的，被眼前这一幕吓坏了，赶紧让他擦嘴。陈毅知道了是怎么回事以后，开玩笑说：“我肚子里的墨水太少了，正好可以增加点儿。”

陈毅正是凭借这样的努力，做到了能文能武，可以写五万字的报告，也可以带兵打仗。

【60】陈毅不知道自己买了什么菜，是因为：

A 眼睛有问题

B 脑子有问题

C 忘记了买菜

D 沉迷于阅读

【61】陈毅喝墨水的原因是：

A 他喜欢喝墨水

B 他看书太专心

C 他肚里墨水少

D 他想尝尝墨水的味道

【62】通过努力，陈毅做到了：

A 能文能武

B 肚里有墨

C 专心阅读

D 常喝墨水

【63】最适合做本文标题的是：

A 读书必喝墨水

B 阅读与喝墨水

C 专心使人成功

D 陈毅喝墨水的故事

64 ～ 67

小李和小王在同一家饭馆当服务员，他们都很努力。刚开始他们拿的钱是一样的，但经过一段时间，小李拿的钱越来越多，小王却没有变动。小王很生气，他认为是老板偏心，于是跑去质问老板。老板没有跟他解释，却对他说："你现在去问问客人今天的菜怎么样。"

小王很快回来了，对老板说："顾客说今天的菜基本不错，只有一个不太好。"老板问："哪个菜不太好？"小王又去问顾客，回来后对老板说："豆腐。""怎么不好？"小王生气地说："您没让我问怎么不好啊。"

老板直接叫来了小李，对他说："你现在去问问客人今天的菜怎么样。"

小李过了一会儿回来了，对老板说："现在有四桌客人在吃饭，他们觉得今天的菜很好吃，最喜欢的是西红柿炒鸡蛋。有一桌客人觉得豆腐有点儿辣，我已经把菜拿回厨房让厨师给他们重新做了，并告诉了其他服务员下次提醒客人豆腐有点儿辣。小王，你也注意一下。"

小王很羞愧，他赶紧出去工作了。从此以后，他知道了除了勤奋，还要思考，要用脑子做事。

【64】根据本文，小王和小李：

A 都是饭馆的厨师

B 一起去质问老板

C 对收入都不满意

D 在同一家饭馆工作

【65】小王对待工作：

A 缺乏思考

B 不够认真

C 不够努力

D 不够负责

【66】下面哪一项是小李为了完成老板的任务做的事情？

A 提醒客人

B 批评厨师

C 询问客人

D 批评小王

【67】本文主要想告诉我们：

A 工作要勤奋

B 做事要用脑子

C 服务员不好做

D 人的能力有差别

68 ～ 71

礼貌开车不仅是良好的行为，也是文明的表现。专家表示，礼貌可以让新手司机不那么紧张，友好地点头，愉快地问好，或者礼貌地招手，都可以创造良好的开车气氛，对缓解糟糕的交通状况也有帮助。但能做到这些的司机太少了，而且即使有些司机尝试做了，也得不到礼貌的回应。

专家同时表示，虽然礼貌开车很重要，但在交通安全面前什么都变得没那么重要了。比如有的车想要插队，司机如果停下来给它方便，就很容易造成交通事故。

事实上，如果司机们能学会按顺序开车，就不会有烦人的堵车问题。如果别人开得慢了，我们不应该一边骂一边超车，而是应该耐心等待，多一分耐心，交通状况会更好。现在很多司机不遵守交通规则，更不用说遵守道路礼仪了。专家警告说，汽车拥有量的上升要求开车的人一定要有礼貌，互相谦让。

【68】根据第一段，礼貌开车：

A 司机都能做到

B 让司机更紧张

C 是文明的表现

D 让交通更糟糕

【69】根据本文，下面哪一项是正确的？

A 超车是不礼貌的

B 礼貌开车最重要

C 交通安全更重要

D 应该让着插队的车

【70】专家认为，开车时：

A 不应该插队

B 不应该超车

C 不应该骂人

D 应该互相谦让

【71】本文主要讲的是：

A 礼貌开车

B 交通状况

C 新手司机

D 超车问题

72 ～ 75

周星驰被认为是喜剧片的代言人。他常说："电影里有这么多有趣的角色，才让我在困难时还继续坚持。"很多人觉得他有特殊才能，其实不是。生活中他是一个非常严肃的人。他非常喜欢观察。从小时候起，他就在窗台上观察街上经过的行人，有时一动不动地观察一天。这种准备是他成功的主要原因，为他模仿别人打下了良好的基础。当然，兴趣是最好的老师，直到今天，他仍然对表演和导演有着强烈的兴趣，并始终认为下一部戏会更好。

他刚开始做演员时，有记者专门写文章骂他，他没有生气，而是把这篇文章从报纸上剪了下来，贴在自己的房间里。这样每天一起床他就能看到自己被人批评，提醒自己要更加努力。

有人说他是香港喜剧之父，但他做到的不止幽默两个字。周星驰通过他的作品向世界证明了他是一个成功的人，他独特的眼光、强烈的风格和作家意识影响了他的创作。他的幽默源于他了解人所想的，表达人想表达的。

【72】周星驰能成功是因为：

A 他常被人观察

B 他有特殊才能

C 生活中他非常严肃

D 他喜欢并坚持观察

【73】周星驰怎么对待记者骂他的文章？

A 扔了

B 撕了

C 传播出去

D 贴在房间里

【74】关于周星驰，下列说法正确的是：

A 他只会幽默

B 他还是一个作家

C 他有独特的眼光

D 他一点儿也不幽默

【75】对周星驰的作品产生影响的**不包括**：

A 作家意识

B 强烈的风格

C 独特的眼光

D 严肃的性格

三、书面表达

第一部分

（5 题，5 分钟）

说明：76 ～ 80 题，在下面的 ABCD 四个句子中，只有一个是错误的，请找出这个句子，并在答题卡上代表正确答案的字母上画一横道。

76. **A** 为了健康，一定不要吃变质发霉的食物。

B 经调查核实，村民反映的违法占地情况属实。

C 通过老师的反复讲解，对大家的解题思路很有启发。

D 面对困难，他没有低下头，而是勇敢地挑起了生活的重担。

77. **A** 据说日本老人的平均寿命都很长。

B 这种情况，对于我们是最熟悉不过的了。

C 在姐姐的精心照顾下，弟弟终于康复出院了。

D 小麦即将进入成熟期，又是一个丰收年，农民们开心极了。

78. **A** 每年国庆节期间外出旅游的人都非常多。

B 我们要大力宣传，强化群众的自我保护意识。

C 即使工人们加班加点生产，但是仍满足不了市场需求。

D 我们既要注重师德建设，又要重视提高教师的专业素质。

79. **A** 为了避免以后不再迟到，李强定了两个闹钟。

B 水是人体每日所必需的，所以要保护它不受污染。

C 明朝时期的民族英雄郑成功曾完成抗击殖民者、收复台湾的壮举。

D 陈美丽是全国道德模范，十五年来她坚持照顾没有血缘关系的智障侄子。

80. **A** 上学期我们班又转来了一名新同学。

B 外边的暴雨突然慢慢变小，不一会儿就停了下来。

C 艰苦的生活并没有打倒他，反而让他变得更加坚强乐观。

D 中国抗击疫情的成功，显示了中国特色社会主义制度的优越性。

第 二 部 分

（5 题，5 分钟）

说明： 81 ～ 85 题，在下面这段文字中，有 5 处是用拼音代替字的，请根据上下文的意思认读拼音，然后在答题卡上找到相应的题号，并在横线上写出正确的字。

2019 年底，青海南部发生雪灾，青海省各级人民政府迅速落实救助 cuòshī（81），积极救灾，全力 bǎozhàng（82）受灾群众的生产生活。目前，随着天气转暖，积雪开始 rónghuà（83），省政府正 zhúbù（84）落实次生灾害的监测、预警与 fángzhì（85）工作，确保灾区发展稳定有序。

作 文 考 试

（30 分钟）

作文要求

1. 写作前认真阅读作文提示，按提示要求在规定的时间内写完。
2. 用简体字书写。每个空格写一个字，书写要清楚工整；每个标点符号占一个或两个空格，标点符号使用要规范。
3. 作文中不得出现跟考生有关的校名、地名和真实姓名。
4. 保持卷面整洁，不得涂画损坏答卷。

作文提示：

一名大学生过马路时突然看到一位老人摔倒了，他马上跑了过去。此时老人因腿摔伤，无法站立。在周围人的帮助下，大学生将老人移到了安全地带。他先打电话叫救护车，然后询问老人家人的电话并给他们打了电话。很快，救护车和老人的家人都赶到了现场，看到大家把老人抬上了车，这名大学生才悄悄离开。事后，老人非常感动，非要表达自己的感谢不可，请你代表老人给这名大学生所在的学校写一封感谢信。

全文不少于 300 字。

第二单元　专项训练

一、听力理解

试题说明

新 MHK 二级听力理解部分主要考查考生获取口头信息的能力，录音材料用标准的普通话录制，语速为每分钟 220 ～ 250 字。

这一部分共 35 题，答题时间约 35 分钟，满分为 100 分。

测试内容包括对话和简短讲话两部分。每段对话和讲话只播放一遍，播放完以后就会提出问题，每个问题后会有 17 秒的答题时间。问题采用选择形式，为四选一，即考生要在四个备选答案中选出一个正确或最恰当的答案。

新 MHK 二级听力理解主要考查考生在日常生活、学习和社会交往过程中的听力理解能力，因此，考试时，考生应能听懂话语内容，把握话语中的重要信息，准确理解说话人的观点和态度。考生平时也要不断培养这种能力。

听力理解可以采取抓取核心词语、提炼关键信息、辨别说话人语气等策略。有些问题的答案就在听力材料的原话里边，只要抓住这些词语就能找到正确或恰当的答案；有些问题的答案需要对听力材料的相关内容进行归纳提炼后才能得出；有些问题的答案根据说话人的语气就能做出准确判断。下面我们会在答题指导里具体说明各部分试题的特点及答题策略。

第 一 部 分

答题指导

本部分共 15 题，每题都是两个人的一轮对话。对话涉及的考点主要有时间、地点、人物职业、人物年龄、人物关系、事件、行为、原因、语气、态度、评价、观点等等。少量试题的答案可以直接在录音材料中找到，大多数试题的答案需要通过会话里的关键词语或内容进行提炼归纳。

考生可以采用以下答题方法或策略：

1. 抓取核心词语

有些试题，录音材料中有和选项完全一致的词语，考生比较容易确定正确答案。比如时间类考点：

男：小华，期末考完试就放寒假了，春节你打算干什么？

女：我妈妈要带我去看我奶奶。

问：小华和妈妈什么时候去看望奶奶？

A 寒假　　**B** 元旦　　**C** 春节　　**D** 期末

录音材料里出现了和选项 C 一致的词语“春节”，当听到“春节”时，考生就在选项 C 旁做个简单的标记——或写上“节”，或用自己熟悉的符号标记，等听完问题后就可确定正确答案是 C。

2. 提炼关键信息

有些试题，录音材料中有和选项部分一致的词语，考生需要对这些词语进行整合提炼，最终确定正确答案。例如：

女：这部电影太悲伤了，我哭得稀里哗啦的。

男：是啊，我也看得挺难受的。你饿了吧？咱们去吃点儿饭吧。

问：说话人吃饭前做什么去了？

A 吃饭　　**B** 去商场　　**C** 看演出　　**D** 看电影

录音中女的的话和男的的话里分别出现了和选项 D 一致的词语“电影”“看”，从两个人的谈话内容可以判断出他们刚刚看完了电影，所以，考生需要把“电影”和“看”这两个关键词语提炼出来，边听边在选项D旁做个简单的标记。当然，此题还有个迷惑项A，录音中出现了“去吃点儿饭”，由于不知道问题是什么，考生听的时候也要在 A 旁做个简单标记，等听完问题后就可排除 A，确定正确答案是 D。

3. 归纳重点信息

有些试题，录音材料中没有直接出现和选项完全一致或部分一致的词语，考生需要对对话信息进行归纳概括，最终确定正确答案。例如：

女：今年国庆节假期够长的，你有什么安排？

男：我想去北京和上海玩儿一玩儿，以后忙起来可能就没机会了。

问：国庆节男的想干什么？

A 去出差　　**B** 去上海　　**C** 去北京　　**D** 去旅游

从结果看，正确选项是 D，但录音材料中没有出现和选项 D 完全一致或部分一致的词语。从两个人的谈话内容看，“假期”“北京和上海”以及“玩儿”都构成了判断答案的关键信息，去北京、上海一定是出远门，和“玩儿”组合在一起，就提炼出了去北京、上海旅游的信息，而选项 B 和 C 虽然和录音里的信息一致，但只是迷惑项，因为北京和上海在录音材料中是并列的，这种选项一般不会是正确答案，可以排除。在听录音时，也可以边听边在选项 B、C、D 旁边做简单的标记，B、C 做排除标记，D 做可能答案标记。等听完问题后就可确定正确答案是 D。

4. 辨别说话人的态度、语气

表示愤怒、生气的态度时多用急促的反问、感叹等语气，表示开心、赞赏的态度时一般用舒缓的陈述、感叹语气。一般录音材料里说话人的语气是能够表现出来的，这也为考生增加了确认正确答案的机会，考生要注意听辨。例如“他怎么能做出这种不道德的事”“真是位有勇有谋的好少年啊”，说话人愤怒、称赞的语气一定会表现出来。

下面几组练习专门训练如何确定考点、如何提炼关键信息、怎样做标记等等。练习时可以不限定时间。

扫一扫，听录音

第一组练习

1. **A** 车站
   B 医院
   C 学校
   D 动物园

2. **A** 同学
   B 父女
   C 夫妻
   D 同事

3. **A** 豆浆
   B 果汁
   C 咖啡
   D 奶茶

4. **A** 应该重视
   B 不用担心
   C 多喝热水
   D 告诉大家

5. **A** 满足
   B 失望
   C 盼望
   D 悲伤

6. **A** 家里
   B 医院
   C 办公室
   D 电影院

7. **A** 回家
   B 去吃饭
   C 买早餐
   D 去银行

8. **A** 提醒女的注意时间
   B 询问女的在做什么
   C 不想一起去看话剧
   D 忘了话剧几点开始

9. A 时间不早了
B 困了想睡觉
C 身上没劲儿
D 觉得没意思

10. A 不太好买
B 人太多了
C 票价太贵
D 有点儿早

11. A 男的那儿
B 女的那儿
C 图书馆里
D 小丽那儿

12. A 高兴
B 激动
C 痛苦
D 同情

13. A 地方太小
B 客人太多
C 价格偏高
D 味道不好

14. A 女的见过小明
B 女的不认识小明
C 女的跟小明特别熟悉
D 女的想不起来是否见过小明

15. A 后悔
B 严厉
C 生气
D 奇怪

第二组练习

扫一扫，听录音

1. A 饭店
B 学校
C 邮局
D 医院

2. A 她不相信
B 她在开玩笑
C 她事情很多
D 她说的是真的

3. A 父子
B 母子
C 夫妻
D 师生

4. A 学校
B 车站
C 邮局
D 食堂

5. A 不想去了
B 没准备好
C 朋友有事
D 天气不好

6. A 同意女的的观点
B 让女的去准备会议
C 认为会议问题太多了
D 认为女的的问题太多了

7. A 药店
B 家里
C 医院
D 办公室

8. A 不安
B 生气
C 怀疑
D 遗憾

9. A 找人
B 工作
C 路过
D 看电影

10. A 帮助他
B 原谅他
C 同情他
D 提醒他

11. A 男的
B 小明
C 李红
D 张丽

12. A 行李太大
B 超重很多
C 没有超重
D 超过规定

13. A 音乐的内容
B 电视的内容
C 吵架的内容
D 邻居的行为

14. A 没必要买房
B 买房钱不够
C 时间太早了
D 房子有点儿小

15. A 尽量少喝水
B 多带点儿水
C 去山上买水
D 现在去买水

第 二 部 分

答题指导

本部分共 7 段对话和讲话。其中 3 段为两个人的长对话，即多轮对话，一般为一男一女。对话涉及的考点主要有时间、地点、人物职业、人物年龄、人物关系、事件、行为、原因、语气、态度、评价、观点等等。每段长对话后都会有 2 到 3 个问题，一般是前两段对话后分别有 2 个问题，第三段对话后有 3 个问题。

还有 4 段为一个人的简短讲话，每段讲话后会有 3 到 4 个问题。一般是前三段讲话后分别有 3 个问题，第四段讲话后有 4 个问题。

我们前面提到的几种答题方法和策略同样适用于本部分试题。这里要特别强调的是，由于本部分录音材料长，问题多，考生一定要在播放录音之前的短暂时间里把一道题的所有选项快速浏览一遍。有的能立刻判断出考点，考生可以先在选项上做个标记，在听录音时留心与考点相关的信息；有的无法立刻判断出考点，考生就要边听边提炼关键词语或关键信息，提炼出来后就马上在选项旁做上标记，以防忘记，不要等录音播放完了再做标记。下面介绍几种标记方法：

1. 如果录音材料中有词语和选项完全一致，可直接在选项上画个√或○或其他自己习惯的简单标记。

2. 如果录音材料中有词语和选项部分一致，一致部分可直接在选项上画个√或○或其他自己习惯的简单标记，不一致的部分，或在选项中与录音材料相关内容意思对上的部分做标记，或直接写上听到的字或拼音，后者对确定正确答案更可靠些。比如“我们生活的地球也有很多动物，随着气候变暖，很多动物面临生存危机，它们不得不离开赖以生存的家园，有的因此失去了生命……”：如果选项里有“动物死亡”，那么可以在“动物”上画个√；在听到“失去了生命”时，可以判断就是死亡，可以直接做个标记，在“死亡”上画个√，也可以写“失”和“命”，表示失去生命。

3. 如果录音材料里没有与选项一致的词语，那么就是只提供了一些信息，考生需要对这些信息进行提炼归纳才能确定正确答案。建议考生边听录音边进行归纳边在可能的正确答案旁做些标记。用词语标记可以更好地起到提示作用。比如“我们生活的地球也有很多动物，随着气候变暖，很多动物面临生存危机，它们不得不离开赖以生存的家园，有的因此失去了生命……”：如果选项里有“环境变化”，那么在听到“气候变暖”时，可以判断这段话可能和环境变化有关，可以直接在“环境变化”旁写“变暖”两个字或其拼音，表示气候变暖。

下面几组练习专门训练如何提炼关键信息、怎样做标记等等。练习时可以不限定时间。

第一组练习

扫一扫，听录音

16. **A** 他们在打电话
    B 男的的孩子住院了
    C 男的来单位上班了
    D 男的的妻子生病了

17. **A** 替小刘上班
    B 去医院看病
    C 去小刘家看看
    D 帮小刘照顾孩子

18. **A** 爬山
    B 游泳
    C 跑步
    D 旅游

19. **A** 很宽阔
    B 很有趣
    C 很危险
    D 不卫生

20. **A** 家里
    B 单位
    C 学校
    D 快递点

21. **A** 快递点
    B 快递柜
    C 门卫室
    D 女的家门口

22. **A** 3个
    B 4个
    C 5个
    D 6个

23. **A** 井里很凉快
    B 不小心掉下去的
    C 被山羊骗下去的
    D 口渴了下去喝水

24. **A** 想去喝水
    B 下去救狐狸
    C 井里很凉快
    D 被狐狸拉下去的

25. **A** 喝完水再上去
    B 大家一起想办法
    C 劝其他动物来喝水
    D 自己先上去再救山羊

26. **A** 偷东西
    B 借东西
    C 拿东西
    D 送东西

27. **A** 把钟背回家
    B 把钟抱回家
    C 把钟抬回家
    D 把钟砸碎搬回家

28. **A** 他很聪明
B 他被抓住了
C 他把钟砸碎了
D 他把钟偷回家了

29. **A** 长波和短波紫外线
B 长波和中波紫外线
C 中波和短波紫外线
D 长波、中波和短波紫外线

30. **A** 没做好防晒工作
B 吃了光敏性食物
C 吃了光敏性药物
D 吃了光敏性食物或药物

31. **A** 白天喝柠檬水
B 晚上吃小龙虾
C 避免紫外线的照射
D 不吃或少吃光敏性食物

32. **A** 2002 年 2 月
B 2004 年 12 月
C 2012 年 4 月
D 2014 年 12 月

33. **A** 个人
B 企业
C 政府
D 群体

34. **A** 使交易更优惠
B 使交易更方便
C 使交易更快速
D 使交易更安全

35. **A** 支付宝的简介
B 为什么叫支付宝
C 支付宝的创始人
D 支付宝的交易模式

第二组练习

扫一扫，听录音

16. **A** 去男的家里上网
B 去男的家里看电视
C 打听男的女儿的成绩
D 让男的推荐好的电视剧

17. **A** 不喜欢上网
B 是高中老师
C 喜欢新闻和体育
D 女儿考上了大学

18. **A** 9：00
B 9：30
C 10：00
D 11：30

19. **A** 朋友
B 同学
C 邻居
D 亲戚

20. A 5分钟
B 15分钟
C 25分钟
D 35分钟

21. A 她的书法很好
B 她报了书法班
C 她烦这个男生
D 她是书法老师

22. A 他的书法很差
B 他不喜欢书法
C 他没有学过书法
D 他想报名学习书法

23. A 20世纪初期
B 20世纪中期
C 20世纪后期
D 20世纪末期

24. A 大鲨鱼
B 小鲨鱼
C 大马林鱼
D 小马林鱼

25. A 很多小鲨鱼
B 一副鱼骨头
C 把大鱼拖回了家
D 被大鱼拖到了大海里

26. A 认真地做事情
B 仔细地做事情
C 很快地完成事情
D 找理由不马上做事情

27. A 快迟到了才起床
B 快要交了才做完作业
C 刚洗完澡就把脏衣服洗了
D 有很多事情要做，就是不想做

28. A 拖延的人很快乐
B 拖延可以提高工作效率
C 拖延可以获得长久的轻松
D 拖延会让人陷入不想前进的状态

29. A 9年
B 10年
C 13年
D 15年

30. A 东
B 南
C 西
D 北

31. A 大禹治水
B 大禹和他的父亲
C 古代发生的大洪水
D 河流为什么流入大海

32. **A** 香港

B 日本

C 韩国

D 法国

33. **A** 188元

B 288元

C 388元

D 400元

34. **A** 香港

B 日本

C 韩国

D 可能任何地方

35. **A** 代购的商品都很贵

B 代购的商品只有护肤品

C 代购的商品不一定都好

D 做代购的都是爱旅游的人

二、阅读理解

试题说明

新 MHK 二级阅读理解部分主要考查考生在有限的时间内快速理解阅读材料的能力。阅读材料选自报纸、杂志、网络等，题材比较广泛，涵盖了从日常生活到社会、科技、文化，从科普常识到人物活动、地理环境等多个领域。

这一部分共 40 题，答题时间为 40 分钟，满分为 100 分。

要准确把握、理解阅读内容，充足的词汇量是关键。除了日常多积累词汇，熟悉一些词语的常见搭配和组合外，还需要掌握一些阅读策略。

阅读理解测试包括两部分：

第一部分：选词填空

答题指导

本部分共 15 题，答题时间为 15 分钟。每题都是一个或若干句子，句子中有一个或两个空。每题提供 4 个选项，每个选项包括一个或两个词语。这些词语有的是实词，有的是虚词，还有一些是关联词语，彼此间有的是同义词，有的没有什么关联。考生要从中挑选最适合填入空中的词语，然后在答题卡上找到相应的题号，在代表所选答案的字母上画一横道。需要注意的是，有 10 道题是每题一个空，5 道题是每题两个空。

下面我们介绍几种答题方法和策略：

1. 如果选项里的 4 个词语是同义词或者近义词，可以采用代入法，把选项词语放到句子里，看看词语间能否搭配，不能搭配的排除掉。比如阅读材料是“中国在科学技术方面的发展速度令人________”，选项分别是“赞美”“赞扬”“赞叹”“表扬”。这几个词语都是同义、近义词。首先，“赞扬”“表扬”不能和“令人”搭配，可以排除。其次，句子要表达的是速度之快，这样的速度是让人没有想到的，一定是让人惊叹的，所以“速度”和“令人赞叹”可以搭配，而“赞美”常常与“祖国”“友谊”“精神”等词语搭配。因此，最恰当的答案是“赞叹”。

2. 如果选项里的同义、近义词超过两个，通过词语搭配也无法确认，就要通过阅读材料入手，看哪一个更符合句子的意义。比如阅读材料是“小姑娘很________，信以为真，其实这是骗子惯用的手段”，选项分别是“纯洁”“单纯”“纯净”“简单”。如果只看第一个分句“小姑娘很________”，除“简单”“纯净”无法搭配外，其余两个选项都可以。“简单”一般和大脑、衣着等搭配；“纯净”用于人的时候一般形容人的眼神、心灵等，不直接形容人本身。排除这两个选项后，“纯洁”和“单纯”都合适，要确定合适的答案，还需要看后边句子的意义。通过句义可以断定“纯洁”也不合适。“纯洁”是指人的本心是高尚的，而句子并不是为了表达这个意思，从后边的话语看得出来，小姑娘上当受骗了，其原因是涉世不深，很单纯，所以从整个试题表达的意思看，此题最恰当的答案是“单纯”。

3. 如果选项里有关联词语，因为关联词语大多是成对出现的，所以首先要在大脑里想到该关联词语的固定搭配，然后再去句子里找该关联词语的另一半。比如关联词语选项是“只有”“只要”“如果”，首先要想到它们的惯用搭配是“只有……才……”“只要……就……”“如果……就……”，这样就能更快更准确地确定答案。比如阅读材料是“________你们满意，我就很开心了，不用谢了”，选项有“如果”“只要”“即使”“只有”。考生首先要考虑一下 4 个选项的基本搭配形式，然后再看阅读材料。阅读材料中有“就”，“即使”和“只有”都不能和“就”搭配，可以排除掉，这样只剩下“如果”和“只要”了。这时候考生就要再次仔细阅读材料，进行对比分析，“不用谢了”说明事情已经发生，而使用“如果”是表示事情还没有发生，是假设，用在这里不合适。通过以上分析，就可以确定本题的正确答案是“只要”。

第一组练习

36. 他最大的特点是快，动作像猫一样________，跟闪电似的。

A 慢速

B 优雅

C 敏捷

D 快捷

37. 由于时间比较________，手册中难免有疏漏和不妥之处，还请广大用户见谅。

A 草率

B 短暂

C 迅速

D 仓促

38. 这台电脑是爷爷送给他的生日礼物，所以他特别________。

A 爱惜

B 可惜

C 爱护

D 珍贵

39. 心理咨询师必须严格遵守________原则，保护患者的隐私。

A 机密

B 秘密

C 保密

D 保护

40. 这次的实验因为实验人员的操作失误，造成了严重的________。

A 后果

B 结果

C 情况

D 成果

41. 旅行不仅能让人领略不同的自然风光，还能让人了解各地的________习惯，帮助人们开阔眼界。

A 习俗

B 风情

C 风俗

D 民情

42. 这次的评比我们单位落后了。我们一定要认真找出和其他单位的________，争取在下一次评比中胜出。

A 差别

B 差异

C 差距

D 差池

43. 近年来科学的发展不断加速，其________应用给人类生活的方方面面带来了深刻的变化。

A 广泛

B 广大

C 广阔

D 少量

44. 青少年穿衣喜欢追求潮流，但潮流是一个怪圈，有时候明明已经________了的衣服，几年后又成了热卖品。

A 消失

B 消退

C 过去

D 过时

45. 这次考试的题目特别难，________老师提前带我们做了复习，我们肯定考不过。

A 只要

B 倘若

C 要不是

D 还不是

46. 谁不希望事事如意？可生活常常________不让我们如意，总喜欢________给我们制造一些“麻烦”。

A 偏偏　　时不时

B 总是　　是不是

C 成天　　要不要

D 处处　　动不动

47. “教学相长”是指教和学两方面________互相影响和促进，________学生获得了进步，老师也得到了提高。

A 彼此　　即使

B 彼此　　不仅

C 大家　　即使

D 大家　　不仅

48. 现在五点零五分，________你现在马上出门，________还能赶上六点的火车。

A 即使　　说不定

B 如果　　说不定

C 只要　　不一定

D 倘若　　不一定

49. 尽管妈妈平时做的饭也很好吃，但今天的饭菜________好吃。________原因，我想大概是因为今天的菜都是我买的。

A 格外　　对于

B 格外　　至于

C 特别　　相关

D 特别　　关于

50. 虽然公司遇到了巨大的危机，但我________选择留下来。我相信，只要大家团结一心，________能克服困难，迎来转机。

A 依旧　　必定

B 依然　　必须

C 依旧　　必须

D 照常　　必定

第二组练习

36. 他们把这一佳音很快地________给了我们。

A 传播

B 传说

C 传递

D 传话

37. 古往今来，人类社会发生了巨大的________。

A 变迁

B 变动

C 发展

D 影响

38. 他给自己规定，不得直接________别人的观点，不得断然肯定自己的意见。

A 接受

B 表明

C 辩论

D 驳斥

39. 研究发现，蚯蚓能够很快地________出不同的食物。

A 分析

B 分辨

C 检验

D 检查

40. 只有找到问题的________，才能更快更好地解决问题。

A 根源

B 起源

C 来源

D 根据

41. 这部经典的冒险小说极大地________起他的写作热情。

A 激发

B 激起

C 促发

D 促进

42. 在我看来，这种________半点儿也不正确。

A 见识

B 见证

C 见解

D 见闻

43. 那是一个富饶的、使人愉快的地方，林木茂盛，牧草丰富，________他一直念念不忘。

A 可不是

B 怪不得

C 要不然

D 说不定

44. 听到有人喊起火了，镇子上的居民纷纷冲出家门，________逃命。

A 慌忙

B 忙碌

C 赶忙

D 连忙

45. 赵元任的语言能力让人________，他不仅会说几十种方言，而且精通多门外语。

A 惊动

B 惊呆

C 惊奇

D 奇怪

46. 这儿不仅有________的原始森林，还有种类________的矿藏，是一块不可多得的宝地。

A 稀有　　充足

B 茂密　　丰富

C 稀有　　大量

D 茂密　　珍惜

47. ________你慷慨解囊，我现在肯定流落街头了。真不知道怎么________你才好。

A 如果　　感激

B 如果　　感恩

C 要不是　　感激

D 要不是　　感恩

48. 专家组经过详细________，发现这一统计结果与实际情况________不大，基本符合该行业的操作规范。

A 调查　　出入

B 检查　　前后

C 调查　　上下

D 检查　　左右

49. 植物既无神经又无肌肉，但它们________活动着。________这一现象，许多科学家从不同角度给出了不同的解释。

A 照常　　作为

B 照旧　　根据

C 照样　　对于

D 仍旧　　关于

50. "下午"和"傍晚"、"傍晚"和"夜晚"等都只有一个________的范围，相互间没有一个几点几分的________界限。

A 大致　　明确

B 相对　　明白

C 大致　　明白

D 相对　　明确

第二部分：短文理解

答题指导

本部分共25题，答题时间为25分钟。共有7篇短文，每篇短文之后会提出3到4个问题，每个问题有4个选项，考生应从中选出最恰当的答案，然后在答题卡上找到相应的题号，在代表所选答案的字母上画一横道。

本部分考查的是对短文整体的阅读理解能力，可以说是全面考查考生对词语的掌握能力、对内容的概括归纳能力、对细节信息的抓取能力、对作者主观态度的领会能力等。下面我们介绍一下这部分的答题步骤：

1. 一篇短文一定会围绕一个主题，所以，在看到短文时，建议考生先快速阅读一遍短文，读懂大意，归纳出短文的主题，掌握大致内容，然后再看问题及选项。例如：

行人不走人行道、乱闯红灯等不文明行为给城市交通带来很大隐患，为规范交通秩序，保护人民群众生命安全，近些年来，很多城市都出台了一些相关规定，并启动专项整治行动。

山东青岛市规定，对行人违反交通信号不服从交警指挥、未在人行道内行走等违章行为，依法处以罚款20元。广东深圳市对行人违章行为，根据情节严重程度，依法做出分档处罚20元、50元和100元的规定，如果不想交罚款，还可以选择接受道路交通安全教育，通过协助交警维护交通秩序代替罚款，这种人性化规定很受市民欢迎。

两个城市出台新规后，得到了市民们的普遍支持，一开始有几万人因闯红灯受到了处罚，随着市民慢慢自觉遵守交通规则，违章行为不断减少，两个城市的交通秩序有了很大改善，开始形成良好的文明出行氛围。有的市民说，以前看到红灯时大家横穿马路，自己也跟着走，现在有了规定，红灯亮了大家都自觉停下来，想闯红灯的人也不好意思闯了，感觉交通秩序特别好。处罚不是目的，形成良好的文明出行习惯才是根本。

以上短文即便不看选项，浏览一遍后也能归纳出主题是一些城市通过交通法规规范人们的出行行为，而后看到问题和选项也都与此有关，答起来容易把握大方向。比如问题之一是“自从出台对行人违章行为进行处罚的规定，两个城市的交通状况”，选项是“越来越差”“越来越好”“没什么改善”“改善不明显”，通过仔细阅读最后一段内容，很容易确定正确答案是“越来越好”。

2. 快速阅读完短文后，马上去看问题和选项，问题要读得仔细些。比如问题是“自从出台对行人违章行为进行处罚的规定，两个城市的交通状况”，要明白这个题问的是出台对行人违章行为罚款的规定后交通状况怎么样了。

3. 问题和选项读懂了，就到短文里去寻找答案。有了第一遍快速阅读的基础，一般能确定某个问题的答案去短文的哪个部分找。由于时间紧，这一步阅读短文时也不要过于精细，最好是边读边对照选项寻找答案。短文中如果出现了与选项一致的词语，则立刻在该词语旁做个简单的标记，那么这个选项是否正确，甚至这道题的答案往往就可以在这个词语的上下文中得到确认。如果短文中没有出现与选项一致的词语，则需要扩展阅读范围，通过抓取短文里的关键词语或信息进行提炼归纳，最终确定正确答案。比如上面的问题和选项，在短文最后出现了"开始形成良好的文明出行氛围""感觉交通秩序特别好"等表述，通过归纳，可以确定正确答案是"越来越好"。

另外，在阅读短文时，考生有时会遇到生词。如果生词和答题内容没有什么关系，可以忽略不管；如果有关系，则可以通过上下文来猜测生词的意思，或者根据这个词的结构来推导，或者根据已学过的词语进行同义推导。比如考生可能不认识"深圳"的"圳"，但没有关系，考生可以通过"广东深圳市"推测"深圳"是个地名，如果试题有和深圳市相关的问题，也不会干扰对短文内容的理解。又比如"处罚""氛围"等词，考生可能没学过，"处罚"可以通过上下文知道重点在"罚"，知道"罚"的意思就能猜出"处罚"的意思了；"氛围"也是如此，考生学过"气氛""周围"，可以结合这两个词推测出"氛围"是指周围的气氛、环境。

在答题过程中，要采取先易后难的顺序，可以先做自己会的，而后再做有难度的。千万不要在难题上钻牛角尖，从而影响答题速度。

• 第一组练习

51 ～ 53

专注力是指人专心于某一事物或活动时的心理状态。人的注意力是随年龄的增长而不断提高的。孩子的专注力尽管与智力因素有一定关系，但智力因素并不是决定性的，专注力是可以从小进行培养的。

在孩子发育的不同阶段，不仅身高体重会随之变化，专注力也会变化。按照一般的规律，孩子的年龄每增长一岁，专注于一件事的时间会增加 2 ～ 5 分钟。2 岁的孩子对一件事的专注时间通常为 4 ～ 10 分钟，4 岁孩子的专注时间通常为 8 ～ 20 分钟，10 岁孩子的专注时间则能达到 20 ～ 50 分钟。专注时间的长短取决于孩子对事情本身的喜好程度，即是否感兴趣。因此，专注力的培养要从兴趣开始。

为了培养孩子的专注力，家长应该在日常生活中刻意寻找孩子感兴趣的事，让孩子从小在这样的事上付出足够的专注时间，不会在中间被打扰或阻断。比如，孩子喜欢小火车玩具，家长可以专门带孩子去坐真的火车进行体验，并相应地买一些与火车有关的绘本等能让孩子专注的东西。让孩子进一步了解这些知识，会更有利于孩子重新熟悉玩具，从而使之更加专注。

【51】人的注意力：

A 不会提高

B 与智力无关

C 是可以培养的

D 由智力因素决定

【52】4 岁孩子对一件事的专注时间通常为：

A 2 ～ 5 分钟

B 4 ～ 10 分钟

C 8 ～ 20 分钟

D 20 ～ 50 分钟

【53】培养孩子的专注力应该：

A 从孩子的兴趣出发

B 让孩子只专注于一件事

C 给孩子足够的时间做事

D 让孩子只做感兴趣的事

54 ～ 56

随着家用车辆的增多，出行安全成为大众非常关心的问题，越来越多的人意识到系安全带的重要性。但对于儿童来说，常规的安全带并没有那么“安全”。车辆上的座位和安全带是依照成人尺寸设计的，如果儿童在乘车时和成人使用同样的安全带，在发生事故时，安全带并不能将儿童固定在座位上，无法给他们应有的保护，有时反而会成为隐形“杀手”，对儿童的生命安全造成威胁。因此，安装儿童安全座椅，为儿童提供可靠的保护是十分必要的。

在我国，儿童安全座椅的使用率尚不足 10%。一项针对北京、青岛、上海、大连、哈尔滨、长沙、南京的调查报告显示，儿童安全座椅的平均安装比例为 16.3%，其中，北京的安装比例最高，达 39.6%，长沙的安装比例仅有 8.77%。从数据中不难看出，一线城市的安装比例尚且如此，二、三线城市的情况更不容乐观。

时至今日，我国并未出台强制使用儿童安全座椅的法规，大多数地区还只是呼吁家长要为儿童准备安全座椅。但我们相信，随着国内对儿童乘车安全关注度的提高，社会各界关于强制使用儿童安全座椅的呼声越来越高，出台相应的法律法规指日可待。

【54】常规的安全带：

A 同样适合儿童使用

B 能有效地保护儿童

C 不能很好地保护儿童

D 能把儿童固定在座位上

【55】上海的安全座椅安装率为：

A 10%

B 16.3%

C 39.6%

D 不知道

【56】本文作者：

A 呼吁大家关注儿童乘车安全

B 呼吁家长安装儿童安全座椅

C 呼吁提高儿童安全座椅质量

D 认为相关法律法规很快会出台

57 ～ 59

姜撞奶是一种源于珠江三角洲一带的民间传统美食，味道香醇爽滑，甜中微辣，风味独特且有暖胃表热作用，近年来受到越来越多年轻人的喜爱。

关于姜撞奶，曾有个有趣的传说。从前，在广东番禺沙湾镇，一个年迈的老婆婆犯了咳嗽病，很久都不好。有人告诉她姜汁可治咳嗽，老婆婆便决定喝一些试一试。但无奈姜汁太辣，老婆婆喝不下去，就放在了一边，结果儿媳妇不小心把牛奶倒进了装姜汁的碗里。奇怪的是，过了一阵子牛奶凝结在一起，变成了一整块儿。儿媳妇以为牛奶坏了，准备倒掉。婆婆舍不得，尝了尝，觉得满口清香，就把一整碗都吃了。到了第二天，她的病就好了。从此姜撞奶就在沙湾镇流传开了。沙湾人把“凝结”叫作“埋”，于是“姜撞奶”在沙湾镇也叫“姜埋奶”。

姜撞奶主要是依靠姜汁和牛奶在一定温度范围（40 ～ 100℃）内发生化学作用，使牛奶凝固制作而成。制作姜撞奶，最好选用老姜制作姜汁，且现磨现用；牛奶最好选用鲜奶，普通的全脂奶也可以，煮至微开，然后迅速将牛奶“撞”（倒）进姜汁里，静置 20 秒就可以了。在传统的制作方法中，“撞”这一步骤是为了让牛奶的温度稍微降低，使成品口感更好。

【57】姜撞奶：

A 是一位老婆婆发明的

B 受到很多老年人的喜爱

C 靠姜汁让牛奶凝固而成

D 起源于医生治病的药方

【58】老婆婆为什么吃姜撞奶？

A 因为姜撞奶能暖胃表热

B 因为姜撞奶能治疗咳嗽

C 因为儿媳妇要倒掉她舍不得

D 因为这是儿媳妇特意为她做的

【59】制作姜撞奶时，下面哪一种做法是**错误**的？

A 选用老姜

B 选用鲜奶

C 把牛奶煮至微开

D 把牛奶慢慢倒进姜汁里

60～63

如果一棵树倒在陆地上，它的躯体很快就会被蜂拥而至的微生物分解；如果一头鲸死在了浅海区，各种腐食者会以更快的速度将有机物瓜分殆尽。然而，在漆黑的大海深处，生物界遵循着不同的逻辑。世界上绝大部分海域都隶属于大洋，即便是大洋的表层海水，也因为没有固体支撑物、没有陆地河流输送营养成分，生物相当稀少。当一头鲸鱼死在大海中央时，由于它身躯太过庞大，食腐生物无法快速将它完全分解，因此它会一直下沉到数千米深的海底。生物学家把鲸鱼尸体掉到深海的现象称为“鲸落”。这些偶然落下的巨大尸体对于深海海底生物来说，无异于大洋荒漠之中的孤岛和绿洲，它们会在这里点亮一个新的、从历史长河的角度来看转瞬即逝的生态系统。

鲸鱼尸体在落入海底的过程中会为食物链的各类型消费者，包括深海鱼类、甲壳类、多毛类，还有各种微小的生物提供食物。最后剩下的骨架会释放硫化氢供自养生物进行化能合成，这个过程可以持续数年，还有一些厌氧生物可以吃掉鲸骨，分解脂类。“一鲸落，万物生”，鲸落对海洋生态环境有着重大的意义，一次鲸落形成的生物聚落可以持续数十甚至数百年，在北太平洋深海中，至少有 1 万多个生物体是依靠鲸落生存的。

【60】关于鲸落，下列说法**错误**的是：

A 指鲸鱼的尸体落入深海中

B 在大洋里形成了一片绿洲

C 形成了一个新的生态系统

D 为海洋生物提供了食物和养分

【61】下面哪一项**不是**鲸落形成需要的条件？

A 鲸鱼体形足够庞大

B 鲸鱼在深海区死亡

C 海洋中有大量的食腐生物

D 鲸鱼尸体落到几千米深的海底

【62】鲸落最大的意义是：

A 为深海鱼类提供食物

B 为自养生物提供养分

C 为厌氧生物提供养分

D 形成大型的生物聚落

【63】本文主要讲的是：

A 什么是鲸落

B 鲸落是怎样形成的

C 鲸落对海洋生态系统的意义

D 鲸落及其对海洋生态系统的意义

64～67

63 岁的王德文从来没有想过自己也会成为“名人”。王德文出生于山东聊城，是一名从事木匠行业 50 年的资深手艺人。从 15 岁起，做木工这份手艺就承担着他养家糊口、补贴家用的重任。在他看来，这是一份安稳的工作，他从未想过有一天这份手艺会让自己被千万人认识。

2017 年，孙子出生，王德文和老伴儿就赶到儿子创业的广西梧州帮忙照料。在照顾孙子的过程中，他利用自己高超的木匠手艺，给孩子制作了鲁班凳、竹蜻蜓、手摇泡泡机等神奇的小玩具。儿子将他制作玩具的过程录了下来，上传到网上，结果大家都对他的手艺称赞不已。视频在网上一传十，十传百，王德文很快就在网上出名了。

在王德文的视频中，许多玩具的制作应用了我国古代建筑和家具中常用到的榫卯工艺。比如上海世博会中国馆、鲁班锁、苹果锁，以及木拱桥等。榫卯工艺能将凹凸不同的两块木头对接到“天衣无缝”的程度，而不需要使用一根钉子、一滴胶水。它体现着古老的智慧和文化，也考验木匠对于毫厘分寸的把握。

面对这意外而来的名气，王德文并没有觉得理所当然，他说自己的手艺不是什么高水平，认为自己“只是一个普通的农民，会点儿木工活儿”。

【64】王德文做木匠做了多少年了？

A 13 年

B 15 年

C 50 年

D 63 年

【65】谁把王德文的视频传到了网上？

A 孙子

B 儿子

C 老伴儿

D 他自己

【66】下面哪一个玩具最可能**没有**用到榫卯工艺？

A 鲁班锁

B 木拱桥

C 竹蜻蜓

D 上海世博会中国馆模型

【67】面对意外的名气，王德文是什么态度？

A 认为自己水平高

B 觉得自己很有名

C 觉得很理所当然

D 认为自己很普通

68 ～ 71

土豆，又叫马铃薯，它是一种很特别的食物，富含蛋白质、维生素、矿物质和膳食纤维，既可以作为主食，也可以做成菜。一般的谷类中缺乏赖氨酸和色氨酸，而土豆中含有丰富的赖氨酸和色氨酸；每 100 克土豆中维生素 A 的含量为 30 毫克，维生素 C 的含量为 27 毫克，是苹果的 7 倍，而谷类中的维生素 A、维生素 D、维生素 C 的含量极低；土豆还富含钾、锌、铁——富钾的食物对于降低血压很有帮助，而谷类中含铁较少。

另外，土豆中脂肪的含量为 0.2%，而谷类中脂肪的含量约为 1%，所以把土豆作为主食，比吃大米白面摄入的脂肪更少，这一点在我们摄入的脂肪普遍超标的今天显得尤为重要。另外，土豆中还含有一种特殊的淀粉，叫抗性淀粉，与其他淀粉相比，这种淀粉在体内消化缓慢，吸收和进入血液都较慢，其性质类似溶解性纤维，可以增加饱腹感，并且十分耐饿，同时不会引起血糖升高。因此土豆受到减肥人群和糖尿病患者以及高血压患者的青睐。

2015年我国启动了马铃薯主粮化战略，推荐把马铃薯加工成馒头、面条儿、米粉等主食，土豆将成为稻米、小麦、玉米外的又一主要粮食。

【68】关于土豆，下面哪一项**不正确**?

A 可以做菜

B 是一种主食

C 容易使人变胖

D 有助于降血压

【69】和谷类相比，土豆：

A 含铁量更少

B 脂肪含量更少

C 赖氨酸含量更少

D 色氨酸含量更少

【70】根据本文，抗性淀粉：

A 消化吸收更缓慢

B 只存在于土豆中

C 是一种溶解性纤维

D 容易引起血糖升高

【71】本文主要讲的是：

A 土豆对人的身体健康有益

B 土豆中含有丰富的营养成分

C 土豆将成为我国的主粮之一

D 土豆的优点使其将成为我国的又一主粮

72～75

1609年，伽利略首次把他的小型望远镜指向夜空，结束了此前对于地球之外的宇宙仅能用肉眼观察的历史，进而发现了木星的卫星、银河系中的恒星，还发现了金星和月球一样有着阴晴圆缺。这位意大利天文学家开启了一场天文学的革命。

在接下来的几个世纪里，人们发明了更大更先进的望远镜。架设望远镜的天文台通常建造在偏远的郊区或山顶上，以避免人口密集区的光污染影响到科学家观测暗淡的天体。即使地面的选址已经如此小心翼翼，包围地球的大气层仍然如一块不断翻腾的由气体和尘埃组成的毯子干扰着天文观测。

不过，1990年，随着哈勃空间望远镜（以下简称哈勃望远镜或哈勃）的发射，天文学家们终于在太空中有了一个主力望远镜，能够远离地球大气层的干扰。

1990年4月24日，哈勃望远镜随着“发现号”航天飞机进入太空后，被放在距离地球表面550千米的轨道上。在那儿，在最原始的黑暗太空中，它开始了历史上最成功和最令人兴奋的科学任务之一。

哈勃望远镜的纪录令人印象深刻。它已经行驶了48亿千米，环绕地球转了将近15万圈，还拍摄了超过50万张照片，其收集的数据相当于5000万册书籍的内容。它的探测范围从太阳系延伸到了人类目前已知的宇宙边缘。它对天文学的每个领域都产生了重大影响。哈勃已经在太空中工作了30年，至今仍坚守在岗。

【72】1609 年，伽利略：

A 发现了木星

B 发动了一场革命

C 首次用望远镜观察夜空

D 开始观察地球之外的宇宙

【73】架设望远镜的天文台为什么通常建在郊区或山顶上？

A 因为那里人少

B 为了避免光污染

C 为了防止尘埃干扰

D 因为那里可以看得更远

【74】关于哈勃望远镜，下列说法**错误**的是：

A 发射于 1990 年

B 已经服务了 30 年

C 距地球表面 550 千米

D 绕地球行驶了 15 亿千米

【75】本文主要讲的是：

A 望远镜的发展历史

B 伽利略对天文学的贡献

C 哈勃望远镜的巨大贡献

D 人类天文观测方法上的进步

第二组练习

51 ～ 53

每年冬季都会有大批的极光爱好者涌向冰岛追北极光。那么究竟什么是北极光呢？从科学角度看，极光是一种放电现象。太阳风的等离子体进入地球大气层，与分子、原子碰撞之际释放出能量，而能量释放的过程伴随着光芒。其频率和周期与太空中的太阳活动密切相关，例如在太阳黑子周期达到高峰时，就常常发生大型磁暴（即太阳风强力扰动地球磁场的现象），从而造就超高强度的极光。

地球有南极和北极。发生在北半球的高纬地带，即北纬 60 度以上地带的极光叫作北极光；同理，南半球高纬地带爆发的极光则被称作南极光。南极光和北极光统称极光。

极光带集中在距离地球磁极 10 ～ 20 度之间的区域。北半球的阿拉斯加、加拿大、格陵兰岛、冰岛、挪威、瑞典、芬兰、俄罗斯北部都有极光出现的记录。冰岛坐落于北纬 64 ～ 66 度之间，因此全境都在极光带中。也就是说，冰岛全境都能看到极光，而远离城市光源的冰岛乡间地区则是观测极光的最佳地点。

【51】极光是指：

A 分子和原子碰撞时发出的光芒

B 太阳黑子运动时发出的超强光芒

C 太阳风扰动地球磁场时发出的光芒

D 太阳风的等离子体释放能量时发出的光芒

【52】关于极光，下面哪一项**不正确**？

A 是一种放电现象

B 与太阳活动相关

C 发生在北极地带

D 发生在高纬地带

【53】下面哪些国家或地区均有极光出现的记录？

A 加拿大、冰岛、美国

B 冰岛、挪威、俄罗斯

C 瑞典、法国、格陵兰岛

D 芬兰、希腊、阿拉斯加

54～56

许多人都会觉得猕猴桃是外来货。其实，在两千多年前的《诗经》中就已经有它的记载了。我国是猕猴桃的起源和分布中心，种质资源极为丰富。不过因为其外表丑陋，猕猴桃的地位一直都是野果，大多数人并不知道这种美味水果的存在。直到1904年，一位新西兰女教师的到来彻底改变了猕猴桃的命运。

这位女教师在湖北吃到了这种野果，觉得鲜美可口，于是把种子带回新西兰种植。她种下的种子发芽后，有三株幼苗顺利长大并开花结果。后来，新西兰园艺科学家通过杂交培育出更优良的适合大规模种植的金果品种，经过新西兰农民30年的努力，猕猴桃种植最终发展为新西兰国家产业。

事实上，猕猴桃最初在新西兰也不叫“奇异果”。它有各种叫法：猕猴桃、中国鹅莓等。为了更好地发展出口，新西兰猕猴桃需要一个响当当的名字。新西兰的国鸟是几维鸟。几维鸟没有翅膀，有着一身蓬松细密的羽毛，和猕猴桃外形、颜色很相像，于是新西兰决定给猕猴桃起名为“几维果”。

借国鸟的名号，新西兰猕猴桃“几维果”以统一的国家品牌进军国际市场，并占据了主导地位。当几维果进入中国市场时，根据音译，又有了一个中文名，叫“奇异果”。所以说，猕猴桃和奇异果同宗同源，是同一个物种。

【54】猕猴桃：

A 是外来货

B 原产于我国

C 原产于湖北

D 原产于新西兰

【55】一位新西兰女教师：

A 首先发现了猕猴桃

B 为新西兰引进了猕猴桃种子

C 将猕猴桃推广到了国际市场

D 培育出了更优良的猕猴桃品种

【56】新西兰人为什么给猕猴桃改名字？

A 因为猕猴桃不好听

B 为了更好地发展出口

C 因为猕猴桃的叫法不统一

D 因为猕猴桃和几维鸟相似

57 ～ 59

做运动往往是一件很痛苦的事情，大家都知道健身好处有很多，但就是动不起来。一些游戏厂商为游戏玩家们的身体着想，推出了一系列体感游戏来鼓励玩家们健身。近日著名游戏厂商任天堂就发售了一款在游戏机上适用的运动游戏《健身环大冒险》，这款游戏不仅受到游戏迷们的喜爱，同时也被健身达人关注。

《健身环大冒险》是一款角色扮演兼主打健身的游戏，这也是任天堂第二次推出搭配了拓展游戏设备的游戏套装。除了一张普通的游戏卡带，套装里还附带了一个运动环和一个松紧绑带。安装过程较为简单，只要将游戏机手柄与新设备适配，即可进入游戏。

这款游戏以丛林冒险为主，分别设置“冒险”“轻松”和“自定义”三种游戏模式，在新设备“灵环”的配合下，以“各类运动动作”为武器打败终极大魔王“堕拉攻”和他的部下。许多体验者表示，通常在玩儿到 15 分钟时，额头就开始冒汗。由此可见，此游戏还真的有一定的健身效果。

【57】一些游戏厂商为什么推出健身游戏?

A 因为健身好处多多

B 因为运动非常痛苦

C 因为游戏迷们喜爱

D 为了鼓励玩家运动

【58】《健身环大冒险》:

A 是第一款健身游戏

B 是一款角色扮演游戏

C 不需要其他配套设备

D 不能在游戏机上使用

【59】玩儿《健身环大冒险》:

A 要勇于冒险

B 能起到健身作用

C 要会使用各种武器

D 需要多个人一起玩儿

60 ～ 63

鳃是鱼类主要的呼吸器官，上面布满毛细血管，水流经过鳃时鱼便进行呼吸。鳃是一种专门适应水中呼吸的构造，因为水是一种液体，它的密度比空气大得多。一般鱼的咽喉两侧各有四个鳃，每个鳃又分成两排鳃片，每排鳃片由无数鳃丝组成，鳃丝两侧又生出许多小型的鳃小片。鱼呼吸时，各鳃片、鳃丝和鳃小片完全打开，使鳃和水的接触面增大，这样做能大大增加与水中溶解氧结合的机会。这个原理和陆地脊椎动物肺内有无数小气泡以增加呼吸面积的道理相同。所以，鳃是一种特别适应水中呼吸的器官。

鱼在水中游动时，嘴巴都在一张一闭很有规律地活动，这是它在呼吸。鱼张嘴时，把水吸进来，此时鳃裂闭上；当鱼将嘴闭上时，鳃裂张开，让水流出去。在这个过程中鱼把溶解在水中的氧通过鳃上的微血管运送到体内，同时把二氧化碳排出体外。这个过程同人的呼吸过程一样，不过人是通过肺进行气体交换的。

在水里，鳃片、鳃丝和鳃小片各自分开，进行旺盛的气体交换；一旦离开水，鱼的鳃片等各部分结构便会重叠在一起，只有鳃的外表与空气接触，接触面积大大减少，无法得到足够的氧气，鱼就会死亡。

【60】关于鳃，下列说法正确的是：

A 鱼一共有四个鳃

B 是脊椎动物共有的

C 特别适合在水中呼吸

D 是鱼类唯一的呼吸器官

【61】鱼呼吸时鳃片、鳃丝和鳃小片完全打开是为了：

A 方便水流经过身体

B 增加身体的舒适度

C 扩大和水的接触面

D 保持身体的平衡度

【62】鱼为什么不能离开水？

A 空气中氧气不够

B 鱼不能张嘴呼吸

C 离开水鳃的外表会干燥

D 离开水鳃片等结构会重叠

【63】本文主要讲的是：

A 鱼的呼吸过程

B 鱼的呼吸器官

C 鱼为什么离不开水

D 鱼的呼吸器官和呼吸过程

64 ～ 67

世界上拥有高学历的钢琴家屈指可数，吴纯就是其中之一。他是我国唯一获得三个海外博士学位的钢琴家，是李赫特国际钢琴大赛史上最年轻的评委，荣获过 18 项国际钢琴演奏大奖，与郎朗、李云迪并称为中国最具影响力的青年钢琴家，被誉为“闪耀在欧洲的中国钢琴之星”。然而，他的童年却充满了苦难。

吴纯四岁开始学习钢琴。他出身于一个没有任何音乐背景且贫困的家庭，要走上钢琴演奏之路，注定要比常人付出更多。那时的他和母亲常常六点半起床，乘坐公共汽车到老师家练琴。

吴纯九岁时遭遇家庭变故，从此与母亲相依为命。为了维持生计，母亲每天只睡两三个小时，做五六份工。但在吴纯的音乐之路上，母亲可说是倾其所有，从不吝啬。有一次，为了让吴纯参加一个重要的比赛，母亲花光了所有积蓄并四处借钱才凑够了参赛费用。但在比赛中，由于紧张，吴纯发挥失常，痛失奖杯和奖金。母亲丝毫没有责怪他，反而步行几公里去机场迎接他，给他加油打气。

正是有了母亲这位“最好的朋友、最好的老师、最棒的参谋长”，在那些濒于绝望的日子里，吴纯才能积蓄能量继续出发。

【64】根据本文，吴纯：

A 是欧洲的中国钢琴之星

B 在国外获得三个博士学位

C 是世界上仅有的高学历钢琴家

D 是在国际上获奖最多的中国钢琴家

【65】四岁时吴纯和母亲常常六点半起床：

A 锻炼身体

B 去参加比赛

C 去老师家练琴

D 出门做五六份工

【66】在吴纯的音乐之路上，母亲：

A 非常舍得花钱

B 经常四处借钱

C 经常陪他参加比赛

D 经常给他加油打气

【67】下面哪一项最适合做本文的标题？

A 吴纯的钢琴之路

B 母爱伴我一路前行

C 著名钢琴家的苦难童年

D 母亲是人生路上最好的老师

68 ～ 71

关于珍珠，人们有一个普遍的误解，认为珍珠是由于沙粒进入了贝壳里面逐渐形成的。确实，生产珍珠的珍珠贝生活在沙砾的世界里，毫无疑问，在这个充满沙砾的环境中，它们在生活中会不停地吸入和吐出沙粒。但珍珠的形成却是由更重大的外来物体侵入刺激所引起的。这些侵入物体可能是一些小的碎片，例如骨头、贝壳或者珊瑚的碎片，但是在大多数情况下，这种侵入在很大程度上是蓄意造成的。

珍珠贝总是被各种各样的寄生物所困扰，包括多种蠕虫、海绵和贻贝，它们钻透珍珠贝的贝壳，这种严重的刺激正是诱发珍珠形成的原因。一旦被寄生物侵入，珍珠贝就会把寄生物隔离在“珍珠液囊”里。它的整个壳体的里层被一种膜所覆盖，这种膜叫作套膜，由它来分泌“珍珠母液”，也叫珍珠质。

这是一种令人惊奇的物质，它坚固并且有韧性，有光泽。它的形成机理是把碳酸钙晶体包裹在类似于角蛋白的有机分泌物的夹层里。珍珠贝不断地包埋这个外来的异物，结果就形成了一颗珍珠。珍珠质每天可以形成 4 层之多，但是珍珠质的厚度要达到 1.5 毫米需要 2 年的时间；而要形成一颗珍珠，则需要 15 ～ 20 年。一吨的珍珠贝可能仅仅生产出 3 颗珍珠，而且毫不夸张地说，它们能成为完美无瑕的球形珍珠的可能性也只有百万分之一。

【68】根据本文，珍珠贝不停地吸入和吐出沙粒：

A 是为了寻找食物

B 是为了生产珍珠

C 是因为生活在沙砾里

D 是因为受到了外来物体侵入刺激

【69】珍珠形成的最大诱因是：

A 沙粒的刺激

B 人类的诱导

C 寄生物的入侵

D 骨头等碎片的刺激

【70】关于珍珠质，下列说法**不正确**的是：

A 由套膜分泌

B 坚固且有韧性

C 又叫“珍珠母液”

D 每天可以形成 1.5 毫米厚

【71】本文的写作目的是：

A 指出珍珠的珍贵性

B 介绍珍珠是如何形成的

C 让读者更好地辨认珍珠

D 消除人们对珍珠的误解

72 ～ 75

零浪费生活是一种在生活中几乎不制造任何垃圾的生活方式。人们一般通过不使用一次性物品、将自己不需要的物品和别人交换或捐赠给慈善机构，以及将我们生活中可降解的垃圾制成堆肥等方式为地球垃圾减量，从而使生活中的垃圾尽可能地减少为零。

这听起来似乎不现实，但是这种生活方式正在许多年轻人中间悄悄流行开来。他们是积极的零浪费践行者，从遵循一种不产生垃圾的生活方式开始，期望通过亲力亲为解决这个城市的垃圾问题。

零浪费生活其实很大一部分时间都是在拒绝使用一次性塑料。如今大家的生活非常依赖塑料袋，但大部分的塑料袋都不可降解。为此，他们采取了各种方式避免产生塑料垃圾，比如不使用一次性塑料用品，用布袋和玻璃瓶代替塑料袋，用不锈钢吸管代替塑料吸管，用做饭代替点外卖，等等。

当然有一些情况不可避免地要使用塑料。比如各种塑料包装的药，又比如朋友给你煮的茶，茶包里也有 30% 到 40% 的塑料成分。在这种情况下，他们会把这些塑料储存起来，把它们放在小罐子里。这样做的目的有两个：一是看看生活中这些塑料是怎么产生的，然后找到办法从源头上避免这些塑料的产生，最终实现零浪费；二是将积攒的塑料磨碎，然后制成其他的东西。

【72】关于零浪费生活，下列说法正确的是：

A 不制造任何垃圾

B 将一次性物品制成堆肥

C 不购买产生垃圾的物品

D 将不需要的物品捐赠出去

【73】许多年轻人践行零浪费生活的原因是：

A 希望节省开支

B 希望身体健康

C 希望可以废物利用

D 希望解决垃圾问题

【74】如果你想实践零浪费生活，你可以：

A 不吃药

B 不使用塑料袋

C 少做饭多点外卖

D 拒绝别人泡的茶

【75】作者对零浪费生活的态度是：

A 赞成

B 反对

C 中立

D 厌恶

三、书面表达

试题说明

新 MHK 二级书面表达部分主要考查考生的书面表达及写作能力。

这一部分共 10+1 题，答题时间为 40 分钟，满分为 100 分。

该部分试题包括客观性试题和主观性试题两部分。

客观性试题共 10 题，主要考查考生句子层面的书面表达能力，分为两部分：

第一部分是找出错误的句子。包含 5 道题，共 5 分钟。每道题有 4 个句子，其中 3 个句子是正确的，1 个句子是错误的，要求考生找出错误的句子，然后在答题卡上找到相应的题号，在代表所选答案的字母上画一横道。

第二部分是根据拼音写字。包含 5 道题，共 5 分钟。这部分是给出一段短文，短文里有 5 处是拼音，要求考生根据上下文的意思认读拼音，确定对应的字，然后在答题卡上找到相应的题号，并在横线上写出正确的字。

主观性试题只有 1 道题，主要考查考生语段层面的书面表达能力，要求根据给出的材料写一篇作文。时长 30 分钟，作文不少于 300 字。

客观性试题第一部分

答题指导

这一部分要求考生能找出错误的句子，即辨别病句。下面介绍两种答题方法：

1. 排除法

这部分试题，每道题的 4 个句子中只有 1 个是病句，如果不能一眼判断出病句，可以采用排除法，即先快速阅读每个句子，将正确的句子一一排除，剩下最后一个就是病句了。例如：

A 长大后我子承父业，也开始做起了生意。

B 生活中常常会有一些小事令我们感动和难忘。

C 学校是培养人的地方，教书育人是教师的基本职责。

D 我们要向时代楷模学习，学习努力，长大后报效祖国。

以上 4 个句子，前 3 个句子都是正确的，可以简单标记排除掉。到 D 句时，可以发现“学习努力”在这个句子里语义不通，属于状语语序错误。“学习努力”是评价学习怎么样；“努力学习”后面一般接的是学习的目的或目标，表达学习的决心，符合句义，所以正确选项是D。

2. 对比法

在排除法还难以确定正确答案时，可采用两两对比法，这种方法尤其适用于正确的句子和错句用词较为接近的情况。例如：

A 无论如何你都要给我解释清楚。

B 只有坚持写日记，你的写作水平就会提高。

C 只要坚持天天跑步，你的身体就能恢复如前。

D 到了夏天，由于非常凉爽，来这里旅游度假的人特别多。

以上4个句子都使用了关联词语。A句是“无论……都……”，B句是“只有……就……”，C句是“只要……就……”，D句是“由于……，……”。“只要”和“只有”是很多考生容易混淆的词，在这里两个词同时出现，最好把两个句子做个对比，通过对比得出B句关联词语使用错误，正确的搭配应该是“只有……才……”，由此确定正确答案是B。这部分试题，关联词语出现的频率很高。因此建议考生平时多积累些成对的关联词语，积累越多，答题正确率越高。

虽然考试只是要求考生找出病句，不需要修改，但要想快速找出病句，考生需要掌握句子常见的错误类型。下面我们归纳出几种常见的病句类型供考生参考：

1. 搭配不当

包括主语和谓语搭配不当、主语和宾语搭配不当、动词和宾语搭配不当、定语和中心语搭配不当、状语和中心语搭配不当、补语和中心语搭配不当、关联词语搭配不当等等。例如：

“我们的生活质量越来越美丽。”属于主语和谓语搭配不当。“生活质量”只能和“高”“低”搭配，不能跟“美丽”搭配。可以改为“我们的生活质量越来越高”。

“我的成绩得了第一名。”属于主语和宾语搭配不当。“第一名”应该是人而不是“成绩”。可以改为“我得了第一名”。

“学生们都穿着校服和小黄帽。”属于动词和宾语搭配不当。动词“穿”不能和“小黄帽”搭配。可以改为“学生们都穿着校服，戴着小黄帽”。

“姐姐有一双聪明的手，干活儿可利索了。”属于定语和中心语搭配不当。可以改为“姐姐有一双灵巧的手，干活儿可利索了”。

“我们要坚强地维护国家利益。”属于状语和中心语搭配不当。“坚强地”和“维护”不能搭配。可以改为“我们要坚定地维护国家利益”。

“他作文写得很突出。”属于补语和中心语搭配不当。“突出”一般要和表现类动词搭配。可以改为“他作文写得很好”。

“只要这样做，才能做好。”属于关联词语搭配不当。“只要”应和“就”搭配。可以改为“只要这样做，就能做好”。

2. 句子成分缺失或多余

（1）句子成分缺失。例如：

“通过老师的批评，使我认识到了自己的错误。”句子缺主语。需要去掉“通过”或“使”。应该改为“老师的批评，使我认识到了自己的错误”或“通过老师的批评，我认识到了自己的错误”。

“马上就到了，我不喜欢，夏天太热了。”句中“马上就到了”缺主语。应该改为“夏天马上就到了，我不喜欢，夏天太热了”。

“我们要学习王小明同学乐于助人。”句子缺少宾语中心语。可以改为“我们要学习王小明同学乐于助人的精神”。

（2）句子成分多余。例如：

“大家忍不住不禁笑了起来。”状语多余。“忍不住”和“不禁”语义重复，用其中一个即可。应该改为“大家忍不住笑了起来”或“大家不禁笑了起来”。

“明天是报名截止日期的最后一天，还没报名的同学抓紧了。”句中“截止日期”和“最后一天”语义重复，应该去掉一个。“截止日期”就是最后期限，而且是确定的某一天，不存在“截止日期”中的“最后一天”。应该改为“明天是报名的截止日期，还没报名的同学抓紧了”或“明天是报名的最后一天，还没报名的同学抓紧了”。

3. 语序错误

语序错误主要有状语语序错误、定语语序错误等等。例如：

“通过多个角度分析，同学们的普遍理解力提高了。”属于状语语序错误。“普遍”是“提高”的状语，应该在“提高”前。应该改为“通过多个角度分析，同学们的理解力普遍提高了”。

“我们学校三十多岁的两位老师在全市教学大赛中获得了一等奖。”属于定语语序错误。应该改为“我们学校两位三十多岁的老师在全市教学大赛中获得了一等奖”。

4. 用词错误

主要包括词语感情色彩错误、同音异义词混淆、同义词误用、否定词误用等等。例如：

“这件事的后果还是很好的。”属于词语感情色彩错误。“后果”是贬义的，指不好的结果。应该改为“这件事的结果还是很好的”。

“同学们纷纷反应这次考试试题太难了。”属于同音异义词混淆。“反应”和“反映”同音异义。应该改为“同学们纷纷反映这次考试试题太难了”。

“我妈妈年轻时长得非常美丽。”属于同义词误用。人的长相属于外表，外表一般用好看不好看、漂亮不漂亮形容。可以改为“我妈妈年轻时长得非常漂亮”。

“为了避免以后不犯同样的错误，大家最好整理一个错题本，时时复习。”句子误用了否定词。

“避免”是含有否定意义的词语，本身就有“不”的意思，“避免不犯同样的错误”意思是要犯同样的错误，跟原意相反了。应该改为“为了避免以后犯同样的错误，大家最好整理一个错题本，时时复习”。

5. 逻辑混乱

主要包括自相矛盾、不合事理、概念不清、范围不清、指代不明等等。例如：

“他有时常常去福利院帮助老年人。”“有时”和“常常”矛盾，要去掉一个。可以改为“他常常去福利院帮助老年人”或“他有时去福利院帮助老年人”。

“月光明亮，繁星满天，好美的夜色啊！”句子不合事理。按常理，月光明亮时，只能看见零星的星光，不会看见繁星，所以明月和繁星不能同时出现。应该改为“月光明亮，好美的夜色啊”或“繁星满天，好美的夜色啊”。

“火药是中国四大发明。”句子概念不清。中国四大发明是造纸术、指南针、火药和印刷术，火药只是其中之一。应该改为“火药是中国四大发明之一”。

“他们请了几个大学的教师进行鉴定。”句子范围不清，存在歧义：是请了“几个大学”的教师还是大学的“几个教师”？可以改为“他们请了几所不同大学的教师进行鉴定”或“他们请了这所大学的几个教师进行鉴定”。

“小红和小华的妈妈都来了。”句子指代不明，存在歧义：来的是小红的妈妈和小华的妈妈，还是小红本人和小华的妈妈？这需要在语境中确定。

总之，要想在考试中快速准确地找出病句，考生要把功夫下在平时。要总结并记住一些常见的病句格式，并且多做一些同义词对比练习、词语搭配练习。

第一组练习

76. A 短短三个月时间，仿佛过了整整一年。

B 我昨天牙疼去医院，医生检查后说需要拔牙。

C 小明特别不喜欢吃蔬菜，老师说偏食会导致营养不良。

D 我们都很敬佩我们的老校长，他的一生培养了很多优秀毕业生。

77. A 冬天太冷，我们都喜欢围在炉火旁烤火。

B 再等十分钟左右水就开了，咱们还是喝热水吧。

C 由于天天坚持写日记，他的作文水平增长得很快。

D 今年我每天都坚持在操场上跑步，结果一年都没有生病。

78. **A** 他是他们村里第一个考上大学。

B 我愿成为一只小鸟，在天空中自由自在地歌唱。

C 夏天来了，天气越来越热，知了也一声声地叫个不停。

D 一连几天都阴天、下大雪，导致路面上又结了厚厚一层冰。

79. **A** 这道题终于解出来了，同学们都特别开心。

B 他讲得还是很有道理的，我们都没有不反对。

C 为保护环境，现在越来越多的地方开始实行垃圾分类。

D 绿水青山就是金山银山，我们每个人都应该保护好人类的家园。

80. **A** 雨越来越大，路上的行人都打起了伞。

B 前边的汽车一直在摁喇叭，发生了什么事情？

C 几位路人向警察都证明是这位小伙子救了老人的命。

D 我们现在努力学习，就是为了将来能成为建设祖国的有用之材。

第二组练习

76. **A** 新学期开始了，我应该制订一个学习计划。

B 刚刚在家里不小心把杯子摔碎了，真倒霉。

C 今天老师又在大家面前特别表扬了自己，我很开心。

D 北方处在大雪纷飞的寒冷的冬季时，南方却是温暖如春。

77. **A** 既然你想知道，我也把真实的情况告诉你吧。

B 他特别喜欢踢足球，一到周末就和小伙伴们一起踢。

C 周末我一般不出门，而是在家里帮助父母做些家务。

D 在公共场所要特别注意安全，不要到人多拥挤的地方去。

78. **A** 我的理想是成为一名人民警察，保卫人民群众安全。

B 我们这里一到冬天，屋里屋外的温度差异就会很大。

C 奶奶过生日时，我给她买了一件红毛衣，奶奶高兴极了。

D 会不会利用好业余时间，关系到你的学习成绩能有所提高。

79. **A** 我有时会使用爸爸的手机上网看新闻。

B 这个小卖部不仅卖学习用品，还卖饼干、糖果之类的。

C 考古学家对三千多年前在殷墟出土的一批文物进行了细致的研究。

D 昨晚我正在路上走着，对面开过来的一辆车突然打开了大灯，刺得我睁不开眼睛。

80. **A** 任何时候都不能放松对自己的要求。

B 我家里养了很多盆，有的花春天开，有的则夏天开。

C 尽管老师再三强调要仔细审题，我还是看错了一道题。

D 人应该有感恩之心，得到别人的帮助时，起码要说声“谢谢”。

客观性试题第二部分

答题指导

这一部分要求考生根据上下文和拼音的提示快速判断出对应的字并且能够正确写出来。下面我们介绍一下这类题的答题方法：

一组拼音可能对应几个不同的词语，只有放到整个句子甚至范围更大的上下文中才能确定正确的词语。比如"这是一部 xiànshí 题材的作品"，通过前后表达的意思，"xiànshí"指的是作品类型，而不是指时间受限制，所以不能误写为"限时"，正确的词语是"现实"。又如"作为受害者，我有 quánlì 申诉"，单从"我有 quánlì 申诉"看，还是难以确定是"权力"还是"权利"，从全文看，意思就清楚了，是表达个人应该具有的权益，所以不能写成"权力"，而应该是"权利"。另外，这部分需要填写的有些是固定搭配中的一部分，比如"我们知道，对外 yuánzhù 是中国履行国际义务的重要内容"中的"对外 yuánzhù"属于固定搭配，是"对外支援"的意思，所以不能写成"原著"之类的词语，正确的词语是"援助"。

这里还要提醒考生的是，阅读该词语拼音并知道词语的写法时，要立刻写出来，防止出现当时没写，等读完了回头再写时却想不起来的情况。这样随读随写也可以节省时间。

判断出正确的词语只是完成了第一步，考生还需要把正确的字写出来。本部分考查的词均为二级词，考生平时应该经常进行二级词语的抄写练习，经常写错的字词要挑出来反复抄写。

第一组练习

还记得从前我们在操场上快乐地 bēnpǎo(81)，在雪地里 fēngkuáng(82) 地打雪仗。如今你成了一名战士，守卫着祖国的 biānjiāng(83)；我在家乡成了一名幼儿教师，每天 péibàn(84) 着孩子们快乐地成长。闲下来的时候，我常常 huáiniàn(85) 从前无忧无虑的时光，期待有一天能再相见。

第二组练习

这部小说 miáoxiě 的故事发生在新中国成立 chūqī，人民解放军进入一个 jíduān 贫困的村寨，帮
81 82 83
助当地村民改变贫穷落后的面貌，受到他们的 rèliè 欢迎。经过几年的努力，村寨告别了贫困，村民
84
们的脸上露出了幸福的 xiàoróng。
85

作 文 考 试

答题指导

作文考试共 30 分钟，是提示性写作，考试时会给一段文字材料，考生根据这段材料提示的内容进行写作。作文主要考查考生的语言综合运用能力，包括能否正确理解题意或作文题目，能否写出正确通顺的语句，句式表达是否多样化，句子连接转换是否自然流畅，用词是否准确甚至生动，作文思路是否清晰、有条理，表达的思想是否明确，内容是否完整，标点符号是否规范，等等。写出一篇好作文非一日之功，建议考生平时多练习，多积累好词好句。写日记是一个提高写作能力的好办法。

考试时不要慌张，大致可以按照下面的步骤做：

1. 阅读提示语，明确写什么

仔细阅读提示语，了解清楚要求写什么，是什么文体，比如要写记叙文、应用文，还是读后感？不同文体的写作方式不一样。例如：记叙文重点是写人或写事。写人的，要写出外形、性格等方面的特点，并通过具体事件对人物形象进行刻画。写事的记叙文重在叙事，要有什么时候、在哪儿、谁、发生了什么事情、事情的结果怎么样等等。所以，确定文体是写作的第一步。

2. 归纳概括中心思想

确定文体后，要用一两句话或几个关键词语归纳出作文的中心思想，以便列出大纲，在写作时紧紧围绕中心思想去写，避免跑题或偏题。例如：如果是要求写一篇自己读过的书的读后感，最好首先确定你为什么要选这本书，它对你产生了怎样的影响——是让你找到了奋斗的方向，还是让你对某一领域产生了兴趣？这样就可以围绕中心慢慢展开。

3. 列出写作提纲

确定中心思想后，迅速列出一个写作提纲来，这样写作时会思路清晰而有条理，不容易跑偏。例如：如果作文提示要求写一件让你感动的事情，就要围绕“感动”这个关键词去写，可以列出上周日（时间）、在某个十字路口（地点）、一名小学生（戴红领巾）搀扶一位行动不便的老爷爷过马路（事件）、令人感动（结果），最后点题升华——每个人都应该关爱老年人，每个人都应该为构建和谐社会做贡献。

4. 正式写作

提纲只是提供了写作的框架，在正式写作时，必须围绕提纲充实内容，要言之有物，不能只是泛泛而谈，说一些空话、套话。不同的文体有不同的写作方法和写作重点。记叙文要有具体的事件，要把事情的来龙去脉写清楚，可以在人物肖像、场景描写上具体些、活泼些，比如“我的班主任王老师长着一双温柔的会说话的大眼睛”就比“我的班主任老师长着一双大眼睛”更生动，也突出了人物的性格。读后感要在感悟上多加笔墨，比如“读完这本书，我不仅被书里描述的动物们的多彩世界迷住了，更为作者对动物们进行细致入微的观察并记录的精神所感动，发誓将来也要成为一名探索大自然奥秘的科学家”，这样的写法就比“读完这本书，我被书里的动物们迷住了，作者也非常了不起，我将来也想做一名科学家”更生动有趣。

第一组练习

作文提示：

在我们成长的道路上，总有些人、有些事让我们难忘：可能是下雨时陌生人为我们打伞；可能是不小心摔倒后，同学们及时把我们送进了医院；可能是老师一遍遍地教导，终于让我们爱上了学习……请写一件令你感动、给你留下深刻印象的事情。

全文不少于 300 字。

第二组练习

作文提示：

尊老爱幼是中华民族的传统美德，学校成立了一个志愿助老团队，定期去附近的养老院志愿服务，帮忙打扫卫生，陪老人聊天儿，等等。你也特别想参加助老团队，奉献自己的爱心。请你写一份加入志愿助老团队的申请书。

全文不少于 300 字。

第三单元　提速训练

答题指导

本部分是强调答题时间的训练。经过专项训练后，考生基本熟悉了试题考点及答题思路，也掌握了一定的答题技巧，接下来就需要模拟实战，即在规定时间内完成答题任务。

本部分的核心就是计时，这部分训练严格限制时间，要求考生每组练习都要在规定的时间内完成。所以，考生在练习时即便遇到问题也不要去看答案，而是要坚持在规定的时间内做完试题，完成后再核对答案，对答错或不会的题目再仔细分析，查找原因，直至弄懂。

一、听力理解

第一组练习

扫一扫，听录音

第 一 部 分

1. **A** 食堂
   B 医院
   C 书店
   D 剧院

2. **A** 现在就去
   B 明天再去
   C 晚饭后去
   D 晚上再去

3. **A** 十点太早了
   B 建议早出发
   C 今天就出发
   D 他不想去了

4. **A** 邻居
   B 同学
   C 师生
   D 夫妻

5. **A** 很有收获
   B 专家很差
   C 非常无聊
   D 人太多了

6. **A** 大约一星期
   B 大约半个月
   C 大约一个月
   D 大约半年

7. A 还在学习小提琴
B 每天在网上学习
C 学校离家比较远
D 每周末都要去上课

8. A 不想去跳舞
B 没有时间去
C 一会儿就去
D 不可能出去

9. A 后悔
B 惭愧
C 高兴
D 不满

10. A 谈话很顺利
B 情况不太好
C 心态要乐观
D 办法有很多

11. A 脾气很好
B 没有缺点
C 很有本事
D 能力一般

12. A 身体特别好
B 在医院工作
C 睡眠质量差
D 喜欢去医院

13. A 反对
B 坚决
C 怀疑
D 后悔

14. A 实习
B 当记者
C 做简历
D 找工作

15. A 送午饭
B 去邮局
C 去寄信
D 去市场

第 二 部 分

16. A 一个
B 两个
C 三个
D 四个

17. A 这部剧特别长
B 男的不知道这部剧
C 男的不想看这部剧
D 男的不知道在哪里看这部剧

18. **A** 12 元
B 15 元
C 20 元
D 30 元

19. **A** 三点
B 四点
C 五点
D 六点

20. **A** 安静的
B 离公路近的
C 能看风景的
D 酒店外侧的

21. **A** 七点
B 八点
C 九点半
D 十点

22. **A** 提供免费的午餐
B 早餐可以送到房间
C 早餐只对会员免费
D 会员可以晚一点儿退房

23. **A** 北方
B 望夫石
C 凤凰山
D 孟姜女庙

24. **A** 愤怒
B 失望
C 悲痛
D 期待

25. **A** 孟姜女不是一个普通人
B 爱情有时候能创造奇迹
C 孟姜女的丈夫工作很忙
D 孟姜女对丈夫的爱坚贞不渝

26. **A** 散步
B 玩儿
C 取钱
D 买东西

27. **A** 找个人陪她来取钱
B 先收好钱再抱孩子
C 边抱着孩子边取钱
D 不要带着孩子来取钱

28. **A** 取款机坏了
B 宝宝摔倒了
C 坏人把钱抢走了
D 孩子是最重要的

29. **A** 重庆
B 上海
C 北京
D 成都

30. A 可以全职也可以兼职
B 有时候周末也要上课
C 每月工资可能有 3500 元
D 师范和非师范专业都可以

31. A 只要大学的学生
B 把宣传单发给孩子
C 工作时间为 16：00—20：00
D 工作地点是地铁里、小区里

32. A 起床晚了
B 看错时间了
C 忘记开会的时间了
D 上班高峰期不好打车

33. A 8：15
B 8：20
C 8：30
D 8：35

34. A 迟到要罚款
B 他要主持会议
C 想要好好表现
D 会上他要发言

35. A 最短的路不会堵车
B 最快的路浪费时间
C 做事情一定要赶早
D 最短的路未必是最快的

第二组练习

扫一扫，听录音

第一部分

1. A 5 号
B 6 号
C 7 号
D 8 号

2. A 效果不好
B 效果很好
C 没什么用
D 太贵，吃亏了

3. A 学校
B 市场
C 邮局
D 医院

4. A 老地方
B 新饭馆
C 回家吃
D 让男的选

5. A 游泳
B 跑步
C 打羽毛球
D 打乒乓球

6. A 休息
B 睡觉
C 写作业
D 交作业

7. A 丢了
B 女的那里
C 男的那里
D 小明那里

8. A 很激动
B 很高兴
C 不关心
D 很感兴趣

9. A 同学
B 师生
C 夫妻
D 邻居

10. A 出去没意思
B 空气质量差
C 身体不舒服
D 想要看电视

11. A 记者
B 厨师
C 医生
D 教师

12. A 乘飞机
B 坐火车
C 坐汽车
D 自己开车

13. A 跟女的一样
B 中秋节当天
C 中秋节前一天
D 中秋节后一天

14. A 数学
B 语文
C 化学
D 物理

15. A 产品质量不好
B 公司服务不好
C 产品价格偏高
D 没有不满意的

第 二 部 分

16. **A** 回家
 B 旅游
 C 打工
 D 支教

17. **A** 教语文和数学
 B 教授学习方法
 C 传授文化知识
 D 带孩子看外面的世界

18. **A** 健身
 B 买东西
 C 接小敏
 D 拿快递

19. **A** 学校
 B 健身房
 C 快递点
 D 时代广场

20. **A** 36
 B 37
 C 38
 D 39

21. **A** 1
 B 2
 C 5
 D 37

22. **A** 河水很深
 B 司机经验丰富
 C 车上的人都受伤了
 D 所有人都已经回家了

23. **A** 小学生
 B 中学生
 C 大学生
 D 所有人

24. **A** 游泳和英语很重要
 B 会英语更好找工作
 C 每个人都应该学会游泳
 D 现在学的东西将来会用得上

25. **A** 学习很重要
 B 学习都很难
 C 学生要认真上课
 D 学习对工作很有帮助

26. **A** 2006
 B 2007
 C 2008
 D 2009

27. **A** 四川
 B 河南
 C 河北
 D 青海

28. **A** 说话人现在在四川
B 她的丈夫救了很多人
C 大地震中死了很多人
D 她的丈夫是一名教师

29. **A** 苦的
B 酸的
C 甜的
D 酸甜的

30. **A** 一周
B 三周
C 一个月
D 三个月

31. **A** 这是一个广告
B 吃了百香果就会变白
C 百香果是黄金的颜色
D 超市的百香果很便宜

32. **A** 2017
B 2018
C 2019
D 2020

33. **A** 15 分钟
B 25 分钟
C 100 分钟
D 125 分钟

34. **A** 游泳
B 自由恋爱
C 穿男生的衣服
D 和男生一起玩儿球

35. **A** 唐朝的女生都很胖
B 唐朝的胖女生喜欢春天
C 唐朝的女生有很多选择
D 唐朝的男生喜欢胖胖的女生

第三组练习

扫一扫，听录音

第 一 部 分

1. **A** 没人邀请参加
B 一定参加比赛
C 不去参加比赛
D 后悔参加比赛

2. **A** 饭馆
B 市场
C 医院
D 图书馆

3. **A** 不太热
   B 非常热
   C 没有这里热
   D 汗都不会出

4. **A** 今天必须还
   B 书不用还了
   C 可以晚点儿还
   D 书送给男的了

5. **A** 游泳
   B 登山
   C 跑步
   D 散步

6. **A** 非常广阔
   B 没有意思
   C 交通不便
   D 很好玩儿

7. **A** 没有聚会
   B 聚会取消了
   C 聚会有变化
   D 聚会正常举办

8. **A** 美食
   B 风俗
   C 风景
   D 文化

9. **A** 经常挨批评
   B 错过了考试
   C 老师不负责
   D 学习态度差

10. **A** 高兴
    B 抱怨
    C 奇怪
    D 愤怒

11. **A** 医生
    B 老师
    C 服务员
    D 售货员

12. **A** 自己还没有买车
    B 还没有拿到驾驶证
    C 没有胆量自己开车
    D 自己并不喜欢开车

13. **A** 质量不好
    B 价格不高
    C 不太好看
    D 颜色不好

14. **A** 同学
    B 师生
    C 邻居
    D 夫妻

15. **A** 赞成
B 反对
C 讽刺
D 嫉妒

第 二 部 分

16. **A** 语文老师
B 数学老师
C 英语老师
D 化学老师

17. **A** 姓名
B 电话
C 毕业的学校
D 身份证号码

18. **A** 5 元
B 6 元
C 8 元
D 10 元

19. **A** 红心火龙果和西瓜
B 白心火龙果和西瓜
C 红心和白心火龙果
D 红心和白心火龙果、西瓜

20. **A** 这个女的
B 一个歌手
C 女的的姐姐
D 女的的妹妹

21. **A** 成都
B 上海
C 长沙
D 重庆

22. **A** 排名第三
B 唱得很好
C 进入决赛了
D 喜欢邓丽君

23. **A** 公历八月十五
B 农历八月十五
C 公历八月十六
D 农历八月十六

24. **A** 家里
B 公园
C 学校
D 邮局

25. **A** 唱歌
B 吃蛋糕
C 玩儿麻将
D 举办晚会

26. **A** 14岁
B 19岁
C 23岁
D 25岁

27. **A** 头
B 脸
C 眼睛
D 嘴巴

28. **A** 要不断学习
B 努力才能成功
C 要勇于面对挫折
D 生活中总会遇到困难

29. **A** 60岁
B 70岁
C 78岁
D 80岁

30. **A** 种菜
B 跳舞
C 唱歌
D 打太极拳

31. **A** 乡下
B 公园旁边
C 说话人的家附近
D 跟说话人一起住

32. **A** 2期
B 3期
C 4期
D 5期

33. **A** 6岁
B 8岁
C 12岁
D 15岁

34. **A** 东门
B 南门
C 西门
D 北门

35. **A** 自立自强
B 爱护动物
C 走近大熊猫
D 关爱大熊猫

第四组练习

扫一扫，听录音

第一部分

1. **A** 还不错
   B 有意思
   C 很有趣
   D 不如去年

2. **A** 飞机坏了
   B 天气不好
   C 旅客太多
   D 时间冲突

3. **A** 车站
   B 医院
   C 邮局
   D 学校

4. **A** 散步
   B 考试
   C 看书
   D 休息

5. **A** 很难
   B 很简单
   C 很有趣
   D 没意思

6. **A** 听课
   B 看病
   C 写作业
   D 去医院

7. **A** 跳舞
   B 爬山
   C 钓鱼
   D 唱歌

8. **A** 奇怪
   B 期待
   C 愤怒
   D 难过

9. **A** 很好看
   B 很便宜
   C 不值得
   D 很羡慕

10. **A** 睡觉
    B 喝牛奶
    C 听音乐
    D 提建议

11. **A** 很细心
    B 有耐心
    C 要求高
    D 有毅力

12. **A** 夫妻
    B 同事
    C 师生
    D 同学

13. **A** 去医院
    B 去上学
    C 去休息
    D 去吃药

14. **A** 天气太热
    B 经常下雨
    C 时间不够
    D 没有优惠

15. **A** 学习
    B 休息
    C 值班
    D 看电影

第二部分

16. **A** 900元
    B 990元
    C 1000元
    D 1090元

17. **A** 服装
    B 化妆
    C 免费水果
    D 赠送照片

18. **A** 绿茶
    B 红茶
    C 花茶
    D 奶茶

19. **A** 绿茶
    B 红茶
    C 牛奶
    D 咖啡

20. **A** 公司职员
    B 饭店厨师
    C 饭馆服务员
    D 商店售货员

21. **A** 靠窗
    B 安静
    C 在2楼
    D 能坐下4个人

22. **A** 在湖南
B 允许吸烟
C 允许带啤酒
D 至少有两层

23. **A** 老板
B 教师
C 公务员
D 销售员

24. **A** 2
B 3
C 4
D 5

25. **A** 马云的公司很小
B 马云不喜欢做老师
C 马云关心公益事业
D 马云不是一个好老师

26. **A** 要结婚了
B 生孩子了
C 换工作了
D 收到了请帖

27. **A** 想换工作
B 手里没钱
C 跟他们不熟悉
D 不想委屈自己

28. **A** 小李的工资很低
B 同事亲自给小李送来了请帖
C 小李最后给同事们发了红包
D 朋友们都劝小李给同事发红包

29. **A** 一百多人
B 七八十人
C 四十多人
D 二三十人

30. **A** 不喜欢喝橘子汁
B 白色水闻着比较甜
C 知道这杯是蜂蜜水
D 担心黄色水喝着不安全

31. **A** 教授跟大家开了一个玩笑
B 选择白色水的学生更聪明
C 选择人生跟选择水道理是一样的
D 大多数学生都知道黄色水是橘子汁

32. **A** 蓝莓
B 草莓
C 黄梅
D 树莓

33. **A** 黄河
B 长江
C 淮河
D 珠江

34. **A** 春季
B 夏季
C 秋季
D 冬季

35. **A** 梅雨也被称为洪水
B 梅雨多出现在山区
C 别的国家也有梅雨
D 梅雨季节不要出去游玩

二、阅读理解

第一组练习

第 一 部 分

36. 你们刚工作，有时________忙乱。

A 不止

B 不免

C 不必

D 不曾

37. 她________一名歌手，歌却唱得不好。

A 以为

B 认为

C 成为

D 作为

38. 海洋公园的门票 100 元一张，如果买 10 张以上，会有________。

A 优秀

B 优良

C 优惠

D 优美

39. 我用严肃的________提醒他，并且装出一副非常生气的样子。

A 语调

B 语气

C 语法

D 语音

40. 小王一点儿也不________，听不懂我讲的笑话，和他约会非常无聊。

A 幽默

B 诚实

C 善良

D 耐心

41. 别看他________火，但很快会被人们忘记。

A 按时

B 随时

C 一时

D 时时

42. 他________说话算数，从来没有说过谎话，总是说到做到。

A 本来

B 以来

C 原来

D 向来

43. 他的工作不仅要加班，而且要________突发的情况。

A 应付

B 应酬

C 应该

D 应用

44. 他________吃了五碗米饭，看来真是饿坏了。

A 一直

B 一连

C 一向

D 一再

45. 这项作文作业学生们通常是用电脑完成的，但是我让他们在本子上________。

A 写作

B 发表

C 舞蹈

D 演唱

46. ________天气好不好，老王几十年来________骑自行车上班。

A 除非　　才

B 不管　　都

C 即使　　也

D 不但　　也

47. ________他是一个在学校站岗的小人物，我们也不应该________他。

A 即使　　轻视

B 如果　　欺负

C 假使　　受气

D 假如　　受苦

48. 她能获得这项设计大奖绝不是________，而是她处处________，努力学习的结果。

A 偶尔　　留念

B 偶然　　留心

C 恰好　　留意

D 恰巧　　安心

49. 我们应该为孩子们精心________每一餐饮食，让他们吃得越来越________。

A 分配　　精彩

B 支配　　精神

C 搭配　　精致

D 配合　　大致

50. 直到奶奶________，妈妈________一直陪在奶奶的身边。

A 出入　　基本上

B 出口　　差点儿

C 出面　　怪不得

D 出院　　差不多

第二部分

51～53

动物村宣布了龟兔赛跑的结果，狐狸相当喜悦。它相信兔子既然比不过乌龟，肯定更比不过自己。狐狸打了个哈欠，自满地躺在兔子回家的路旁，等候兔子的到来。兔子想躲开狐狸，但它发现得太晚了，只能撒开腿拼命跑。

兔子拼命地跑，狐狸紧紧地追，它们越来越近。当狐狸打算伸出爪子去抓兔子时，兔子终于清醒了。它知道自己会有生命危险，虽然吃力，但它仍然冲破障碍，拼命钻进了树林里。狐狸追逐失败，兔子成功逃脱了。

后来乌龟遇到了兔子，不解地问它："你连我都跑不过，为什么能跑过狐狸？"兔子说："狐狸追我时，我什么都不顾了，只知道恐惧，这是我最后挣扎的机会。"

兔子两次赛跑的目的不同，结果也明显不同。

【51】龟兔赛跑的结果是什么？

A 乌龟赢了兔子

B 兔子赢了乌龟

C 狐狸赢了乌龟

D 狐狸赢了兔子

【52】狐狸追兔子的结果是什么？

A 狐狸追逐成功

B 兔子成功逃脱

C 狐狸成功逃脱

D 兔子追逐成功

【53】兔子为什么跑不过乌龟，却跑得过狐狸？

A 兔子是赛跑冠军

B 狐狸是赛跑冠军

C 赛跑的目的不同

D 狐狸打了个哈欠

54～56

男人和妻子吵架，气得摔门而出，在大街上不停地闲逛。他很想吃饭，可是出门没带钱和手机，又不好意思回家。小区餐厅的老板问他要不要吃饭，他不好意思地笑笑，说自己出门忘了带钱，老板说："没关系，快进来吧。"

他迅速地吃完饭，感恩地对老板说："你真是个好人。"老板问："为什么？"男人说："我没带钱，你还愿意让我免费吃饭，不像我妻子，只会和我吵架。"老板笑了笑，说："是你的妻子告诉我，你脾气不好，每次吵架都会跑出家门，又不带钱，她怕你饿着，先付了 100 块钱。”男人听完哭了起来，赶紧跑回家，发现妻子已经做好饭正在等着他。

在现实生活中，我们往往忽视了身边对自己好的人，常常抱怨。我们常常对陌生人很友好，却忽视了真正爱自己的人。我们应该学会珍惜亲情、友情、爱情，对身边的人好，这样我们的生活一定会更美好。

【54】男人在大街上不停地闲逛，是因为：

A 他很想吃饭

B 他没带手机

C 他出门没带钱

D 他和妻子吵架了

【55】老板为什么让这个男人免费吃饭?

A 老板是个好人

B 老板认识这个男人

C 老板跟这个男人是朋友

D 这个男人的妻子提前付了钱

【56】本文主要想告诉我们：

A 要学会感恩

B 要多帮助别人

C 要对身边人好

D 不要经常抱怨

57 ～ 59

“中年危机”指人们感觉到青春正在消失，越来越接近死亡的一种现象。我们或者我们的父母也许正处于中年，事实上，没有证据表明中年危机的存在。大量的研究表明，人到中年可能会出现一个转变，这种转变是可以让人进步的，而不是可怕的。

中年似乎是人生的第二个重要阶段。到了中年，身份已经形成，资源已经建立，机会已经拥有，即使有风险也不可怕。中年人可以看到不远处的死亡，但他们不会匆忙地靠近，他们会趁着还有时间，尝试新鲜事物。科学家关注了一些将中年转变当作重生机会的人。他们优先考虑关系，而不是事业。明确的目标感可以降低患老年痴呆的风险。

中年不是人生走下坡路的开始，而是一个必须充分利用的转折点。李太太周末约朋友去喝茶，朋友说最近报了个教育研究班，她笑话朋友说，都一把年纪了还上什么课，朋友告诉她这是为了学习最新的教育孩子的方法，以便跟上时代。随着年龄的增长和知识的增加，孩子们会不断进步，如果家长们像李太太一样不学习新的事物，不提升自己，只用以前的经验处理家庭问题，与自己孩子的相处仍用老一套，容易导致不良的亲子关系，产生沟通障碍。在职场上，如果工作方法没有进行更新，无法使自己的职业生涯得到改善，再面对不断出现的职场新人的激烈竞争，才会产生所谓的“中年危机”。

【57】根据本文，人到中年：

A 资源逐渐减少

B 青春逐渐消失

C 会出现可怕的转变

D 会面临可怕的风险

【58】中年人应该：

A 尝试新鲜事物

B 匆忙靠近死亡

C 勇敢面对竞争

D 更加重视事业

【59】本文最后一段主要讲的是：

A 中年人应多跟朋友交流

B 中年人应多跟孩子沟通

C 中年人面临激烈的竞争

D 中年人要不断提升自己

60 ～ 63

人总是担心自己的缺点，那么什么是缺点，什么是优点呢？不同的人有不同的看法。

有这样一个故事：一个青年去医院看病，医生问他怎么了，他说自己很容易害怕，不自信，不敢认识新的朋友，这个缺点让他感到很糟糕。医生听后笑着说：“这不是缺点啊，这是你的优点，你是个谨慎的人，是个可靠的人。”青年听了不敢相信自己的耳朵，犹豫地问医生：“害怕是优点，难道勇敢是缺点？”医生说：“不是这样的。谨慎和勇敢都是优点，你不能只看到缺点，要多发现优点。你要自信起来。”

得到医生的赞扬后，青年变得不那么消极了，他积极去认识新朋友，当感到恐惧时他就告诉自己，这不是缺点，只是谨慎罢了。

我们常常害怕自己的缺点，觉得自己不如别人，但缺点从另一个角度看也是优点，我们要善于发现自己的优点，把缺点转变成优点，不断提升自己，当自己变得强大时，就不再害怕自己的缺点了。

【60】这个青年：

A 耳朵有问题

B 有很多缺点

C 是勇敢的人

D 容易不自信

【61】医生认为：

A 青年没有缺点

B 青年有很多优点

C 有时候勇敢也是缺点

D 应该多发现自己的优点

【62】当有缺点时应该怎么办？

A 不要想自己的缺点

B 把缺点转化为优点

C 去医院征求医生的意见

D 多想想每个人都有缺点

【63】最适合做本文标题的是：

A 优点和缺点的区别

B 不同人的看法不同

C 把缺点转变成优点

D 医生对青年的帮助

64 ～ 67

当年他高考没考好，只上了一个普通的专科学校，好在他学了自己最喜欢的服装设计专业。毕业之后，他开了一个服装公司，虽然他设计的服装很受欢迎，但是他却没有做生意的头脑，卖得很好的款式就是收不上钱来。他去卖他的衣服的商场要钱，那女经理翻着白眼说："着急回款的话可以不在我们这里做……"

他决定自己开店。小店开在北京的使馆区边上，来买东西的经常有老外，他们很喜欢他设计的中式衣服，还问他怎么不把店开在网上，那样的话他们回国的时候就不用大包小包地带了。他这才知道有个能把"天涯变比邻"的网，能把自己设计的衣服卖到美国、法国、英国……

他试着在网上开了个店。他还是感觉战战兢兢的，面对无形的互联网，和当初他面对那个骄横的商场女经理一样，心里没底。

一个月后，他从网上挣到了第一笔钱，而且是美元。他从银行里把钱取出来时居然有点儿恍惚，没想到财富也可以如此陌生。渐渐地，他的生意越来越好，他的店也越开越大。是互联网促进了他事业的起飞。

【64】他在商场的生意：

A 赚钱很多

B 是失败的

C 规模很大

D 越做越大

【65】关于他的小店，下面哪种说法**不对**？

A 位于使馆附近

B 自己设计服装

C 顾客都是外国人

D 中式服装很受欢迎

【66】他是怎么想到在网上开店的？

A 顾客提醒了他

B 朋友提醒了他

C 大家都在网上开店

D 想把衣服卖到国外

【67】开始在网上开店时，他：

A 很有信心

B 没有把握

C 头脑不清醒

D 考虑不周到

68 ～ 71

太平洋横跨数百万平方千米，太平洋岛国是数百万人的家园，成百上千的岛上的人们讲着各种语言，每个国家都有自己独特的文化和传统。尽管太平洋岛国之间存在着种种差异，但有一件事使它们团结起来，那就是应对气候变化。不同的地方遇到的气候变化不同，太平洋岛国特别容易受到海平面上升带来的影响，这是对脆弱的国家人民生计最大的威胁。

随着人类使用化学燃料的增多，吸热气体被直接排放到大气中，导致海水温度升高。随着海水变暖，海平面也将上升，一些岛国将面临完全消失的危险。海平面上升会污染水源，也会破坏鱼类居住地，鱼类是太平洋地区人们重要的食物来源。海洋温度和海平面的上升将带来巨大的自然灾害。

目前太平洋岛国人民通过使用可再生能源等方式来应对气候变化，他们坚信齐心协力，共同向前，就能应对气候变化，保护家园。

【68】根据第一段，太平洋岛国面临的威胁是：

A 海平面上升

B 不同岛上的人语言不同

C 每个国家文化和传统不同

D 岛国之间存在着种种差异

【69】根据本文，下面哪一项是正确的？

A 不同的地方遇到的气候变化不同

B 太平洋岛国都面临完全消失的危险

C 太平洋岛国不知道如何应对气候变化

D 海平面上升威胁到所有国家人民的生计

【70】造成海平面上升的根本原因是：

A 近年来降雨量越来越大

B 吸热气体被直接排放到大气中

C 大量污水被直接排放到海洋里

D 人类使用越来越多的化学燃料

【71】本文主要讲的是：

A 如何应对海平面上升

B 太平洋岛国的基本情况

C 海平面上升的原因及影响

D 太平洋岛国面临海平面上升的威胁

72 ～ 75

有一种说法流传很广：“四川人不怕辣，湖南人怕不辣，贵州人辣不怕。”这三个省的人是全国公认能吃辣的。很多人喜欢吃辣椒，甚至顿顿饭都离不开它。那么，为什么人们会对辣椒上瘾呢？

辣椒的成分中含有辣椒素，在我们的口腔中和皮肤上有一些特定的神经受体，与辣椒素结合后会产生“热”和“疼”的信号，于是人体就会感受到高温灼热的感觉，这其实是一种痛感，而不是我们通常认为的“味觉”。那么，为什么有些人面对这种痛感像上瘾一样无辣不欢呢？

事实上，喜欢吃辣椒的人，在他们刚开始尝试吃辣椒时，也是觉得不太舒服的。但慢慢地人们发现，在大脑感到疼痛时，身体会出现一系列应激反应，例如分泌类似吗啡的物质内啡肽，试图通过产生快感来镇痛。这样，在最初的疼痛之后，辣椒让人产生了一种愉悦感，也正是这种痛感和快感的结合，让很多人的饮食无辣不欢。

辣椒确实能增强食欲，但是食用过多的辣椒会严重刺激肠胃，甚至造成损伤，引起炎症。建议根据自身情况，适度摄入辣椒，不要过多食用。

【72】本文开头引用那种流传很广的说法是为了说明：

A 四川人最能吃辣

B 湖南人最能吃辣

C 贵州人最能吃辣

D 很多人喜欢吃辣

【73】关于“辣”，下列说法**不正确**的是：

A 是一种味觉

B 是一种痛感

C 是由辣椒素产生的

D 是一种高温灼热的感觉

【74】喜欢吃辣椒的人：

A 饭量都比较大

B 开始也不舒服

C 感觉不到疼痛

D 肠胃都有损伤

【75】为什么人们吃辣椒会上瘾？

A 辣椒能大大增强食欲

B 辣椒能严重刺激肠胃

C 辣椒能刺激人的味觉

D 辣椒能引起痛感和快感

第二组练习

第一部分

36. 这道题我可________明白了。

A 依旧

B 算是

C 仍旧

D 照样

37. 她痛哭流涕，向校长苦苦________不要开除她。

A 感激

B 强调

C 劝阻

D 哀求

38. 不管哥哥对我做了什么，我都能________接受并原谅他。

A 必然

B 不然

C 偶然

D 泰然

39. 虽然他也算是一个成功人士，但是他有一个很大的________。

A 包裹

B 包装

C 包袱

D 包子

40. 我们要想写出好的文章，首先要学习怎么写出________的句子。

A 通顺

B 通常

C 通俗

D 畅通

41. 他________每天有使不完的力气。

A 格外

B 干脆

C 赶忙

D 仿佛

42. 研究报告________强调孩子即将出生时是夫妻最有压力的时候。

A 简直

B 宁可

C 再三

D 整整

43. 人们认为这些新闻________是为了宣传，不可全信。

A 报到

B 报考

C 报道

D 报酬

44. 拿到一本书，我________先浏览一下，然后再决定买不买。

A 逐步

B 通常

C 逐渐

D 时时

45. 今天不能和你见面了，我必须去________考试失败的朋友。

A 安定

B 安慰

C 安置

D 安排

46. ________有人来帮忙，今天________不可能完成这么多工作。

A 即使　　也

B 只要　　就

C 只有　　才

D 因为　　也

47. ________不满意员工的工作，他会________他们。

A 虽然　　驳斥

B 何况　　欺负

C 只有　　剥削

D 倘若　　鞭策

48. 他是个极其________的人，和他做朋友很________。

A 虚心　　糟糕

B 虚伪　　愚蠢

C 凶恶　　友爱

D 自私　　幽默

49. 他不愿意跟那些人________，只是________驳斥一下他们。

A 辩论　　偶尔

B 辨别　　偶然

C 分辨　　偏偏

D 谈论　　始终

50. 她每天________饮食，________瘦成这样。

A 克制　　说不定

B 控制　　怪不得

C 限制　　进一步

D 抑制　　不见得

第 二 部 分

51 ～ 53

河南某旅游景区在十一假期推出了“一元午餐”活动，这已经是该景区连续第四年推出这样的活动了。景区负责人表示，一到假期游客众多，景区较冷，很多游客只能吃一些面包，为了让游客吃到热菜热饭，景区推出了“一元午餐”服务，不是为了赚钱，而是为了让游客感到温暖。

今年国庆 8 天，“一元午餐”卖出了 20000 多份，虽然付钱完全靠游客自觉，但收入还是多了 400 多元。游客们为了感谢景区的这一暖心服务，会多付一些钱。

刚开始实施这个活动时，很多人担心不会长久，但事实证明游客素质很高，都会自觉付钱，因此景区表示该活动会持续进行下去。为了避免浪费，“一元午餐”推出了大份和小份，游客可按照自己的需求选择。同时景区为游客免费提供体重秤，提醒大家科学合理饮食。

网友们也被景区这一暖心行为感动了，他们认为多出的收入是游客们的爱心。

【51】河南某旅游景区推出“一元午餐”是为了：

A 增加收入

B 吸引游客

C 让游客感到温暖

D 让游客吃到面包

【52】该景区今年国庆收入多了400多元，是因为：

A 游客数量比去年更多

B 卖出了更多的大份午餐

C 游客希望活动持续下去

D 游客为了感谢景区多付了钱

【53】根据本文，我们知道：

A 游客素质不高

B 该活动持续进行

C 该活动不会长久

D 小份的价格更便宜

54～56

鲁迅是我国伟大的作家、思想家和革命家。鲁迅13岁时，父亲病重，有一天他上学前先去给父亲买药，因此上学迟到了。老师严厉地批评了他，他没有解释，而是在书桌上刻了一个“早”字，提醒自己要早到，从此他再也没有迟到过。

鲁迅认为珍惜时间就是珍惜生命，靠着珍惜时间，他取得了巨大的成功。他白天要做很多工作，晚上还要写文章，休息时间很少。他从不出去玩儿，也不聊闲天儿，工作累了他就看看书，把看书当作一种休息。他甚至把别人喝咖啡的时间都用来工作。

到了晚年，鲁迅更加珍惜时间，不停地学习，忘我地工作。鲁迅不仅珍惜自己的时间，也不浪费别人的时间。他和别人见面，总是准时到达，即使天气条件再恶劣，也不允许自己迟到。

鲁迅说：“时间就像海绵里的水，挤挤总是有的。”时间是最宝贵的东西，我们也要像鲁迅一样，珍惜时间，利用好时间。

【54】鲁迅那一天为什么迟到了？

A 早晨起晚了

B 给父亲买药去了

C 送父亲去医院了

D 前一天睡得太晚了

【55】根据本文，鲁迅休息时做什么？

A 喝咖啡

B 看看书

C 出去玩儿

D 聊闲天儿

【56】本文主要想告诉我们：

A 要珍惜时间

B 要努力工作

C 人要活得有意义

D 对自己要严格要求

57 ～ 59

最近有个新概念非常流行——工业 4.0。工业 4.0，又称第四次工业革命。德国在 2013 年提出了十大未来项目，工业 4.0 是其中之一。作为一项高科技计划，它把互联网和制造业相结合，利用物联信息系统将供应、制造、售卖信息数据化、智慧化。工业 4.0 包括三大内容——智能工厂、智能生产、智能物流。工业 4.0 的关键是物流。

工业 4.0 作为目前最后一次工业革命，将物流作为核心，首先将网络安全保障和通信设备管理做好，然后实现标准化，管理复杂的系统，等等，其中有很多难题等待我们解决，因此发展进度缓慢。现在，工业 4.0 进行到第一关——工业自动化已经逐渐成形，完成工业自动化以后再进行第二关。

未来企业的发展方向一定是数据、创新相结合的企业。工业 4.0 刚刚起步，对于中国的制造业来说，是一个巨大的机遇。

【57】根据本文，下面对“工业 4.0”的描述**错误**的是：

A 指工业自动化

B 是一项高科技计划

C 是第四次工业革命

D 是十大未来项目之一

【58】工业 4.0 的核心是：

A 生产

B 物流

C 供应

D 售卖

【59】工业 4.0 现在进行到哪一步了？

A 第一关还没开始

B 第一关逐渐成形

C 第二关逐渐成形

D 第二关已经完成

60 ～ 63

43 岁才开始创业的任正非，是我国最有名的商人之一。作为华为的老板，他带领公司成为世界有名的企业。任正非的父亲是中学校长，母亲是数学老师，家里有六个孩子，生活非常艰苦。任正非高中毕业后考上了大学，母亲到处借钱，给他买了两件衣服。这两件衣服他穿了足足五年，直到大学毕业。母亲从不乱花钱，这种节俭深深影响了任正非。他不仅生活节俭，遇到困难也积极乐观。

任正非当过军人，也做过生意，为了生活尝试过各种工作。后来他做生意失败了，妻子也离开了他。那时的任正非和父母挤在一间小房子里，生活艰难。但是他不放弃，1987 年和朋友一起成立了华为公司，华为的意思是中华有为。

华为的产品质量过硬，价格便宜，深受欢迎。同时，华为的很多技术打破了国外的垄断，在国际市场上也站住了脚。军人出身的任正非敢打敢拼，具有出色的领导力，他不怕困难，带领公司走向了成功。

【60】关于任正非，我们知道：

A 刚开始创业

B 曾当过老师

C 是华为的老板

D 家人支持他创业

【61】任正非的母亲到处借钱，是为了：

A 让他考大学

B 给他交学费

C 一家人生活

D 给他买衣服

【62】关于华为公司，我们知道：

A 产品价格高

B 被国外垄断

C 1987 年成立

D 垄断了国际市场

【63】最适合做本文标题的是：

A 任正非的家庭

B 任正非的婚姻

C 任正非的一生

D 任正非和华为

64 ～ 67

拍卖是由正式的拍卖商向公众出售物品的活动。它要求聚集在拍卖场的人们对各种各样的商品出价，最终出价最高的买家成功购买。标志是“锤子”，因为拍卖结束时，拍卖师会把一个小锤子敲在桌子上。

“拍卖”这个词最开始的意思是增加，拍卖也是最原始的售卖方式之一。最开始几乎所有商品都可以在拍卖会上售卖。这些商品包括咖啡、羊毛、茶叶、可可、水果、蔬菜和葡萄酒。土地、房产、绘画、书籍的拍卖也很常见。

拍卖商必须对所卖商品的价值和经常购买这些商品的顾客有所了解，而且不能因为一开始拍卖的价格太低而浪费时间。拍卖商还要利用买家，鼓励他们竞争，成功地获得一个高的价格。但是也有不好的商人，他们商量好不竞争，从而用最低的价格完成拍卖。

【64】根据本文，拍卖是正式的拍卖商：

A 购买物品

B 出售物品

C 对商品出价

D 用锤子敲桌子

【65】拍卖的标志是“锤子”，因为拍卖结束时：

A 出价最高的人买到

B 拍卖的物品是锤子

C 把锤子敲在桌子上

D 拍卖的物品是桌子

【66】最开始很多东西可以在拍卖会上售卖，不包括：

A 国籍

B 水果

C 蔬菜

D 咖啡

【67】本文主要讲的是：

A 拍卖的历史

B 拍卖的过程

C 什么是拍卖

D 拍卖的物品

68 ～ 71

水是生命之源，是人体内除了氧气之外最重要的物质。一般来说，人如果没有水，只能生存 3 天。当人体活动时应补充水分，在温和气候条件下从事轻度身体活动的成年人每天最少要饮水 1200 毫升，在剧烈运动的情况下更应补充大量水分。研究表明，不管在炎热的室外，还是在有空调的室内，人们都需要饮水。

专家建议人们养成合理的饮水习惯，每天多次饮水，每次控制饮水量，200 毫升左右即可。每天早上起床后，虽然夜里我们没有活动，但也要补充水分，这样有助于增加血容量。人们通常是感到渴时才喝水。专家指出，如果口渴时再喝水，已经错过了喝水的最佳时机，因为人感到口渴时，身体已经处于缺水状态。

那我们是不是要不停地喝水呢？专家表示，喝水要控制量，如果饮水过多会造成水中毒。夏天天气炎热，人有可能在短时间内饮用大量的水。如果饮入大量的水，水会将血液稀释，使得大脑缺氧，人会觉得疲倦，并且不想吃饭，只想睡觉。

因此，每天保持少量多次饮水很重要。长时间不喝水，或者一次喝太多，都是伤害身体的行为。

【68】根据第一段，下面哪一项是正确的？

A 水是生命之源

B 水是人体最重要的物质

C 人不运动时不需要喝水

D 人每天喝 1200 毫升水即可

【69】关于喝水习惯，下面哪一项是正确的？

A 每天多次饮水

B 起床后不喝水

C 感到渴时再喝水

D 每天喝 200 毫升水

【70】下面哪一项**不是**水中毒的表现？

A 感觉热

B 想睡觉

C 很疲倦

D 不愿吃饭

【71】下面哪一种饮水方式**不伤害**身体？

A 一次喝很多

B 少量多次喝

C 完全不喝水

D 长时间不喝水

72 ～ 75

说起杨澜，人们首先想到的是她自信的微笑。作为知名主持人，杨澜曾获得“中国 50 大美女”的称号。很多人对此提出质疑，因为单从外表看，杨澜不是最美的，但她的自信和能力对得起这个称号。

杨澜的童年是和奶奶一起度过的，奶奶告诉她自信的女人最美。上学后，她回到父母身边，父母从不问她的成绩，不给她压力，但十分注重培养她的品格，希望她做事有毅力，成为一个坚强的人。

杨澜读书很努力，非常有思想，这让她成为“美”的代表。所以美并不只是眼睛看到的，还是交流中感受到的，美人应该是指有思想的人。

作家林清玄在书中说：“想要变美，要多读书，多欣赏艺术，多思考，乐观地对待生活。”有些人为了变美，买漂亮衣服，研究化妆，经常逛街，但脑子空空如也，这样是没有办法变美的。

人们看重的不是美丽的脸蛋和身材，也不是漂亮的服装，而是丰富的思想、坚毅的品格。热情待人，真诚交流，不怕挫折，永不放弃，这样的人，我们能说她不美吗？

【72】根据本文，说起杨澜，人们首先想到的是什么？

A 自信的微笑

B 知名主持人

C 中国大美女

D 自信和能力

【73】关于杨澜的童年，我们知道：

A 是一个坚强的人

B 和奶奶一起生活

C 父母很重视她的成绩

D 奶奶把她打扮得很漂亮

【74】根据本文，杨澜是怎么成为“美”的代表的？

A 她有美丽的脸蛋

B 她有优异的成绩

C 她有丰富的思想

D 她穿漂亮的衣服

【75】想要变美，我们应该做什么？

A 学会化妆

B 经常微笑

C 多读书思考

D 穿漂亮衣服

第三组练习

第一部分

36. 我把它弄完，________就来。

A 随后

B 随手

C 早晚

D 常常

37. 他们发誓对这件事一定会________。

A 保管

B 保守

C 保障

D 保密

38. 他________想逃跑，都被发现了。

A 逐步

B 逐渐

C 陆续

D 屡次

39. 为了感谢他的帮助，我提出要给他________，但他拒绝了。

A 报刊

B 报道

C 报酬

D 报纸

40. 即使我们在考试中取得了好成绩，也不应该________，还需要努力。

A 自满

B 自豪

C 自私

D 自信

41. 互相打招呼问候之后，他们便开始________地讨论了。

A 严格

B 严肃

C 严密

D 严厉

42. 大家用着都没有问题，可这东西________到我手里坏了。

A 稍微

B 偏偏

C 偶尔

D 简直

43. 我们公司的产品有独特的________方式。

A 包裹

B 包含

C 包装

D 包围

44. 她很着急，________期待着第二天早上快到来。

A 一心

B 一连

C 一时

D 一向

45. 她尝试从监狱________，但警察把她抓了回来，她很后悔。

A 奔跑

B 逃跑

C 奔腾

D 奔驰

46. ________有十分重要的事，他________会跟老板请一天的假。

A 不只　　还

B 除非　　才

C 不光　　也

D 哪怕　　也

47. ________有不能处理的紧急情况，你也可以________找人帮忙。

A 假如　　沉默

B 假若　　沉淀

C 假使　　承担

D 万一　　尝试

48. 过了________的山路后，道路变得________了。

A 茂密　　宽阔

B 茂盛　　辽阔

C 漫长　　宽敞

D 美观　　茫茫

49. 虽然她工作很________，但丝毫不________她发展个人爱好。

A 忙碌　　妨碍

B 盲目　　防治

C 匆忙　　防守

D 慌忙　　仿佛

50. 在病友的________下，他勇敢________地与疾病做斗争。

A 鼓掌　　坚强

B 鼓舞　　顽强

C 跳舞　　勉强

D 鼓励　　加强

第 二 部 分

51 ～ 53

很久以前，有个国王想帮公主找对象，公主想找一个诚实的男人。于是国王选择了五个男人，分别来自五个优秀的家庭。他给每个人一些种子和肥料，要求他们过一段时间带着成果来见他，成果最多的就可以和公主结婚。几个月后，他们陆续回来了，并带来了各种水果、玉米、小麦等。国王失望地摇摇头，并赶走了他们。一年后，最后一个人回来了，他看上去很疲倦。国王问："为什么你空着手回来？"这个人遗憾地回答："我选了最好的土地，种下了您给的种子，用了您给的肥料，经常浇水，耐心照顾它们。可惜一年了，什么成果也没有。"国王问："你为什么不去买一些水果或者粮食呢？"这个人说："我不能做欺骗人的事情，我没有任何成果，应该是我的能力不足，配不上公主。"国王却对他说："你就是我要找的人。其实，我给你们的种子都是坏的，我就是想找到一个诚实的人。"

诚实是做人最基本但也是最重要的品德。

【51】国王为什么给五个男人种子？

A 看看他们是否聪明

B 看看他们是否能干

C 看看他们是否勤劳

D 看看他们是否诚实

【52】国王赶走了前面的四个男人是因为他们：

A 回来得太早

B 欺骗了国王

C 带来的成果太少

D 带来的东西质量不好

【53】根据本文我们可以知道，最后一个男人：

A 能力不足

B 配不上公主

C 是个诚实的人

D 买了很多水果

54 ～ 56

有两个年轻人同时跟一个很有名的老师学习。老师用心教他们，但是两个人的反应不同。第一个年轻人很安静很用心地听老师讲，并且认真地按老师说的去做；第二个年轻人却很不谦虚，每次都说以前学过，经常和老师争吵，也不好好练习。

一段时间后，第一个年轻人有了很大进步，第二个年轻人却退步了，他不满地问老师原因。老师让他们坐下，然后给他们倒茶，第一个年轻人马上就喝了，第二个年轻人生气地继续追问。老师继续给他们倒茶，第二个年轻人的杯子是满的，再倒茶水就流出来了。老师对第二个年轻人说："你的杯子已经满了，再倒茶肯定会流出来，就像你一样，我教你新知识你不听，是因为你太自满，你觉得自己已经很厉害了，所以别人说什么你都不听，只听自己的。"

第二个年轻人终于明白了，他赶紧向老师道歉，从此以后变成了一个谦虚的人，果然进步很快。

【54】第二个年轻人退步是因为：

A 老师更重视第一个人

B 他不愿意谦虚地学习

C 老师教给他的知识少

D 老师教的都是旧知识

【55】根据本文，为什么老师给他们倒茶？

A 想让他们安静下来

B 想让他们尝尝新茶

C 避免泡好的茶浪费掉

D 利用倒茶说明一个道理

【56】本文告诉我们，要想进步应该：

A 找到名师

B 保持谦虚

C 尊重老师

D 保持自信

57 ～ 59

网络的发展有利于人类的进步。在通信方面，网络让我们摆脱了距离的限制；在购物方面，网络让我们不出家门就可以买到想要的东西。这些虽然有利于人类生活的进步，但是也带来了不好的影响。

在人际关系方面，信任是最难得的，比利益更可贵，但是网络技术的发展增加了网络犯罪数量。

由于有了网络，我们的时间被占据，想要五分钟不看手机或者电脑也不容易。人总是被打断，不能把全部注意力集中在工作或学习上。

网络的发展可能让人智力下降，大脑反应变得迟钝。当我们遇到问题时，我们的第一反应不是思考，而是上网搜索。网络的发展也影响到人际关系，在餐馆，在酒吧，在工作休息时，人们都在看手机，而不是相互说话。

【57】网络发展有利于人类进步的原因是：

A 网络让人们不受距离限制

B 网络让人们生活更加轻松

C 网络让人们联系更加密切

D 网络改变了人们的生活习惯

【58】由于有了网络，人们：

A 精力更加集中

B 彼此更加信任

C 学习效率更高

D 大量时间被占用

【59】本文最后一段主要讲的是：

A 网络对人们的影响

B 网络有利于人类进步

C 网络占了人们的时间

D 网络给人们带来的坏处

60 ～ 63

有两个饥饿的人得到了好心人的帮助。好心人给他们一把枪和可以吃 20 天的食物，并告诉他们走 10 天会有一片可以打猎的森林，让他们从中选择一样东西。他们一个人选了枪，一个人选了食物，然后各奔东西了。拿到枪的人打起精神向森林前进，而另一个人待在原地不动，每天吃好心人给的食物。最后选择枪的人在路上饿死了，选择食物的人吃完了食物后也饿死了。

这两个人怎样选择才可以避免饿死呢？我们想象一下，他们得到了好心人的帮助后并没有分开，而是一起向森林的方向前进，每天一起吃食物。过了 10 天他们终于到达了森林，然后合作打猎，又可以得到充足的食物了。

选了枪的人看得很远，他明白一个道理——拿了枪可以解决长远的问题，而选择食物只能解决眼前的问题。但生活既需要面对长远的问题，也需要解决眼前的问题。

这个故事告诉我们：一个人不能只设定高远的目标，还要面对现实，只有理想和现实结合起来，才能成功。

【60】好心人给了两个饥饿的人什么？

A 一把枪

B 很多钱

C 一些食物

D 枪和食物

【61】这两个人为什么会饿死？

A 食物不够吃

B 待在原地不动

C 没有进行合作

D 森林离得太远

【62】选了枪的人饿死了是因为他：

A 可以解决长远的问题

B 没有解决眼前的问题

C 可以解决眼前的问题

D 没有解决长远的问题

【63】最适合做本文标题的是：

A 如何选择

B 面对现实

C 枪和食物

D 理想和现实

64～67

目前教育正在从“教学”向“学习”转变，从传统的知识积累向能力提升转变，从传统的教室授课向随时随地学习转变。传统的教学方法不能充分适应每个学习者的需求，因此，终身学习越来越受欢迎。有各种各样的方法让孩子在课外学习。比如，可以先建立一个“学习网络”，还可以突破传统的教育场所，可以在某些非传统的学习场所，如超市、运动场等教学，因为在这些地方学生会感觉比较放松，比在教室里学习意愿更强。

目前，全国各地开始了网上授课，大家可以通过一些程序达到和老师面对面的目的，同时一些程序提供了自主学习的视频、文字、图片，甚至还提供了游戏，能够提升学生的学习兴趣。提升学生的学习能力和学习兴趣远比传授知识更为重要。

【64】根据本文，目前教育向什么转变？

A 教学

B 考试

C 学习

D 网络

【65】本文提到的孩子课外学习的场所**不包括**：

A 网络

B 学校

C 超市

D 运动场

【66】关于网上授课，下面哪一项**不正确**？

A 可以让学生跟老师面对面

B 可以提供学习视频和游戏

C 可以提升学生的学习兴趣

D 可以提高学生的学习成绩

【67】本文主要讲的是：

A 教育的转变

B 新的教学方法

C 传统教学的缺点

D 什么是终身学习

68～71

某座城市的郊区有一家很小的旅馆，由于位置比较偏远，生意一直不太好。

旅馆后面的山上有一大片空地，老板想在这里种些树木，美化一下环境，但手里没有太多的资金，所以买了树苗之后，就拿不出雇人种树的钱了，老板很发愁。这时，一个朋友给他出了一个点子。几天后，这家旅馆大门最显眼的地方贴出了一张海报，上面写着："亲爱的旅客朋友，本旅店为了增添游玩的乐趣，特意在后山辟出一片空地，又宽阔又平坦，专门用来供旅客朋友们种纪念树。凡在本店住宿的旅客，都可以在此植树。本店可派专人为您拍照留念。树上可以挂一个牌子，写上您的名字和植树日期。等您再度光临之时，您亲手种下的树木已枝繁叶茂，这里也会出现一片美丽的树林。本店仅收树苗成本费 20 元。真诚地欢迎您的光临。"

海报贴出之后，来的人络绎不绝。有的是来游玩的游客，有的是本地人，还有的人竟专程赶来，想要种一棵挂着自己名字的树。

没多久，后面的小山坡已是郁郁葱葱。人们漫步其中，感到十分开心。尤其是那些种过树的旅客，还常抽时间来住个一两天，看看自己种的树。从此这家旅馆顾客盈门，兴旺无比。

【68】这家旅馆以前：

A 建在山上

B 客人很少

C 价格很贵

D 服务不好

【69】旅馆老板想干什么？

A 把旅馆卖掉

B 雇更多的人

C 花钱做广告

D 改善周围环境

【70】朋友出了什么主意？

A 给客人送礼物

B 降低房间价格

C 让旅客买树苗种树

D 请旅客参加义务劳动

【71】这家旅馆后来怎么样了？

A 生意非常好

B 重新修建了

C 搬到了山上

D 扩大了面积

72 ～ 75

偶像，比喻崇拜的对象。最近有很多偶像选拔节目，通过层层选拔，选出一些唱歌、跳舞比较出色的年轻人，把他们包装成明星，他们因此就成了大众崇拜的对象。这样的节目为什么会受年轻人欢迎呢？记者采访了中国人民大学一位社会学专家，专家表示偶像选拔节目可以说是近年来最火的文化现象之一，很多偶像选拔节目播出时效果非常好。不管自己支持的偶像成功还是失败，观众都会产生很强的参与意识。观众们看到表现不好的人时会有"如果自己上台肯定比他 / 她强"的想法，而当自己支持的人获胜时，人们又产生"这是我选出来的，我要继续追"的冲动。因为偶像选拔节目的火爆，学习歌舞的年轻人越来越多。

专家也提醒追求偶像的年轻人，崇拜偶像和自己想要尝试的愿望都是正常的，但是人生的路很宽，成为偶像只是实现梦想的一种方式，有些中学生花费大量时间、精力追求偶像，耽误了学习，这是不对的。中学生可以将偶像选拔节目当作娱乐，但不可沉迷于此。

【72】年轻人喜欢偶像选拔节目是因为：

A 能产生参与意识

B 节目播出效果好

C 能感觉自己比偶像强

D 偶像是自己选出来的

【73】偶像选拔节目火爆，所以越来越多的年轻人：

A 崇拜偶像

B 报名参加

C 学习歌舞

D 不好好学习

【74】专家提醒年轻人：

A 追求偶像浪费时间

B 追求偶像非常错误

C 不可沉迷于追求偶像

D 追求偶像可以实现梦想

【75】本文主要讲的是：

A 年轻人为什么崇拜偶像

B 偶像选拔节目为什么受欢迎

C 崇拜偶像有哪些好处和坏处

D 中学生不应该看偶像选拔节目

第四组练习

第一部分

36. 我们得到了兄弟部门的________帮助。

A 大都

B 大多

C 大力

D 大约

37. 夏天的午后很热，动物们都在树下________。

A 乘凉

B 惩罚

C 乘坐

D 承担

38. 虽然出生在富贵之家，但她从小就被父母教导要________节约。

A 勤奋

B 勤劳

C 辛勤

D 勤俭

39. 听他说这个地方也不太安全，她________一下子警惕起来。

A 内部

B 内心

C 内脏

D 内幕

40. 头脑________之后，她隐约想起了那场事故的经过。

A 清醒

B 清净

C 清晰

D 清洁

41. 本周日________上班，然后国庆节时连续放7天假。

A 照常

B 维持

C 幸亏

D 顺序

42. 记得我们第一次见面时，我________问了你好几个问题。

A 简直

B 极端

C 接连

D 格外

43. 他容易激动，因此他们故意讽刺他，看他是否________。

A 发达

B 发电

C 发火

D 发觉

44. 下课以后我________劝她等一下，可她不肯听。

A 恐怕

B 亲眼

C 必须

D 竭力

45. 根据区文化下乡活动领导小组的安排，我区每月每村________一场电影。

A 放手

B 放映

C 放弃

D 放松

46. 他的大脑受到了________，________一个月都昏迷不醒。

A 危害　　一致

B 灾害　　以及

C 侵害　　以至

D 伤害　　以致

47. ________答应他的要求，你就得________自己的做人原则。

A 假如　　违背

B 假若　　兑换

C 甚至　　敌对

D 假使　　颠倒

48. 每个人都应该________纪律，不要________违反。

A 遵循　往往

B 遵守　轻易

C 保守　预先

D 防守　早晚

49. 如果存在________的爱，那它一定________在我们内心的深处。

A 廉洁　阴谋

B 纯净　引导

C 纯洁　隐藏

D 清洁　抑制

50. 李丽这一年学习很________，________能考上重点大学呢。

A 稳定　不见得

B 拼命　说不定

C 顽强　怪不得

D 蓬勃　差不多

第二部分

51 ～ 53

猫和狗本来是好朋友，但为什么现在它们的关系不太好呢？

很久以前，狗和猫相处得很好，狗住在猫的家，和猫一起生活。有一天，猫得到了一块肉，狗却建议猫和它去游泳，回来再吃肉。猫没犹豫，愉快地和狗来到河边。

到了河边后，狗突然说："我们比赛憋气吧，我先潜到水里，你看看我可以憋多长时间。"于是，狗潜到水里，游到河的另一边，回到它们的家，偷吃了一口猫的肉，又回到河里。狗探出脑袋，问猫："你是不是等了很久？""是的。"猫回答。

狗要求再试一次，但猫厌倦了等待，直接回家了。到家后，它惊讶地发现狗正在偷吃自己的肉。猫生气了，和狗打了一架，把它赶出了家门。

从这天起，猫和狗的关系越来越差，它们俩成了敌人。狗无家可归，成了流浪狗。它很后悔，觉得不应该背叛朋友。从此狗变得很忠诚，但和猫的友谊却没有办法挽救了。

【51】狗和猫为什么现在关系不太好？

A 猫憋气输了

B 猫背叛了狗

C 狗背叛了猫

D 猫跟狗打了一架

【52】狗建议猫去游泳，是为了：

A 锻炼身体

B 偷着吃肉

C 比赛憋气

D 出去找肉

【53】狗后悔什么？

A 无家可归

B 肉吃少了

C 背叛好友

D 变得忠诚

54 ～ 56

很久以前，某个村子里有三个兄弟，大哥、二哥生活一般，小弟生活却很好，不仅建了新的房子，家里有很多粮食，还买了很多种子，打算种更多的粮食。两个哥哥很痛苦，于是他们找到邻居——村子里最有智慧的人，问："我们是一个父母生的，在一个家里长大，为什么小弟比我们过得好？"

邻居带他们去了自己的两个孩子家：一个孩子躺在床上，穿着破衣服，衣服都褪色了，家里什么都没有，又脏又乱；另一个孩子刚从地里干活儿回来，满头大汗，家里收拾得很整齐，有很多粮食和鸡。邻居又带他们去了好几家，虽然是一个父母生的，但每一家孩子的生活状况都不相同。

兄弟两人吃惊地问："为什么会这样呢？"他们真的不明白，只能让邻居给他们解释。邻居说："虽然从小在一样的环境中长大，但有的勤劳、能吃苦，有的懒惰、娇气，态度不同，所以他们的生活条件才会大不相同。你们与其嫉妒自己的弟弟，不如向他要点儿种子，开始种地，依靠你们的双手，一年以后你们的生活一定会有好转。"

兄弟俩终于明白了，羞愧地回家开始努力，后来果然也过上了好日子。

【54】两个哥哥很痛苦，是因为：

A 活得太累

B 小弟过得好

C 邻居过得好

D 没有小弟过得好

【55】根据本文，为什么每一家孩子的生活状况不同？

A 生活的环境不同

B 工作的能力不同

C 受到的教育不同

D 对生活的态度不同

【56】本文告诉我们，想要好的生活应该：

A 好好种地

B 换个环境

C 兄弟合作

D 辛勤劳动

57 ～ 59

越来越多的人从农村来到城市，我国的城市化进程不断推进。城市发展与工业化相辅相成，工业革命刺激了大量的农村人到城市寻找新生活，这些人口为越来越多的工厂提供了劳动力。

城市的问题很多，但也有一些好处。城市人口多，因此产生了一个巨大的市场，市场大，各种需求也就大，有了需求，就能赚钱。在城市，解决交通、垃圾等问题都需要人力、物力。城市里信息传播得快，信息被分享得越多，经济价值就越大。

城市还为工业产品提供了广阔而便利的市场。技术的发展进一步刺激了城市化，在每个时代，城市生活对人来说都特别有吸引力。

当然，城市化还面临着许多问题，比如户口、教育等。我们要共同努力，促进城市化健康有序发展。

【57】根据第二段，城市的好处是：

A 人口多

B 交通方便

C 信息传播快

D 需求大，能赚钱

【58】城市化面临什么问题？

A 人口

B 人力

C 教育

D 物力

【59】本文主要讲的是：

A 什么是城市化

B 城市有哪些好处

C 城市化面临的问题

D 城市化的好处与问题

60 ～ 63

“王者荣耀交响音乐会”近日在杭州顺利举办。《王者荣耀》是年轻人特别喜欢的一项网络游戏。这次活动成功地将传统音乐与游戏结合起来，吸引了大批观众，特别是青年观众。这次演出持续两天，60% 以上的观众都是年轻人。年轻人也喜欢交响乐，只不过他们没机会了解，而这种创新的形式将传统艺术与流行艺术结合起来，成功地把严肃艺术向年轻人进行了推广。

同时这次音乐会在形式上也是前所未有的。音乐会场地在室外，而不是在传统的室内。每场音乐会持续约两个小时，结束后掌声经久不息。观众们表示，这是一次特别的音乐体验，而不仅仅是一场交响乐演出。这场演出让观众想到了和游戏中的战友一起奋斗的日子，比玩儿游戏要有意义，因为欣赏了交响乐这一高雅艺术。

由于这次音乐会的成功举办，接下来将会在十多个城市举办三十多场“王者荣耀交响音乐会”。不只是杭州的观众，很多别的城市的观众也能欣赏到这场音乐会。这次尝试为探索传统艺术与流行艺术的结合提供了无限可能。

【60】关于“王者荣耀交响音乐会”，我们知道：

A 不被年轻人接受

B 音乐会场地在室内

C 和一般交响音乐会一样

D 将传统音乐与游戏结合了起来

【61】观众认为这场音乐会：

A 跟玩儿游戏一样

B 没有游戏有意思

C 是特别的音乐体验

D 是一般的交响乐演出

【62】今后这样的音乐会：

A 将继续举办

B 不会再举办

C 只在杭州举办

D 将在网上举办

【63】最适合做本文标题的是：

A 传统和流行结合

B 年轻人和交响乐

C 杭州举办音乐会

D 年轻人喜欢什么

64 ～ 67

学生们的学习内容和学习方式一直是人们争论的重点。那些对我们的爷爷奶奶来说非常有效的传统教学方法，被现代教育理论所取代。现代教育理论强调我们应该了解儿童的需要，注重他们的内心健康，必须尊重他们。

这是非常正确的，但一些“教育家”过分夸大这一点，使老师们过于注重他们的课程对学生内心健康的影响，以至于忘记了传授知识。这些“教育家”的理论可能会导致以下情况：老师们不敢讲残酷的战争，因为有可能导致学生暴力；老师们不敢讲不同种族的孩子的故事，因为有可能导致种族问题；老师们不再讲很多知识，因为怕对学生的内心健康产生影响。

一些所谓的教育家除了把他们的想法写成书之外，什么也没有做。在他们的影响下，从师范学校毕业的老师对孩子和孩子的需求有着良好的认知，在他们的精心准备下，孩子全方位得到了提升。

但如果只注重现代教学方法，而不关注教学质量，宽松的学习环境会让一些学生什么也学不到。

我们必须承认现代教育理念绝对是对教育进步有帮助的，但不可过分夸大其作用，应将现代教育理念与传统教育理念充分结合。

【64】根据本文，现代教育理论强调什么？

A 注重学生成绩

B 了解儿童需要

C 改进教学方法

D 创造宽松环境

【65】过分强调现代教育理论，会导致老师：

A 忽视学生成绩

B 教学能力下降

C 忘记传授知识

D 传授更多知识

【66】根据第三段，所谓的教育家做了什么？

A 写书

B 指导教师

C 辅导学生

D 提高教学质量

【67】本文主要讲的是：

A 传统教育家

B 现代教育家

C 传统教育理念

D 现代教育理念

68 ～ 71

表现职业场合生活的电视剧，我们称之为“职场剧”。国产职场剧最近越来越受观众欢迎，因为观众代入感强，看剧时仿佛看见了工作中的自己。这说明国产电视剧，特别是国产职场剧，越来越真实，越来越符合观众的口味。

以前，国外职场剧非常受欢迎，而国产职场剧人们却不愿意看。主要是因为那些电视剧常常不符合实际，职场剧变成了偶像剧或者爱情剧，让人感觉不真实。

中国人民大学社会学博士后何天平认为，作为基于社会现实的创作，职场剧要有说服力，要注重实际。现在的国产职场剧越来越符合实际，比如：最近播出的《在一起》，讲的是医生的日常工作，让观众看到了医生是如何耐心对待病人，如何在关键时刻挺身而出的；《安家》讲述了房产销售的日常工作，观众通过该电视剧可以看到房产销售是如何耐心地卖房，如何热情地为客人服务的。

目前的国产职场剧，制作人员在前期都会进行大量的准备工作。他们通常会花一年左右的时间做大量的采访，了解不同行业人的职业生活，包括老员工和新员工，以及行业名人。不只是职场剧，现如今各类国产电视剧越来越贴近现实，反映了真实的社会生活，因此越来越受到观众的喜爱。

【68】国产职场剧越来越受欢迎是因为：

A 表现职场生活

B 变成了偶像剧

C 变成了爱情剧

D 观众代入感强

【69】关于现在的国产职场剧，下面哪种说法是正确的？

A 越来越符合实际

B 演员都是行业名人

C 观众越来越不爱看

D 一年左右就拍摄完

【70】作者认为，现如今国产职场剧：

A 不太符合实际

B 比国外职场剧好

C 有很强的现实意义

D 不如爱情剧受欢迎

【71】本文主要讲的是：

A 国产职场剧怎么拍

B 国产职场剧的变化

C 国产电视剧的分类

D 什么是国产职场剧

72 ～ 75

花木兰是我国历史上让人佩服的女性之一，她的事迹流传至今。在她生活的时代，国家遭到外敌侵略，皇帝命令每个家庭出一个男人当兵保卫国家。因为她的父亲年龄大了，而且还有病，所以木兰决定代替父亲从军，于是她打扮成男人，开始了在军队中的生活。打仗本来就不是件容易的事情，更何况她要隐藏自己的身份。在军队中，花木兰不怕苦，不怕累，战斗勇敢，什么任务都能完成。经过艰苦的战斗，他们终于战胜了敌人，回来接受皇帝的奖赏。但是她女扮男装参加军队，相当于欺骗了皇帝，是要受到惩罚的。由于她的功劳非常大，皇帝原谅了她，并重重地奖励了她。皇帝想让花木兰当大官，继续为国家做事，但因为要照顾生病的父亲，花木兰拒绝了，于是皇帝就让她回了家。

因为她又勇敢又孝顺，千百年来，花木兰一直受到人们的尊敬和喜爱。

【72】花木兰为什么去当兵？

A 父亲让她去

B 她喜欢打仗

C 她不怕吃苦

D 代替她父亲

【73】为什么花木兰要受到惩罚？

A 她拒绝当官

B 她没照顾父亲

C 她欺骗了皇帝

D 她当兵时间不够

【74】花木兰为什么拒绝留下当官？

A 她思念家乡

B 她不喜欢当官

C 她要照顾父亲

D 她不想再打仗

【75】花木兰为什么受到人们的尊敬和喜爱？

A 她是个女英雄

B 她勇敢又孝顺

C 她打仗很勇敢

D 她为国家做了很多事

三、书面表达

第一组练习

第 一 部 分

76. **A** 在困难面前他从来不低头，总是想办法解决。

B 中国历史悠久，文化灿烂，是世界四大文明古国之一。

C 小明非常爱护时间，每天晚上都制订好第二天的学习计划。

D 冬日的午后暖暖的，一群麻雀在枯枝上叽叽喳喳叫个不停。

77. **A** 舞蹈对我很感兴趣，每天都在家里练习。

B 小华一直发烧咳嗽，已经有三天没来上学了。

C 世界上最美丽、最有观赏价值的蝴蝶，很多都产自南美。

D 今天是开学第一天，全校师生早上八点准时举行了升国旗仪式。

78. **A** 听说调皮的小峰当上了“学习之星”。

B 即使外边下着暴雨，但我们打着伞要去上学。

C 妈妈每天晚上 9 点都会准时坐在电视机前看这部电视剧。

D 国庆节期间，北京天安门广场将举行隆重的升国旗仪式。

79. **A** 下班后她还要跑着去菜市场买菜。

B 现如今，计算机的应用在中国越来越普遍。

C 作为公民，我们每个人都有责任和义务遵守交通规则。

D 通过魔鬼式训练，使她终于登上了冠军领奖台，真不容易。

80. **A** 我们走在田野上，尽情地呼吸着新鲜空气。

B 我的作业全部都做完了，还剩下一篇作文没有写。

C 英雄们的事迹深深地感动了我们，我们要向英雄学习。

D 我们从小就要树立远大的理想，为祖国的繁荣富强而努力奋斗。

第二部分

《小蝌蚪找妈妈》kāipì 了用中国水墨技法做动画片的先河。该部动画片 xíngxiàng 生动地讲述了
81 82
小蝌蚪们经历种种 wùhuì 后，终于找到了自己的妈妈。小蝌蚪们的勇敢令人十分 pèifú。这部动画片
83 84
自 1960 年问世以来经久不衰，至今 yījiù 广受喜爱。
85

作文考试

作文提示：

你的好朋友是谁？是和你一起长大的小伙伴？是你的同学？还是……？请描写你的一位好朋友，写写他（她）是一个什么样的人。

全文不少于 300 字。

• 第二组练习

第一部分

76. **A** 百余张图片充分展示了教育改革和实践的成果。

B 填写表格时，不但内容要准确，材料也要真实可靠。

C 休息时，有的人喜欢踢足球、篮球，有的人则喜欢跑步。

D 这场交通事故造成驾驶员和三名乘客受伤，无人员死亡。

77. **A** 午后的阳光太强了，刺得人都睁不开眼睛。

B 从小英雄的发言里，给了我们特别多的启发。

C 美好的时光总是那么短暂，转眼我们就要分别了。

D 如果总是无节制地开采自然资源，各种灾害就会频繁发生。

78. **A** 我们从小就要树立远大的理想，长大后报效祖国。

B 去年雨水充足，庄稼长得好，粮食获得了大丰收。

C 医生说，要想少生病，就要做到不偏食，营养均衡。

D 几位学生对老师先后说，考试时由于太马虎，导致该对的题没做对。

79. **A** 如果我们生活富裕了，也不要浪费粮食。

B 秋天的果园处处飘着果香，沉甸甸的果实挂满了枝头。

C 元元小时候特别爱哭，如今已经长成一名阳光大男孩儿。

D 人类之所以能在地球上生活，是因为有充足的阳光、水和空气。

80. **A** 人生的路从来都不是平坦的，而是充满了挑战。

B 青春的我们正在为实现中华民族伟大复兴的中国梦。

C 外边电闪雷鸣，乌云滚滚，一场暴雨马上就要来临。

D 自从达尔文发表进化论以来，人们大都相信人类是由猴子进化而来的。

第二部分

新冠肺炎疫情给武汉市的医疗卫生系统带来了 chénzhòng(81) 的压力。由于此病 chuánrǎn(82) 性极强，为了快速 kòngzhì(83) 疫情的传播，大批医护人员不顾危险，从全国各地赶到武汉 zhīyuán(84)。病房里到处是医生们 mánglù(85) 的身影。经过他们的精心治疗，绝大多数病人恢复了健康。

作文考试

作文提示：

一天傍晚，张小华放学后回家，在路上捡到了一个包。他打开一看，里面有两捆百元人民币。想到失主一定很着急，他就在原地等着失主来找，但等了半天也没人过来。于是，他拿着包去了附近的派出所，向民警说了事情的经过。此时，包的主人也来到派出所报案了。当看到自己的包时，失主激动地对小华说：“里面的钱是给我的老母亲做手术用的救命钱。我一时疏忽掉在了路上。真是太感谢你了！”民警称赞小华是拾金不昧的好少年，并要给小华的学校写一封表扬信，建议学校表扬小华。请你代表民警所在的大明派出所给学校写这封表扬信。

全文不少于 300 字。

第三组练习

第 一 部 分

76. **A** 小宇每天放学后都帮妈妈做家务。

B 天阴沉沉的，好像要下雨，我们还是别出去了。

C 真相大白之后，这件事的责任也就再清楚不过了。

D 今天天气好极了，透过玻璃照进来，屋子里特别暖和。

77. **A** 老师天天吩咐我们路上要注意安全。

B 听说每年夏天都有很多人到青海湖旅游。

C 父母要让孩子明白，世界上有好人也有坏人。

D 他每天都练习长跑，现在已经是一名优秀的马拉松选手了。

78. **A** 每年植树节学校都组织我们去郊外植树。

B 这个办法既快又简单，很受同学们所喜欢。

C 弟弟最喜欢看的动画片是《大头儿子和小头爸爸》。

D 随地吐痰、乱扔烟头等都是不文明行为，我们要做文明人。

79. **A** 我总是想象自己躺在一片绿色的草地上。

B 清新的空气中夹着花的芬芳，令人舒服极了。

C 这次你们尽管没考好也不要灰心，下次一定能考好。

D 规则一旦被破坏，受到损害的不仅仅是道德，还有人格。

80. **A** 现在，我又有了一群新朋友陪我一起玩儿。

B 做事情一定要往长远了想，也一定要沉得住气。

C 能否解决停车难的问题，是我们当前最重要的工作。

D 梦想和现实总是有距离的，所以我们要尽可能做出正确的选择。

第二部分

很多科学家认为，在guǎngkuò（81）的宇宙中，除人类外还存在其他生命。这些生命在哪儿？是gùdìng（82）地生活在某个星球上，还是不停地移动呢？这些问题引发了科学家深深的sīkǎo（83），也激发了人类不断tànsuǒ（84）的勇气。随着科技的发展，相信人类对宇宙的认识会越来越qīngxī（85）、全面。

作文考试

作文提示：

你读过哪位英雄模范人物的事迹？文天祥？郑成功？焦裕禄？雷锋？……哪位英雄模范人物的事迹对你影响最大？请写一篇这位英雄模范人物事迹读后感。

全文不少于300字。

第四组练习

第一部分

76. **A** 我相信，风雨过后就会有美丽的彩虹。

    B 这个公园一到春天，鲜艳的各种花就盛开了。

    C 听了助人为乐好少年刘大宇的事迹，全校师生深受教育。

    D 静静流淌着的水仿佛注入了一股力量，冲破阻碍，流向远方。

77. **A** 中华民族创造了丰富多彩的文化遗产，令人骄傲。

    B 中国抗击疫情，体现的是一个负责任大国应有的担当。

    C 为了避免以后不再发生这样的悲剧，雍正皇帝选择秘密立储。

    D 麻雀多生活在有人类居住的地方，它们好奇心强，警惕性也很高。

78. **A** 我国粮食作物价格开始缓缓升高。

B 我们在不同季节看到的星空也是不一样的。

C 全球淡水资源一直短缺，而且地区分布也极其不平衡。

D 他每天上学前都检查书包，看看是否忘带了铅笔、橡皮和书等文具。

79. **A** 小雨家的苹果树今年结了很多苹果。

B 不管你赞成不赞成，我们都决定还是准时出发。

C 因为老爷爷每天都在院子里干活儿，而且身体特别好，很少生病。

D 老师要去开会，不能上课，就给我们布置了作业，并让班长管理班级纪律。

80. **A** 经过不断努力，他终于取得了好成绩。

B 改革开放以来，人民群众的生活不断提高。

C 夏天的夜空极美，我们常常躺在院子里数星星。

D 雪灾导致很多野生动物觅食困难，牧民们就背着饲草料去投放。

第二部分

诚实就是不 qīpiàn(81)。诚实是一种美德，做一个诚实的人才能受到他人的 zūnzhòng(82)，否则后果会很严重。就像"狼来了"的故事，农夫们发现放羊娃一次次 sāhuǎng(83)，感觉受到捉弄，于是不再相信他的话，最终不诚实 dǎozhì(84) 放羊娃失去了生命。可见，要赢得别人的 xìnlài(85)，首先就要诚实守信。

作文考试

作文提示：

假设你亲戚家的哥哥或姐姐上大学离开了家，你们已经有一年没见面了。以前你们一直在一起，感情非常好，你很想念他（她），请你给他（她）写一封信。

全文不少于300字。

第四单元　实战演练

MHK

模拟试题（三）

（二级）

注 意 事 项

一、MHK（二级）试卷分为卷Ⅰ和卷Ⅱ两部分：

1. 卷Ⅰ为客观选择题，每题都有四个供选择的答案，要求在答题卡上画出代表正确答案的字母，每题只能画一横道，如：[**A**] [**B**] ▬ [**D**]。多画作废。

   请考生注意，卷Ⅰ使用阅读机阅卷，答案必须用铅笔画在答题卡上，不能写在试卷Ⅰ上。

   卷Ⅰ包括三项内容，共 85 题：

   （1）听力理解（35 题，约 35 分钟）

   （2）阅读理解（40 题，40 分钟）

   （3）书面表达（10 题，10 分钟）

2. 卷Ⅱ为书面表达主观题（作文），30 分钟。内容用黑色钢笔或签字笔写在答题卡的方格内。

全部考试时间约 115 分钟。

二、注意看清题目的说明，严格按照说明的要求，在规定的时间内回答问题。

三、严格遵守考场规则，听从主监考的指挥。考试结束后，必须把试卷和答题卡放在桌子上，等监考人员收回、清点后，才能离场。

一、听力理解

（35 题，约 35 分钟）

扫一扫，听录音

第 一 部 分

说明： 1 ～ 15 题，这部分试题，都是两个人的简短对话，第三个人根据对话提出一个问题，听到问题后，请你在四个备选答案中选出唯一恰当的答案。

例如： 第 8 题，你听到：

男：小兰，你刚才去邮局订杂志，怎么没把今天的晚报买回来？

女：晚报都卖完了。

第三个人问：小兰刚才干什么去了？

你在试卷上看到四个答案：

A 寄信　　**B** 订杂志　　**C** 卖报纸　　**D** 买邮票

根据对话，第 8 题最恰当的答案是 **B**，你应在答题卡上找到号码 8，在字母 **B** 上画一横道。横道一定要画得粗一些，重一些。

8［**A**］　[redacted]　［**C**］　［**D**］

1. **A** 激动
   B 惊讶
   C 劝告
   D 安慰

2. **A** 气温高，多雨
   B 气温不高，多雨
   C 气温高，没有雨
   D 气温不高，没有雨

3. **A** 他运气很好
   B 他没有考满分
   C 考试题目很难
   D 他没有天天做数学题

4. **A** 女的经常不交作业
   B 男的的作业没有交
   C 女的经常被老师批评
   D 男的一会儿要去老师办公室

5. A 商店店员和顾客
B 银行职员和顾客
C 政府职员和顾客
D 饭店服务员和顾客

6. A 医院
B 药店
C 商店
D 饭店

7. A 加班
B 旅游
C 回老家
D 陪朋友

8. A 去书店
B 去学校
C 去游乐场
D 去逛商场

9. A 也要报名
B 已经报名了
C 不打算报名
D 节目太多了

10. A 去公园
B 去孤儿院
C 去幼儿园
D 待在家里

11. A 因为同学们喜欢他
B 因为老师表扬了他
C 因为他想得到奖励
D 因为他买了游戏机

12. A 去唱歌了
B 去训练了
C 去打球了
D 去过生日了

13. A 母亲与儿子
B 父亲与女儿
C 店员与顾客
D 经理与店员

14. A 老金太忙了
B 老金人很好
C 非常感谢老金
D 指导手册不实用

15. A 女的只看过一遍舞蹈
B 男的觉得舞蹈很精彩
C 男的不同意女的的话
D 这个舞蹈在国内得过奖

第 二 部 分

说明： 16 ～ 35 题，这部分试题中，你将听到几段对话或讲话。每段话之后，你将听到几个问题，听到问题后，请你在四个备选答案中选出唯一恰当的答案。

例如： 第 25 ～ 27 题，你听到：

男：请问，有包子吗？

女：有。刚做好的，都是热的。

男：怎么卖？

女：五毛钱一个。您要几个？

男：给我来两个。

女：好的。收您十块钱，找您九块，请点一下。

男：谢谢。请问附近哪儿有卖报纸的？

女：前面路口向右拐有一家邮局，邮局里就有。

男：太好了，谢谢。

女：不客气。

第三个人根据这段对话提出三个问题：

25. 男的正在做什么？

你在试卷上看到四个答案：

A 问路　　**B** 取钱　　**C** 买东西　　**D** 吃包子

根据对话，第 25 题唯一恰当的答案是 **C**，你应该在答题卡上找到号码 25，在字母 **C** 上画一横道。横道一定要画得粗一些，重一些。

25 [**A**]　　[**B**]　　[redacted]　　[**D**]

……

你又听到：

27. 男的打算去做什么？

你在试卷上看到四个答案：

A 买邮票　　**B** 打电话　　**C** 取包裹　　**D** 买报纸

根据对话，第 27 题唯一恰当的答案是 **D**，你应该在答题卡上找到号码 27，在字母 **D** 上画一横道。横道一定要画得粗一些，重一些。

27 [**A**]　　[**B**]　　[**C**]　　[redacted]

16. **A** 很挑食
B 在北方长大
C 喜欢吃面食
D 跟外公外婆生活

17. **A** 爸爸
B 妈妈
C 外公
D 外婆

18. **A** 女的刚考完试
B 女的最近很忙
C 男的看过这本书
D 陈亮有《小王子》

19. **A** 去网上买书
B 去书店买书
C 去图书馆借书
D 去找陈亮借书

20. **A** 医院的前面
B 医院的东边
C 市图书馆的前面
D 市图书馆和科技大厦中间

21. **A** 都没有
B 天河公园
C 天星公园
D 天云公园

22. **A** 天河公园
B 天星公园
C 天云公园
D 市政公园

23. **A** 因为她拍摄的人物有惊喜
B 因为她拍摄的作品很独特
C 因为她拍了非常多的明星
D 因为她是国内身价最高的摄影师

24. **A** 画画
B 广告
C 戏剧
D 摄影

25. **A** 不喜欢画画了
B 想学习新东西
C 学校没有绘画专业
D 没考上中央美术学院

26. **A** 写信
B 录像
C 采访
D 打电话

27. **A** 因为害怕被批评
B 因为他很爱护弟弟
C 因为想得到大的苹果
D 因为小的苹果更好吃

28. A 为了感谢妈妈
B 为了尽快完成任务
C 为了得到最大的苹果
D 为了得到妈妈的表扬

29. A 金鱼
B 鲢鱼
C 草鱼
D 带鱼

30. A 嘴巴
B 鳃片
C 肾脏
D 骨头

31. A 鱼的种类
B 神奇的海水鱼
C 海水鱼的海水淡化装置
D 淡水鱼为什么无法在海水中存活

32. A 1975 年
B 1985 年
C 1986 年
D 1991 年

33. A 资料
B 书籍
C 电脑
D 咖啡

34. A 为了养好身体
B 为了生活便利
C 为了减少花费
D 为了专心写作

35. A《平凡的世界》的作者
B《平凡的世界》的主要内容
C《平凡的世界》的创作过程
D《平凡的世界》及其创作过程

二、阅读理解

第 一 部 分

（15 题，15 分钟）

说明： 36 ～ 50 题，每一个句子中有一个或两个空，请你从所给的四个备选答案中挑选一个最适合填入空中的答案，并在答题卡上代表正确答案的字母上画一横道。

36. 他在你身边________能帮忙。

A 何必

B 格外

C 好歹

D 极端

37. 身体检查包括对身高、体重的________。

A 测量

B 演算

C 测算

D 观测

38. 她一直不想结婚，但最近突然结婚了，我们感到很________。

A 惊慌

B 疑问

C 惊讶

D 慌张

39. 如果你想在生意上取得成功，就应该好好发挥你的________。

A 特征

B 手段

C 权利

D 长处

40. 我们家几乎没有什么菜，他居然用几样简单的东西做出了一顿________的饭菜。

A 可贵

B 可口

C 可惜

D 可笑

41. ________那天他们两人都在那儿。

A 宁可

B 轻易

C 稍微

D 可巧

42. 他手工活儿做得太糟糕了，我只好________从头再做一次。

A 亲眼

B 亲自

C 至少

D 格外

43. 虽然昨天晚上下了一夜的雨，但今天早晨阳光________。

A 依旧

B 依据

C 依靠

D 依照

44. 他________就要跑到终点了，却突然摔倒了。

A 亲眼

B 只得

C 眼看

D 早晚

45. 记住，从现在开始，每当有人________你时，请勇敢地接受。

A 隐藏

B 赞美

C 阴谋

D 自信

46. ________世界上从来没有过战争，________我们的生活该多么幸福。

A 既然　　也

B 不管　　都

C 假如　　那

D 虽然　　那

47. ________你干脆放弃在北京的工作，在这里________一份稳定的工作。

A 要不　　谋求

B 从而　　寻找

C 假如　　谋生

D 只要　　遇见

48. 刘翔最初________不错，14 岁时________练跳高。

A 跳远　　稍微

B 跳跃　　顺序

C 跳高　　仍然

D 跳舞　　似乎

49. ________的校长先生，说实话这事她只是在故意________罢了。

A 尊敬　　阻挠

B 尊重　　阻拦

C 光明　　阻碍

D 光荣　　阻止

50. 全面________党的民族政策，________巩固民族团结。

A 遵守　　不见得

B 保障　　说不定

C 采纳　　怪不得

D 贯彻　　进一步

第 二 部 分

（25 题，25 分钟）

说明： 51 ～ 75 题，每段文字后都有若干个问题，每个问题都有 ABCD 四个备选答案，请你阅读后根据每题的要求选出最恰当的答案，并在答题卡上代表正确答案的字母上画一横道。

51 ～ 53

许振超是一位司机，虽然他的学历不高，但他的业务能力特别强。他几十年如一日地努力练习，工作成绩从合格到辉煌，两次刷新了自己行业的世界纪录。

有人问他是如何做到的。他的回答是：爱自己的工作，就要从小处把工作做到最好、最专业、最精致。爱岗敬业，抓住机会，从做好小事开始，挑战不可能，就能在平凡的岗位上创造奇迹。

同理，要想拍出一部好电影，我们必须要注重细节——故事的表现和东西的摆放都要注意。有的电影虽然拍得很好，但因为细节做得不好，观众就觉得不够真实。

生活中也是如此。古代一个少年一心想建功立业，但是家里却十分乱。一天，他的朋友来他家做客，问他为什么不打扫房间。他说："房间太小了，不重要。我应该打扫天下，为什么要打扫房间呢？"他的朋友反驳他："一屋不扫，何以扫天下？"

注意小事，一点点积累，才能一步步走向成功，否则很可能因为很小的一个失误而失败。

【51】许振超业务能力强是因为他：

A 学习能力很强

B 坚持做好小事

C 工作时间很长

D 工作经验丰富

【52】那个古代少年不打扫房间是因为：

A 房间太乱了

B 父母会打扫

C 想要扫天下

D 没时间打扫

【53】最适合做本文标题的是：

A 怎样才能成功

B 细节决定成败

C 了不起的许振超

D 扫一屋与扫天下

54 ～ 56

中学时，我的物理老师每天都会给我们留作业，我一直完成得很好。有一天，老师留的作业不多，但是有一道题很难。我咬牙思考，想着一定不能辜负老师的期望。经过一晚上的努力，我终于把那道题给解决了。第二天到学校后我才知道，同学们都没有做出那道题，我有点儿担心自己的答案，但还是把作业交上去了。物理课上，老师激动地表扬了我——我的答案是对的。原来那道难题不是我们的作业，老师写在纸上思考，无意中把它当作作业布置给了我们。

我想，如果我知道这道题这样难，我还有信心做它吗？肯定没有。后来我遇到过很多难题，我都把它们当作那道物理难题，不觉中生出了很大的勇气，让我充满信心。人生中，我们会遇到很多难题，因为我们害怕，我们错过了很多成功的机会。人们常常为自己制造了许多不必要的障碍。其实，知难而退，缺乏勇气，这才是人生最大的难题。

【54】“我”被老师表扬是因为“我”：

A 做出了难题

B 交上了作业

C 学习态度认真

D 学习成绩最好

【55】根据本文，我们错过了很多成功的机会是因为：

A 努力不够

B 我们害怕

C 障碍太多

D 难题太多

【56】根据本文，面对难题时我们应该：

A 当作障碍

B 咬牙坚持

C 充满信心

D 知难而退

57 ～ 59

如今，越来越多的人开始重视锻炼和饮食，但对睡眠却不够重视。研究发现，睡眠影响着我们的健康，缺乏睡眠会在无形中损害免疫系统，而免疫系统是防止我们生病最有效的武器。

有研究者做过一项睡眠实验，参加实验的志愿者凌晨 3 点到 7 点不能睡觉。一段时间后，研究者发现志愿者机体的免疫力受到了损害。这说明人在缺乏睡眠的情况下更容易生病。

另一位研究者改进了实验方法，利用先进的可穿戴实验设备监测志愿者的睡眠。实验中对 164 名志愿者给予一定量的鼻病毒，结果证实，每天睡眠时间少于 6 小时的人患感冒的风险是睡眠时间在 7 小时以上人的 4.2 倍，每天睡眠时间少于 5 小时的人患感冒的风险更高，是睡眠时间在 7 小时以上人的 4.5 倍。

因此睡眠时间格外重要，专家建议每天睡眠时间应保持在 7 小时以上，这样才能保证我们的健康。

【57】现代人对什么不够重视？

A 睡眠

B 锻炼

C 饮食

D 健康

【58】睡眠如何影响我们的健康？

A 制造鼻病毒

B 增加感冒风险

C 影响饮食习惯

D 损害免疫系统

【59】根据专家的建议，为了保证健康，我们应该：

A 想睡多久就睡多久

B 每天睡 5 ～ 7 个小时

C 每天睡 5 个小时以上

D 每天睡 7 个小时以上

60 ～ 63

有一个老人，一直想去一次北京。30 多年前，买一张从他家到北京的火车票需要他辛苦工作一年才能攒够，他要留着钱给孩子读书，于是放弃了这个梦想。这一放弃就是 30 年，他想着可能这辈子都无法实现愿望了。

如今他的儿子结婚了，工作越来越好，也越来越有钱。儿子说："爸，我打算给您和妈换套房子。"他却说："我不需要大房子，现在的房子够我和你妈住。我只想去趟北京。"

儿子听完爸爸的话后哭了，他一直以为给爸爸换个大房子爸爸才会快乐，没想到爸爸的愿望这么简单，但为了家人却一直无法实现。

快乐是什么？快乐有时候很简单，但实现却很难。多观察身边人的愿望吧，有可能他们的愿望很简单，我们可以帮助他们实现。有的人追求金钱、名利，但很多人的快乐只是实现一个小小的愿望，甚至只是和家人一起吃一顿饭而已。让我们和身边的人都变得快乐起来吧！

【60】老人的愿望是：

A 儿子结婚

B 去趟北京

C 有大房子

D 提高收入

【61】老人的愿望一直没实现的原因是：

A 没有钱买火车票

B 工作太忙没时间

C 想攒钱换套大房子

D 留着钱给孩子读书

【62】儿子哭是因为：

A 房子买得太晚了

B 爸爸不需要大房子

C 误会了爸爸的愿望

D 没钱给爸爸换房子

【63】最适合做本文标题的是：

A 去北京的火车票

B 实现愿望要趁早

C 快乐一直无法实现

D 帮助身边的人快乐

64 ～ 67

1785 年，人们使用机器时，发现机器有一种特殊气味。1840 年，科学家终于发现这种特殊的气味是由一种新物质引起的，并将其命名为臭氧。臭氧由三个氧原子组成。臭氧浓度在 0.02 到 0.04PPM 范围内时，大多数人都可以感觉到。臭氧的浓度在 0.02PPM 左右时，人闻不到它的气味。

汽车尾气和工厂尾气是近地表臭氧污染的原因之一。即使在天气好的情况下，大量的臭氧也会影响环境。不过，在海拔高的地方，臭氧反而是保护伞，它可以保护地球免受伤害。此外，适当的低浓度臭氧也可起到杀菌的作用。食物、水和空气可以用臭氧净化。

我国对臭氧污染的控制和防治尚处于起步阶段。我们不仅要注意个人健康防护，而且应积极参与臭氧防治工作。臭氧污染严重时，儿童和老人等敏感人群应尽量避免在中午阳光强时外出，远离污染严重的地方。国家也要制定有效的臭氧污染防治对策。

【64】根据本文第一段，臭氧：

A 很少人能闻到

B 是 1840 年发现的

C 人们时刻都能闻到

D 是浓度很高的氧气

【65】根据第二段可知：

A 臭氧浓度太高会影响环境

B 海拔越高，臭氧浓度越高

C 臭氧浓度越高，杀菌作用越强

D 臭氧污染是汽车和工厂尾气造成的

【66】关于臭氧的作用，下列说法**不正确**的是：

A 浓度适当时可以杀菌

B 可以净化食物、水和空气

C 在高海拔地区可以保护地球

D 能促进敏感人群的身体健康

【67】本文主要讲的是：

A 关于臭氧的知识

B 臭氧的特点及作用

C 臭氧对环境的影响

D 怎么防控臭氧污染

68 ～ 71

列宁一生朴素，从不追求物质享受，哪怕当了国家领导人，他的房间里也只有床、办公桌和沙发，其他什么都没有。你很难把他的房间和他的贡献联系起来。如果有重要的人给他送礼，他也只要便宜的。如果送了贵重的，他就拒绝接受。有一次，列宁病得很严重，英国人送给他一辆电动轮椅，列宁嫌太贵，一直坚持用自己那辆旧的。

列宁身上有太多优良的品格，比如坚强、意志坚定、生活朴素、自律勤奋……他在任何时候都把自己看成是为人民服务的公务员，把自己当作一个普通的百姓。他的生活极为朴素，在食品和生活用品缺乏的年代，列宁从没用权力为自己谋取过好处，他和大家一样，一日三餐吃的都是粗茶淡饭。也许正是他的朴素造就了他的伟大，正是因为朴素，他才更能体会百姓生活的苦，从而更好地为人民服务。

【68】根据第一段，列宁：

A 从不接受礼物

B 当过国家领导人

C 房间里什么都没有

D 用过一辆电动轮椅

【69】关于列宁的品格，下面哪一项**没有**提到？

A 自律勤奋

B 关心百姓

C 意志坚定

D 生活简朴

【70】在食品缺乏的年代，列宁：

A 很少使用特权

B 经常吃不饱饭

C 每天吃粗茶淡饭

D 成了一个普通百姓

【71】本文主要讲的是：

A 列宁的生活

B 列宁的习惯

C 列宁的思想

D 列宁的品格

72 ～ 75

我是一名中学生，最近才来到这个学校，这个班。来了之后我发现班里有个女生和我同名同姓，我既激动又担心。我们因为同名闹了不少笑话。有的老师不知道我是新来的，每次叫我们的名字，我们俩都站了起来，同学们有的看我，有的看她，接着大家都笑了。有时她没完成作业，有时我受了表扬，但因为我俩同名同姓，总要一起幸运或者倒霉，还经常很尴尬。

语文和英语老师按学号区分我们，数学老师在我们的名字前加上“大”和“小”。没想到，过了一段时间，因为我成绩比较好，常常被表扬，而她成绩不太好，经常不写作业，同学们悄悄地在我的名字前加上了“好”，在她的名字前加上了“坏”。这事很快传到了老师耳朵里，老师批评了大家，并告诉我们应该热情地帮助同学，一起进步，而不是欺负同学，给同学起外号。

从此以后，同学们都只会在我们的名字前加“大”和“小”了。我也听了老师的话，决定和她一起进步。下课后我和她一起写作业，她有不会的问题我主动给她讲解，终于她的成绩有了进步。老师说得没错，我们是同学，应该互相帮助，而不是欺负别人。

【72】“我们”为什么闹了不少笑话？

A “我”是新来的

B “我们”同名同姓

C “我们”长得很像

D 同学拿“我们”开玩笑

【73】哪个老师在“我们”的名字前加“大”和“小”？

A 语文老师

B 数学老师

C 英语老师

D 物理老师

【74】同学们为什么在她的名字前加了“坏”？

A 欺负她

B 跟她开玩笑

C 想给她起外号

D 她经常不写作业

【75】老师批评大家后，“我”做了什么？

A 偶尔欺负她

B 帮她写作业

C 帮助她进步

D 在她名字前加“小”

三、书面表达

第一部分

（5题，5分钟）

说明： 76～80题，在下面的ABCD四个句子中，只有一个是错误的，请找出这个句子，并在答题卡上代表正确答案的字母上画一横道。

76. A 听说电器商店下周要搞促销活动。

B 乡村振兴离不开青年一代扎根乡村拼搏奋斗。

C 下周就要期末考试了，我们都不赞成举行这个活动。

D 昨天参观完新中国建设成就展后，同学们热烈地展开了讨论。

77. A 这是一本关于儿童成长教育的书。

B 法院对任何一个证据都必须搞清楚才行。

C 通过不断努力，同学们的学习成绩很快改善了。

D 人的精力是有限的，不要在无意义的事情上浪费宝贵时间。

78. **A** 有梦想和上进心，就有成功的希望。

B 同学们雷雨天一定要注意，尽量避免不要在外面。

C 我国是一个由 56 个民族组成的统一的多民族国家。

D 塔里木沙漠公路是现在世界上在流动沙漠中修建的最长的公路。

79. **A** 他是个谁都不喜欢的人。

B 世界上有好几个以长寿闻名的地方。

C 这里虽然交通不便，但青山绿水，环境优美。

D 我们已经走出一条中国特色社会主义科技创新之路。

80. **A** 他宁可自己吃亏，但是不损害集体利益。

B 春风化雨、教书育人是教师们不变的初心。

C 发生疫情时不要慌张，要服从指挥，做好个人防护。

D 爱国主义是中华民族精神的核心，它贯穿于民族精神各个方面。

第 二 部 分

（5 题，5 分钟）

说明：81 ～ 85 题，在下面这段文字中，有 5 处是用拼音代替字的，请根据上下文的意思认读拼音，然后在答题卡上找到相应的题号，并在横线上写出正确的字。

端午节是具有 yōujiǔ (81) 历史的民间传统节日，关于其由来史书有多种 jìzǎi (82)。自古以来，除了吃粽子，各地过端午的习俗既相互 rónghé (83)，又不尽相同。有的地方端午节当天会用草药水洗澡，认为治病防病最 yǒuxiào (84)；有的地方则举办划龙舟比赛。端午节已成为我国第一个入选世界非物质文化 yíchǎn (85) 名录的节日。

作文考试

（30分钟）

作文要求

1. 写作前认真阅读作文提示，按提示要求在规定的时间内写完。
2. 用简体字书写。每个空格写一个字，书写要清楚工整；每个标点符号占一个或两个空格，标点符号使用要规范。
3. 作文中不得出现跟考生有关的校名、地名和真实姓名。
4. 保持卷面整洁，不得涂画损坏答卷。

作文提示：

从小到大你一定读过不少有趣的书吧？有的是古代小说，有的是现代小说，有的是散文，有的是科普知识，等等。你最喜欢哪本书？你为什么喜欢它？请选择一本你最喜欢的书，写一篇读后感。

全文不少于300字。

MHK
模拟试题（四）
（二级）

注 意 事 项

一、MHK（二级）试卷分为卷Ⅰ和卷Ⅱ两部分：

1. 卷Ⅰ为客观选择题，每题都有四个供选择的答案，要求在答题卡上画出代表正确答案的字母，每题只能画一横道，如：[**A**]［**B**］■［**D**］。多画作废。

   请考生注意，卷Ⅰ使用阅读机阅卷，答案必须用铅笔画在答题卡上，不能写在试卷Ⅰ上。

   卷Ⅰ包括三项内容，共85题：

   （1）听力理解（35题，约35分钟）

   （2）阅读理解（40题，40分钟）

   （3）书面表达（10题，10分钟）

2. 卷Ⅱ为书面表达主观题（作文），30分钟。内容用黑色钢笔或签字笔写在答题卡的方格内。

   全部考试时间约115分钟。

二、注意看清题目的说明，严格按照说明的要求，在规定的时间内回答问题。

三、严格遵守考场规则，听从主监考的指挥。考试结束后，必须把试卷和答题卡放在桌子上，等监考人员收回、清点后，才能离场。

一、听力理解

（35 题，约 35 分钟）

扫一扫，听录音

第 一 部 分

说明： 1 ～ 15 题，这部分试题，都是两个人的简短对话，第三个人根据对话提出一个问题，听到问题后，请你在四个备选答案中选出唯一恰当的答案。

例如： 第 8 题，你听到：

男：小兰，你刚才去邮局订杂志，怎么没把今天的晚报买回来？

女：晚报都卖完了。

第三个人问：小兰刚才干什么去了？

你在试卷上看到四个答案：

A 寄信　　**B** 订杂志　　**C** 卖报纸　　**D** 买邮票

根据对话，第 8 题最恰当的答案是 **B**，你应在答题卡上找到号码 8，在字母 **B** 上画一横道。横道一定要画得粗一些，重一些。

8［**A**］　[redacted]　［**C**］　［**D**］

1. **A** 今天要下雪
 B 今天不下雨
 C 今天不下雪
 D 明天不下雪

2. **A** 同事
 B 邻居
 C 亲戚
 D 夫妻

3. **A** 男的的
 B 女的的
 C 214 室的
 D 213 室的

4. **A** 跑步
 B 散步
 C 爬山
 D 休息

5. A 忘了关了
B 为了吹风
C 风吹开了
D 窗户坏了

6. A 汽车站
B 火车站
C 飞机场
D 公交车站

7. A 男的
B 女的
C 刘芳
D 女的的爸爸

8. A 茶
B 果汁
C 咖啡
D 汽水

9. A 太咸了
B 太淡了
C 糖放多了
D 盐放少了

10. A 医生
B 护士
C 老师
D 学生

11. A 阅读
B 写作
C 数学
D 生物

12. A 墨水
B 钢笔
C 铅笔
D 圆珠笔

13. A 忘了带钥匙
B 弄丢了钥匙
C 回不了家了
D 找到了备用钥匙

14. A 生气
B 责备
C 认错
D 安慰

15. A 图书馆没有空位
B 图书馆没有开门
C 咖啡馆没有空位
D 咖啡馆没有开门

第 二 部 分

说明： 16～35题，这部分试题中，你将听到几段对话或讲话。每段话之后，你将听到几个问题，听到问题后，请你在四个备选答案中选出唯一恰当的答案。

例如： 第25～27题，你听到：

男：请问，有包子吗？

女：有。刚做好的，都是热的。

男：怎么卖？

女：五毛钱一个。您要几个？

男：给我来两个。

女：好的。收您十块钱，找您九块，请点一下。

男：谢谢。请问附近哪儿有卖报纸的？

女：前面路口向右拐有一家邮局，邮局里就有。

男：太好了，谢谢。

女：不客气。

第三个人根据这段对话提出三个问题：

25. 男的正在做什么？

你在试卷上看到四个答案：

A 问路　　**B** 取钱　　**C** 买东西　　**D** 吃包子

根据对话，第25题唯一恰当的答案是 **C**，你应该在答题卡上找到号码25，在字母 **C** 上画一横道。横道一定要画得粗一些，重一些。

25［**A**］　　［**B**］　　▬　　［**D**］

……

你又听到：

27. 男的打算去做什么？

你在试卷上看到四个答案：

A 买邮票　　**B** 打电话　　**C** 取包裹　　**D** 买报纸

根据对话，第27题唯一恰当的答案是 **D**，你应该在答题卡上找到号码27，在字母 **D** 上画一横道。横道一定要画得粗一些，重一些。

27［**A**］　　［**B**］　　［**C**］　　▬

16. **A** 男的
B 女的
C 男的的爸爸
D 女的的爸爸

17. **A** 男的不喜欢看电影
B 男的不喜欢去电影院
C 女的不喜欢去电影院
D 男的家里有一个电影院

18. **A** 50 块
B 80 块
C 100 块
D 120 块

19. **A** 因为妈妈很高兴
B 因为老板给他打折
C 因为第一次给妈妈买花
D 因为花是送给女朋友的

20. **A** 天津
B 广州
C 学校
D 上海

21. **A** 三年
B 十二年
C 十五年
D 半个月

22. **A** 姥姥支持
B 父母支持
C 邻居支持
D 自己感兴趣

23. **A** 300 毫升
B 1000 毫升
C 1200 毫升
D 2500 毫升

24. **A** 应该定时定量喝水
B 身材高大应该少喝水
C 喝水不能跟着感觉走
D 并不是喝水越多越好

25. **A** 饮水要适量
B 多喝水的坏处
C 多喝水的好处
D 喝水有益于健康

26. **A** 因为他很少运动
B 因为他游的时间太长
C 因为他刚开始学游泳
D 因为他游泳的姿势不对

27. **A** 因为救生员不见了
B 因为救生员教他怎样游泳
C 因为他发现自己误会救生员了
D 因为他没参加救生员的教练课程

28. A 救生员教会了说话人游泳
B 救生员免费指导了说话人
C 说话人向救生员表示了感谢
D 救生员向说话人推销了教练课程

29. A 还有人后来
B 还有接班人
C 还有后人来
D 还有人没来

30. A 太害羞
B 太紧张
C 没看清楚
D 没有预习

31. A 害羞
B 难受
C 振奋
D 安静

32. A 5～6月
B 5～7月
C 7～8月
D 5～8月

33. A 北美
B 英国
C 加勒比
D 澳大利亚

34. A 体重只有6克左右
B 迁徙距离超过一万里
C 分布在全球很多地方
D 迁徙需要3到4代完成

35. A 动物大迁徙
B 帝王蝶的使命
C 帝王蝶的迁徙
D 壮观的动物迁徙

二、阅读理解

第一部分

（15题，15分钟）

说明：36～50题，每一个句子中有一个或两个空，请你从所给的四个备选答案中挑选一个最适合填入空中的答案，并在答题卡上代表正确答案的字母上画一横道。

36. ________吃的东西我都喜欢。

A 凡是

B 只是

C 可是

D 老是

37. 你必须去医院，做个全面________。

A 体会

B 体现

C 具体

D 体检

38. 不要________生活对你不公平，因为它根本就不知道你是谁。

A 生气

B 怀疑

C 抱怨

D 忌妒

39. 如何度过一天的早晨决定着你________其他时间的情绪。

A 当心

B 当天

C 当中

D 当年

40. 我们家________的地面对老人来说很危险，奶奶已经摔倒两次了。

A 光滑

B 光辉

C 光彩

D 光亮

41. 他们先________照相，然后合照。

A 基本

B 单独

C 各个

D 渐渐

42. 数学老师常常按照我们座位的先后________提问。

A 顺路

B 顺便

C 顺序

D 顺利

43. 他似乎凭感觉知道我一定是在________我们的母亲。

A 思考

B 思维

C 思索

D 思念

44. ________一位朋友帮助，我才能住在这个地方。

A 幸亏
B 眼看
C 幸福
D 只得

45. 人群中有人开始________，但是对这个悲伤的女人来说很不公平。

A 起源
B 起伏
C 起哄
D 起立

46. ________有没有钱，每个人________有权得到良好的医疗。

A 除非　　才
B 尽管　　都
C 不管　　都
D 既然　　那

47. ________家庭不和睦，这学期他的学习成绩渐渐________了。

A 无论　　衰退
B 因为　　退步
C 虽然　　撤退
D 如果　　后退

48. 你不能再这样________了，否则工作中________得出问题。

A 迷惑　　率先
B 疲劳　　始终
C 疲倦　　再三
D 迷糊　　早晚

49. 他________自己没做过那件事情，尽管有________的证据证明是他做的。

A 发言　　明确
B 发表　　确切
C 发誓　　确凿
D 发觉　　恰当

50. 考试前一夜我________入睡，你要是在________会好点儿。

A 无法　　说不定
B 无比　　怪不得
C 无奈　　差不多
D 无穷　　不由得

第 二 部 分

（25 题，25 分钟）

说明：51 ～ 75 题，每段文字后都有若干个问题，每个问题都有 ABCD 四个备选答案，请你阅读后根据每题的要求选出最恰当的答案，并在答题卡上代表正确答案的字母上画一横道。

51 ～ 53

在一个古老的村子里，当有人做错事情的时候，人们会采用一种特别的惩罚方式：在一个特别的时间，让他站在特别的桌子上，大家都来参加赞扬他的活动。大家按顺序赞美他做过的好事，年长的人率先说，大家不能重复，不能夸张，必须真诚。做错事的人一般一开始会感到不好意思，后来激动地流泪，最后真诚地向大家认错，并保证以后一定注意，一定改正。

这个村子的人是聪明的，他们对待犯错的人，不是批评，不是指责，而是帮助他改正，让做错事的人感受到爱。虽然他做了错事，但大家依然爱护他、关心他、接受他，毕竟他做过那么多好事。大家相信，既然他曾做过那么多的好事，以后也可以改正自己的错误，继续为村里做好事。

当我们遇到别人犯错时，要及时指出，帮助他改正，但一定要注意态度，不要指责或者责备，言语里不要显示出厌恶。

【51】这个村子怎么对待做错事的人？

A 让他站在桌子上

B 大家都来赞扬他

C 让他激动地流泪

D 随时随地赞扬他

【52】大家赞扬做错事的人是为了：

A 批评他

B 指责他

C 批判他

D 帮他改正

【53】我们应该怎么对待犯错的人？

A 指责他

B 厌恶他

C 责备他

D 帮助他

54 ～ 56

很多年前，有一对老夫妻去很远的城市旅游。他们的钱包丢了。天已经很晚了，他们去了很多旅馆，但是都没能入住。最后他们走进了这个城市最后一家旅馆，对前台的一位年轻人说："我们的钱包丢了，可以先在你们旅馆住一晚吗？等我们回家以后再把钱寄给你。"年轻人感到很为难，因为他不能违背经营规定，而且也确实没有多余房间了。看了老夫妻的证件以后，他说："这样吧，你们今天住这儿吧。"说着带他们进了一个很小但干净整洁的房间。

第二天，老夫妻才知道他们住的是这个年轻人的房间，年轻人因此在外面坐了一晚上。老夫妻很感动，对他说："你是我们见过的最好的旅馆经营者，我们回家后一定把钱寄给你。"年轻人笑笑说："不用客气，谁在外面都有可能遇到困难。"老人走后，很久没消息，年轻人也没当回事，仍然每天忙自己的事。直到有一天，他收到了一封信，信里还有一张机票。原来那对老夫妻在一个大城市里有一家大酒店，他们打算聘请年轻人去他们的酒店工作。

这便是一家世界有名的酒店第一任经理的故事。这个故事告诉我们，任何时候一份善心都有可能为我们带来机会。

【54】面对老夫妻的请求，年轻人为什么感到为难？

A 因为他们没有钱

B 因为时间太晚了

C 因为没有空房间了

D 因为老板不让他们免费住

【55】根据本文，年轻人是怎么做的？

A 让他们去别的酒店

B 让他们住自己的房间

C 让他们住最后一个房间

D 让他们在大厅里坐一晚上

【56】本文想要告诉我们：

A 头脑灵活非常重要

B 不要轻易放弃努力

C 善心可能带来回报

D 帮助别人不要求回报

57 ～ 59

"罗森塔尔效应"是著名心理学家罗森塔尔和他的团队发现的。罗森塔尔为了做实验，在一所学校随机找了一些学生的名字，并将这些名字给了学校，包括校长和老师，并告诉他们这些是最有前途的学生，为了做好实验请他们一定对学生保守秘密。

8个月后，罗森塔尔调查发现，随机选出的这些学生成绩越来越好，人也越来越优秀，哪怕以前不爱学习的孩子也有了转变。“最有前途的学生”是罗森塔尔随便说的，但是老师相信了，老师对待这些学生跟以前有了不同，学生自然能感受到，他们变得更加自尊、自信和自强，因此不断进步。多年后，这些学生果然都取得了不错的成就。

你期待什么，你就会得到什么。只要真的相信事情会顺利进行，事情大多会顺利进行。相反，如果你相信事情一定会失败，越是担心会发生什么不好的事，那坏事一定会发生。成功的人都充满自信，相信好的事情一定会发生。

【57】罗森塔尔把一些学生的名字告诉学校，是因为：

A 他要完成实验

B 这些学生有前途

C 他喜欢这些学生

D 他认识这些学生

【58】8个月后，这些选出的学生：

A 积极配合实验

B 变得越来越优秀

C 取得了很大的成就

D 知道了实验的秘密

【59】本文最后一段主要讲的是：

A 失败的人都是不自信的人

B 担心的事情不一定会发生

C 充满自信的人大多会成功

D 充满自信的人一定能成功

60 ～ 63

海鱼味道鲜美，是大众喜爱的食物。有些人觉得海鱼生食味道更鲜美，加上民间流传着一种说法——对人体有害的寄生虫无法在海水中生存，也就是说海水里没有寄生虫，所以他们认为海鱼尽可大胆生食。科学家已经证实这种说法是错误的。科学家提醒人们：海鱼有虫，生食危险。

寄生虫指寄生在其他动物身上，并对该动物造成伤害的生物。确实，浓度高的盐水可以杀死一些寄生虫，但并不代表寄生虫无法在海水中生活。研究表明，个别寄生虫无法在海水中生活，但寄生虫种类丰富，几乎每条海鱼身上都会有寄生虫。寄生虫会导致海鱼生病，部分寄生虫会导致生食海鱼的人类感染。

我国十分重视寄生虫的防治问题，曾组织专家进行过调查。到目前为止，我国并未出现生食国产海鱼感染寄生虫的情况，这可能与人们习惯熟食有关。科学家同时指出，酱油和酒并不能杀死人类易感染的寄生虫，高温加热是最好的灭杀手段。

【60】科学家们证实什么说法是**错误**的？

A 海水里无寄生虫

B 海水里有寄生虫

C 海鱼生食更鲜美

D 海鱼生食有危险

【61】根据本文，下面哪种说法是正确的？

A 酱油可以杀死寄生虫

B 寄生虫会导致海鱼生病

C 每条海鱼身上都有寄生虫

D 海鱼身上的寄生虫对人无害

【62】目前我国未出现生食国产海鱼感染寄生虫的情况可能是因为：

A 人们习惯熟食

B 酒能杀死寄生虫

C 盐能杀死寄生虫

D 国产海鱼没有寄生虫

【63】最适合做本文标题的是：

A 海鱼生食更鲜美

B 怎么杀死寄生虫

C 生食海鱼有危险

D 生食海鱼的办法

64 ～ 67

徐本禹 22 岁成为一名山村老师。他曾经在上大学时利用暑假到山村支教一个月，当时他答应了孩子们一定会回来，因此他准备放弃读研究生的机会，去山村当老师。徐本禹曾说："有的人一辈子收获不了一滴眼泪。可那个暑假，我几乎每天都被感动包围着。"因为徐本禹和像徐本禹一样的老师的坚持，很多孩子发生了改变。

徐本禹出生于山东的一个农村家庭。他的父亲在小学教书教了一辈子，最多的时候每月能拿到 270 元，最少的时候一个月只有十几元。他的父亲教育自己的孩子：当别人需要帮助时，我们一定要帮。也许是受了父亲的影响，年轻的徐本禹也成了一名合格的山村教师。

徐本禹曾经回到母校做报告。大家以为他会讲一些空话、大话，谁知他很真诚地说："真的很苦，也很孤独，很多次我都想要放弃。但我还是坚持了下来，因为孩子们需要我。"

徐本禹读书时得到了很多人的帮助和支持，正因如此，他也在努力帮别人。

正是因为有无数像他一样伟大的山村老师，我们的教育才能进步，社会才能发展。

【64】根据本文，徐本禹成为山村老师是因为：

A 父亲鼓励他去

B 答应过孩子们

C 村民请求他去

D 学校要求他去

【65】关于徐本禹的家庭，下面哪一项**不正确**？

A 父亲是小学老师

B 家里经济条件不太好

C 父亲对他的影响比较大

D 父亲每月工资只有 270 元

【66】徐本禹回到母校做报告，他：

A 讲了一些大话

B 为自己感到自豪

C 说自己有些后悔

D 说的都是实在话

【67】本文主要讲的是：

A 徐本禹的成长经历

B 徐本禹的工作与生活

C 山村老师徐本禹的故事

D 徐本禹为什么当山村老师

68 ～ 71

我叫林林，是一名中学生。最近爸爸常说有两个林林：一个是学校里的林林，一个是家里的林林。我听了很奇怪，明明只有一个林林啊！爸爸告诉我："在学校里，你是个好学生，爱学习，上课专心听讲，积极回答老师提出的问题，没写完作业从来不玩儿，上学期期末考试拿了班里的第一名。你不仅学习成绩好，体育、劳动也都很出色。这样的林林大家都很喜欢。"爸爸接着说："但家里的林林，不仅不劳动，吃饭也挑三拣四，总是这不吃那不吃，总不听话。房间里不干净，衣服书本扔得到处都是。见了邻居也不问好，周末也不愿意去奶奶家陪老人。"

听了爸爸的话，我非常惭愧。一直以来，我努力在学校里做一个好学生，但在家里却暴露了自己本来的样子。如果不是爸爸提醒，可能我还要继续错下去。我马上收拾了房间，洗了衣服。我向爸爸承诺，从今天起只能有一个林林，不管在家里还是在学校里都是好孩子、好学生。

【68】爸爸为什么说有两个林林？

A 爸爸跟林林开玩笑

B 林林上课专心听讲

C 林林的房间非常乱

D 林林在学校和在家不同

【69】林林在学校里怎么样？

A 不劳动

B 成绩好

C 不写作业

D 从来不玩儿

【70】林林在家里怎么样？

A 好好吃饭

B 总不听话

C 自己洗衣服

D 自己收拾房间

【71】林林听了爸爸的话决定怎么做？

A 更加努力地学习

B 暴露本来的样子

C 努力做一个好学生

D 在家里和在学校里一样

72 ～ 75

很多人都有恐惧症，什么是恐惧症呢？一些人对不能伤害自己的事物感到害怕，这就是恐惧症。有人说："我怕狗，但是狗真的可以伤害人，被狗咬伤的事常发生。"那这种是不是恐惧症呢？正常人怕狗，只是有点儿怕，或者怕狼狗，但是患恐惧症的人是非常害怕，甚至有的人看到狗的照片都吓得不行。

专家认为患恐惧症是有原因的，不会无缘无故，比如有的人怕狗是因为被狗咬过，有的人怕蛇是因为被蛇咬过。但有的人从来没见过蛇，还是害怕，这是为什么呢？专家表示，有些人的恐惧症是因为脑子里有一些奇怪的想法，为了转移这种想法，他们会选择一个大多数人都害怕的东西。

一位著名的医学家及心理分析学家认为，恐惧症与人的童年有很大关系，恐惧症实际上是一种转移，一些人童年时产生了伤害他人的不良想法，为了去掉这种想法，长大后会产生焦虑的情绪，因此患上恐惧症。他认为恐惧症是成人控制威胁冲动的一种方式，把威胁他人的冲动转移为对某种事物的恐惧。

【72】根据第一段，下面哪种情况是恐惧症？

A 害怕狼狗

B 被狗咬伤过

C 怕狗的照片

D 有点儿怕狗

【73】根据本文，下面哪一项是正确的？

A 儿童容易得恐惧症

B 得恐惧症是有原因的

C 得恐惧症的人害怕狗

D 恐惧症是一种奇怪的想法

【74】一位著名的医学家及心理分析学家认为，恐惧症实际上是一种：

A 焦虑

B 转移

C 威胁

D 冲动

【75】本文主要讲的是：

A 为什么有人害怕狗

B 恐惧症有哪些表现

C 恐惧症是怎么产生的

D 恐惧症及其产生原因

三、书面表达

第一部分

（5题，5分钟）

说明：76～80题，在下面的ABCD四个句子中，只有一个是错误的，请找出这个句子，并在答题卡上代表正确答案的字母上画一横道。

76. **A** 蓝蓝的天上飘着几朵白云，真是美极了。

B 人人都有责任保护环境，不要乱扔垃圾。

C 我不仅喜欢看科幻类的书，还喜欢看传记类的书。

D 小明和小雨是一对要好的朋友，经常去他家做作业。

77. **A** 他们去年植树节栽下的小树苗都成活了。

B 妈妈今天做了小芳最喜欢吃的西红柿打卤面。

C 有没有坚定的毅力，是一个人得以成功的重要因素。

D 今年国庆节我国将在天安门广场举行盛大的阅兵仪式。

78. **A** 不但我来了，刘明也来了。

B 太阳明晃晃的，照得人都睁不开眼睛。

C 只有努力奋斗，就能成为对社会有用的人。

D 晚上九点多了爸爸仍没到家，他还在公司加班呢。

79. **A** 要建设科技强国，必须要走自主创新之路。

B 我国粮食的生产，已经完全能够养活 14 亿人。

C 5 月 27 日，我国登山队 8 名队员成功登上珠穆朗玛峰。

D 蚊子能够传播脑炎、疟疾等，是人类第一大致命动物杀手。

80. **A** 饭前适量喝水，可以增强人的饱腹感。

B 元旦这天我们班举行了联欢，大家开心极了。

C 人类过度使用农药，导致鸟类消失的速度越来越快。

D 相对于三国时期，晋朝的历史对于人们是比较陌生的。

第 二 部 分

（5 题，5 分钟）

说明：81 ～ 85 题，在下面这段文字中，有 5 处是用拼音代替字的，请根据上下文的意思认读拼音，然后在答题卡上找到相应的题号，并在横线上写出正确的字。

2019 年以来，通过不断 jǔbàn(81)“安全文明出境游宣传月”等活动，营造文明旅游的 nónghòu(82) 氛

围，我国居民文明旅游 sùzhì 持续提高，去国外旅游游客的总体 xíngxiàng 持续改善。在国内，有的

83 84

法院对破坏景区名胜古迹者做出了责令其 péicháng 景区一定金额的处罚。

85

作文考试

（30分钟）

作文要求

1. 写作前认真阅读作文提示，按提示要求在规定的时间内写完。
2. 用简体字书写。每个空格写一个字，书写要清楚工整；每个标点符号占一个或两个空格，标点符号使用要规范。
3. 作文中不得出现跟考生有关的校名、地名和真实姓名。
4. 保持卷面整洁，不得涂画损坏答卷。

作文提示：

为了培养学生的多种兴趣，提高学生素质，学校决定成立科学组、小小作家组、足球组、声乐组、乐器组等兴趣组。你想加入哪个兴趣组？为什么要选择这个兴趣组？请选择一个兴趣组写一份申请书。

全文不少于300字。

口 试 部 分

第一单元　摸底检测

MHK

口试模拟试题（一）

（二级）

（一）朗读

1. 茶叶源自中国，中国人饮茶已有6000多年的历史，喝茶有很好的医疗和保健作用。

2. 理想是一种精神，是一种奋斗目标，我们每个人都应该树立远大的理想，并为之努力。

3. 一名小学生推着坐在轮椅上的残疾母亲过马路，过来后，他又对着刚刚礼让他们的车辆鞠躬致谢。

4. 越来越多的中国企业开始重视打造具有强烈社会责任感的企业形象。

5. 每到春天，看见枯黄的草开始变绿，我就想朗诵白居易的诗——离离原上草，一岁一枯荣。野火烧不尽，春风吹又生。

（二）口头报告

周末你一般做什么？请说一说。

MHK
口试模拟试题（二）
（二级）

（一）朗读

1. 我生活在江南水乡，这里一年四季都非常湿润，一到夏天孩子们就泡在水里打水仗。
2. 大熊猫是我国的国宝，主要生活在四川等地，据说它们在地球上已经生活了至少800万年。
3. 爱国是神圣的，有人把祖国比喻成母亲，谁不热爱自己的母亲呢？祖国就是我们的坚强依靠。
4. 生活中总会遇到各种各样的困难，只要想办法总能解决，办法总比困难多。
5. 刘明向我们介绍他的学习经验时说："制订科学的学习计划，是提高学习效率的关键因素。"

（二）口头报告

你的理想是什么？请说一说为实现理想你打算怎么做。

第二单元　专项训练

试题说明

新 MHK 口试仍然是在笔试之外单独进行的，成绩也是单独报告的。

考试采用的是“人机对话”方式，在计算机上进行，即考生和机器对话。

考试内容包括朗读和口头报告两部分，共 6 道题，约 5 分钟。两部分内容各占 50 分，合计 100 分。

朗读部分共 5 道题，时长 2 分钟。主要是朗读句子，考查考生语音、语调是否标准，是否能正确断句。

口头报告部分只有 1 道题，时长 3 分钟。主要考查考生的口头表达能力，即能否具体、完整、连贯、有条理地表达自己的看法。这道题里可能只有一个问题，也可能会有两个问题，考生要注意看题。

第一部分：朗读

答题指导

朗读句子给 60 秒准备时间，准备时间结束后就开始按顺序朗读。考生要利用这 60 秒准备时间从头到尾快速看一遍，边看边完成断句，最好在断句处做标记。例如：“春姑娘轻轻地飞来了，她飞过高山，越过海洋，披着绿装，欢快地来到我们身旁。”可以用斜线迅速断开：“春姑娘 / 轻轻地 / 飞来了，她 / 飞过 / 高山，越过 / 海洋，披着 / 绿装，欢快地 / 来到 / 我们身旁。”这样在正式朗读时不仅断句正确，还能节省时间。

考生平时应该做一些朗读练习，积累朗读的经验，找准朗读的感觉。朗读时声调和语调要准确，发音要清晰，不要错读或漏读，要通过准确的断句读出语句的韵律感。要用正常语速朗读，把握好节奏，语句自然流畅。

• 第一组练习

（一）朗读

1. 马兰花是具有较高观赏性的植物，在我国的分布区域很广，从黑龙江到西藏都有马兰花。

2. 少年强则国强，少年是祖国的未来，从小就要树立肩负国家发展建设重任的意识。

3. 我国的万里长城是世界文化遗产，它既是中华民族的象征，也是人类文明的象征。

4. 2016 年 5 月 30 日，习近平总书记发出了向世界科技强国进军的号召，这一天被定为“全国科技工作者日”。

5. 下周就要放暑假了，你们有什么打算呢？我准备先和朋友们踢几场足球。

第二组练习

（一）朗读

1. 我读过无数遍方志敏烈士写的《可爱的中国》，每次朗读时都格外激动。

2. 暴风雪已经持续了近半个月，就在我家的牛和羊快没饲料的时候，县里的救助队及时给予了援助。

3. 针对该校多名学生不明原因发烧、咳嗽的情况，市医院及时进行了检查诊断和救治。

4. 我国“长征十一号”运载火箭昨天成功将两颗卫星发射升空，卫星顺利进入预定轨道。

5. 学习上难免会遇到困难，老师总是鼓励我们不要放弃，要认真分析，找到解决问题的办法。

第二部分：口头报告

答题指导

这一部分，不管是一个问题还是两个问题，都会给 60 秒的准备时间，准备完成后正式答题时间是 90 秒。建议准备时在问题处写下几个有逻辑顺序的关键词语作为提示。这些关键词语要尽量准确，避免出现用词或语法错误。正式回答问题时则要在这些关键词语的基础上扩充好语句，要注意语句之间的连接，可以用合适的关联词语。条理要清晰，表达尽可能流畅、自然些。

例如：看到“你的梦想是什么？你为什么会有这样的梦想？”时，在第一个问题旁边写上诸如“老师”“科学家”“医生”“警察”之类的职业即可，重点放在第二个问题上。第二个问题是要回答原因，原因往往不是一句话就能回答清楚的，所以要重点讲述。如果选择“医生”，则可以在旁边写上“妈妈、忙、救治病人、辛苦、成就感”等提示词语，这样回答问题时就不会出现停顿卡住的情况。这几个关键词语可串成下面一段话：“因为我的妈妈就是一名医生，她每天都在医院忙着救治病人。早晨我还没起床，她已经去上班了；晚上我回到家了，妈妈还在医院值班。她起早贪黑，非常辛苦，但她从来不觉得累，相反却很自豪，因为她说看到一个个病人经过她的治疗恢复了健康，觉得再辛苦也值得。医者仁心，我长大了也想成为一名医生，像妈妈一样治病救人。……”

• 第一组练习

（二）口头报告

你喜欢看什么书？请说说你喜欢的理由。

• 第二组练习

（二）口头报告

一年有春夏秋冬四个季节，你喜欢哪个季节？为什么？

第三单元　提速训练

答题指导

本部分训练要求考生在考试规定的时间内完成答题，旨在提高答题速度。

第一部分，考生在做朗读准备时，主要是做好断句，如果发现句子中有字词不会读或突然想不起来怎么读，不要慌张，可以先跳过去完成后面的断句。在正式朗读时，如果还有不会读的字词，可以短暂停留片刻想几秒，实在想不起来就按照自己判断的音去读，然后接着往下读。这样即便有个别字词读错了，但保证了朗读的完整性。

第二部分，有的只有一个问题，这时只就这一个问题进行准备即可；有的则有两个问题，第一个问题比较简单，直接回答就行，第二个问题常常是问"为什么"，需要重点准备，第二个问题也是口头报告的重点。不管是几个问题，建议考生在准备时间内先迅速写出几个关键词语，串起要表达的内容。这样一方面可以保证有话可说，另一方面也能保证在规定的时间内把要表达的内容全部表达出来。而后者更重要，因为问题回答完整、流利是重要的采分点。所以，考生先保证在有限的时间内把要表达的内容全部表达出来，后面如果还剩一点儿时间，可以进一步补充说明前面的内容，这样整个口头报告就很完整了。

• 第一组练习

（一）朗读

1. 我们要时刻牢记绿水青山就是金山银山的理念，保护好生态环境，保护好我们人类的家园。
2. 小明平时特别不喜欢运动，导致身体很弱，一到冬天就经常感冒、发烧、咳嗽。
3. 秋天是收获的季节，是多彩的季节，高粱熟了，小麦黄了，菊花开了，到处是丰收的景象。
4. 油炸食品虽然美味却不健康，家长们都不希望自己的孩子吃。
5. 经常大声朗读或者背诵诗文，久而久之你的语文水平就会在不知不觉中提高。

（二）口头报告

你最要好的朋友是谁？说说你喜欢他（她）的理由。

第二组练习

（一）朗读

1. 为了在运动会上取得好成绩，这两个月来小明每天都早早起来到操场上练习长跑。
2. 看到一位老人正缓慢地横穿马路，民警小王赶紧从岗亭里跑出来，搀扶着老人过了马路。
3. 为了合理利用自然资源，防止生态恶化，政府规定这一片草原不能过度放牧，要轮流放牧。
4. 夏季来临，天气越来越热，家家户户都在院子里支起了凉棚，人们吃着西瓜、扇着扇子来降温。
5. 人生路上会有失败，但只要自强自立，相信自己的能力，最终一定能到达成功的彼岸。

（二）口头报告

你喜欢上什么课？请说一说你喜欢这门课的理由。

第四单元　实战演练

MHK

口试模拟试题（三）

（二级）

（一）朗读

1. 张明很喜欢摄影，一开始是拍些花花草草，后来开始拍风景，周末只要天气好，他就去野外拍照。

2. 青海湖位于青海省境内，湖里鱼类资源丰富，岸边是辽阔的天然牧场。

3. 我国有超过三亿人吸烟，每年因吸烟死亡的人数超过 100 万，为此政府采取了公共场所全面禁烟的措施。

4. 读书可以丰富人的精神世界，提升人的道德境界，让自己变得更好，让世界变得更好。

5. 野鸭种类很多，我国约有 10 种，其中中华秋沙鸭是国家一级保护动物。

（二）口头报告

你认为锻炼身体都有哪些好处？

MHK
口试模拟试题（四）
（二级）

（一）朗读

1. 中华人民共和国的国旗是五星红旗，旗上有五颗五角星，象征中国共产党领导下的革命人民大团结。

2. 人的一生不会处处平顺，总会遇到各种困难或挫折，需要我们勇敢、乐观地面对。

3. 长江和黄河是我国第一和第二长河，二者均发源于青海境内，其源头景色秀丽，风光宜人。

4. 书籍是人类进步的阶梯，一本好书犹如一盏明灯，照亮前程，给我们的人生指明正确的方向。

5. 暑假妈妈带我去北京旅游了，我们游览了天安门、故宫，还登上了雄伟壮丽的万里长城。

（二）口头报告

你心目中的英雄是谁？你为什么会把他（她）当作英雄？

听力理解录音文本

第一单元　摸底检测

模拟试题（一）

第 一 部 分

1. 男：我最喜欢过年了，过年的时候特别热闹。

女：你哪是喜欢过年？你是喜欢过年时可以放爆竹。

问：女的认为男的喜欢什么？

2. 男：刘亦菲扮演的小龙女还有花木兰都很好看，你觉得呢？

女：《花木兰》我还没有看，小龙女挺不错的。

问：说话人在谈论什么？

3. 女：周末我打算去学校西门的农业银行办一张银行卡。

男：那你只能星期六上午去，星期六下午和星期天那个银行都不开门。

问：女的应该什么时候去银行？

4. 男：晓燕，这是你吗？这还是我第一次看你扎辫子。

女：这是我妈妈年轻时候的照片。大家都说我们长得很像。

问：根据对话，我们知道什么？

5. 男：今天你去裁缝店取衣服了吗？

女：去了，不过衣服还没做好，我明天下班后再去一趟。

问：女的去裁缝店干什么？

6. 女：大家都喜欢养猫和狗当宠物，你为什么选择养鱼？

男：我经常出差，加上我对猫毛狗毛过敏，所以就养了几条鱼。

问：男的为什么养鱼？

7. 男：老师给了我一份参考资料的目录，一会儿我们一起去图书馆找找吧。

女：今天恐怕不行，我明天有个考试，需要复习一下。

问：女的一会儿要干什么？

8. 女：本来说好了今天一起去爬山，可惜天公不作美，下这么大的雨。

男：没关系，等下次天气好的时候再去。

问：男的是什么语气？

9. 女：这个实验很简单，只需要磁铁、电池和电线。

男：电池和电线我家里都有，只需要放学后去商店买块磁铁就可以了。

问：对话最可能发生在哪里？

10. 女：麻烦你顺便帮我量一下衣柜的尺寸。

男：已经量过了，包括客厅的窗帘和厨房的餐桌都量好了。

问：下面哪一项的尺寸**没有**测量？

11. 女：这个月的电费比上个月多了很多，水费也是。

男：是啊，电话费也涨了不少，就只有交通费降了。

问：关于这个月的情况，下面哪一项正确？

12. 男：听说你最近成立了一个舞蹈兴趣小组，我能参加吗？

女：只要你愿意，我们欢迎还来不及呢。不过我们都是新手，就怕你来了觉得没意思。

问：女的是什么意思？

13. 女：请问住院手续是在这里办理吗？

男：这里只负责挂号登记和缴费，住院手续需要去住院部办理。

问：女的要做什么？

14. 男：你居然买了苹果和香蕉，你不是经常说你喜欢吃橘子和葡萄吗？

女：今天的葡萄不新鲜，我就没买。橘子卖光了。

问：女的买了什么？

15. 女：钢琴课太没意思了，我想改成练笛子。

男：笛子课很受欢迎，估计报不上名，你可以试试吉他课。

问：根据对话，我们知道什么？

第二部分

16～17题是根据下面一段对话：

女：小强，你知道什么地方能修收音机吗？

男：我记得大鹏经常去的书店旁边有一家维修店。

女：那家店已经不做维修了，只卖新的。

男：修收音机挺麻烦的，不如买一个新的。

女：这是爷爷的收音机，他不让买新的。

男：我们买一个和这个一模一样的就可以了。

女：好主意，我怎么没有想到呢？

16. 问：谁的收音机坏了？

17. 问：说话人接下来最可能做什么？

18～19题是根据下面一段对话：

男：我朋友说这个牌子的笔特别好，我准备买一支。

女：去年我生日时我叔叔送了一支给我。

男：你觉得怎么样？

女：笔挺好用的，就是墨水太贵了。

男：多少钱啊？

女：上次我买的时候要129一瓶。

男：是不便宜。

女：反正我自己是不会买这种笔的。

18. 问：女的的笔是怎么来的？

19. 问：女的觉得笔怎么样？

20～22题是根据下面一段对话：

男：现在很多人都不喜欢吃食堂，你却天天吃食堂。

女：我觉得食堂挺好的，种类多，荤素搭配，好吃又有营养。

男：我倒不觉得好吃，不过价钱比在外面吃便宜很多。

女：价钱便宜是一方面，最主要的是吃食堂多方便啊。

男：说来说去，我看你是不喜欢做饭吧？

女：不对，我很喜欢做饭。

男：是吗？我不信。

女：千真万确，我是不喜欢洗碗。

20. 问：男的觉得食堂的菜怎么样？

21. 问：女的为什么不做饭？

22. 问：这段对话主要谈论了什么？

23 ～ 25 题是根据下面一段话：

数字华容道是一款逻辑性很强的数字拼图游戏，具有很强的趣味性，而且对我们的大脑也很有好处。成人及 3 岁以上的孩子都可以玩儿。成年人经常玩儿这个游戏，可以让大脑保持年轻，小孩子经常玩儿这个游戏，可以锻炼大脑，提高逻辑思维能力和智力。作为一种智力游戏，它受到很多家长、老师和学生的喜爱。厦门莆田城厢区第一实验小学的付博焰同学就是其中之一。他从 2019 年 6 月开始玩儿数字华容道，并在一次表演中取得了 15.211 秒的好成绩，当时他玩儿这个游戏还不到一周时间。2020 年 1 月，付博焰在厦门一魔方机构参加 4 × 4 数字华容道吉尼斯世界纪录的挑战。在多名见证人的见证下，付博焰进行了三次挑战，成绩都非常突出，分别是 8.039 秒、9.662 秒、7.080 秒，三次挑战都打破了 10.063 秒的原吉尼斯世界纪录。

23. 问：关于数字华容道游戏，我们知道什么？

24. 问：付博焰同学从哪一年开始玩儿数字华容道？

25. 问：原来的 4 × 4 数字华容道吉尼斯世界纪录是多少秒？

26 ～ 28 题是根据下面一段话：

垃圾分类有许多好处。首先，减少土地侵蚀。生活垃圾中有些物质不易降解，使土地受到严重侵蚀。垃圾分类，去掉可以回收的、不易降解的物质，能够减少垃圾数量达 60% 以上。其次，减少污染。我国的垃圾处理多采用卫生填埋的方式，也就是通过一定程序把垃圾埋进土里。埋在土里的垃圾在腐烂过程中容易产生环境污染，垃圾分类能有效减少填埋垃圾的数量，从而减少污染。此外，垃圾分类还能变废为宝。生活垃圾中有 30% ～ 40% 可以回收利用。1 吨废塑料可回炼 600 公斤的柴油。回收 1500 吨废纸，可免于砍伐用于生产 1200 吨纸的林木。1 吨易拉罐熔化后能结成 1 吨很好的铝块，可少采 20 吨铝矿。总之，垃圾分类好处很多，在人类与垃圾的战争中，人们把垃圾从敌人变成了朋友。

26. 问：下面哪一项**不属于**垃圾分类的好处？

27. 问：有多少生活垃圾可以回收利用？

28. 问：下面哪一项最适合做这段话的标题？

29 ～ 31 题是根据下面一段话：

跑步和步行都是有益身体健康的运动，但如果想要控制体重，跑步要优于步行。其中一个原因可能是跑步对食欲的影响。某大学运动生理学实验室对此进行了一项实验，该实验共有 19 名参与者，包括 9 名经常跑步的女性和 10 名长期坚持步行锻炼的女性。实验第一天，参与者在跑步机上或跑或走锻炼一小时。实验第二天，她们一起休息一小时。在每天的实验中，研究者都全程记录她们的能量消耗，并抽取血样，检测与食欲有关的激素。每次实验后，参与者面前都摆上了丰盛的自助餐，可以随意享用。结果是：步行者很饿，她们吃掉的热量比刚才在跑步机上消耗掉的还多 50 卡路里；跑步者则正相反，她们挑挑拣拣，吃的比消耗的几乎少 200 卡路里。由此证明，跑步能有效地控制食欲，从而帮助跑步者控制体重。

29. 问：这项实验一共有多少人参与？

30. 问：根据实验，谁吃掉的热量更多？

31. 问：这项实验主要说明了什么？

32 ～ 35 题是根据下面一段话：

上小学时，我很淘气，很好动，成绩也不好。二年级的时候，有一次老师布置了许多数学作业。放学后，上四年级的姐姐为了能和我多玩儿一会儿，就帮我把作业都写好了。第二天交完作业以后，我一直不安地等着结果。熬到数学课，老师将作业本发到了每一位同学手里，就剩下我和另一位成绩很好的同学的没有发。当时我觉得肯定被老师发现了。于是，我低着头，紧张地等着老师的批评。出乎意料的是，老师当着全班同学的面，将我和那位同学的作业本展示出来，并且说："同学们，这是老师批改时遇到的最工整、最准确的两本作业，希望大家以后多向这两位同学学习！"然后说出了我和那位同学的名字。在同学们羡慕和怀疑的目光的注视下，我脸色通红，不知道该怎么办才好。下课后，老师单独将作业本交给我，意味深长地对我说："你是个聪明的孩子，老师希望以后你能够自己将作业完成得像今天这么好。"那天以后，每次写作业时，我都格外认真，再也没有让别人帮我写过。

32. 问：故事发生在什么时候？

33. 问：开始时老师为什么没有把作业本发给说话人？

34. 问：说话人为什么脸红了？

35. 问：下面哪一项最适合做这段话的标题？

听力理解考试到此结束。

模拟试题（二）

第 一 部 分

1. 男：你买这么多蜡烛干什么？最近要停电吗？

女：通知说下周要停电两天，不过这些是为朋友的生日聚会准备的。

问：女的为什么买蜡烛？

2. 男：小兰，你昨天没有来上班，经理很生气。

女：我昨天请假了，经理明明答应了的。

问：经理为什么生气？

3. 女：我想要一间带窗户的单人间，最好是朝南的。

男：没问题，这是您的房间钥匙，房号 1008。

问：对话最可能发生在哪里？

4. 男：糟糕，我忘记带学生证了。

女：没关系，上次我也忘记了，但是门卫也让我进去了。

问：说话人最可能是什么关系？

5. 男：你去报刊亭吗？我想去买最新一期的《读者》。

女：我准备一会儿去呢，上午我一直在图书馆学习。咱们一起去吧，顺便去一趟超市。

问：说话人一会儿要去哪儿？

6. 女：小王最近瘦了好多，他是在减肥吗？

男：他最近工作特别忙，累病了，所以就瘦了。

问：小王最近怎么了？

7. 男：这次竞赛三班拿了两个一等奖，二班拿了一个一等奖，你们一班更厉害，拿了五个一等奖。

女：你们四班也不错呀，虽然只拿了一个一等奖，但是获得了七个二等奖。

问：哪个班获得的一等奖最多？

8. 女：昨天看新闻说重庆发生地震了，是真的吗？

男：是真的，地震中心在四川，重庆、云南、贵州都发生了轻微地震。

问：地震中心在哪儿？

9. 女：小林今天要加班，他请你下午帮他接一下孩子。

男：没问题，我下午不忙。

问：男的是什么意思？

10. 女：你每天真是够忙的，上完班还要打羽毛球和乒乓球。

男：是挺忙的，回到家都没有时间做饭。

问：男的没时间干什么？

11. 女：我临时有急事，想早点儿走，能不能把后天的火车票改成今天出发的？

男：今天的火车票已经全部售完了，您要是着急只能退票后买飞机票了。

问：女的想做什么？

12. 男：今年的花样滑冰比赛真是太精彩了，你没看直播真是太可惜了。

女：我爸爸也这样说，不过他比你还激动，反复叮嘱我看重播。

问：女的的爸爸觉得比赛怎么样？

13. 女：小时候我一直想当一个舞蹈家，或者一个歌唱家，可惜都没当成。

男：你现在教小孩子唱歌跳舞，也算是实现了梦想。

问：女的最可能是做什么的？

14. 男：听说老杨的儿子考上了北京大学的研究生，他自己也当上了总经理。

女：这真是双喜临门，怪不得他上周请大家吃饭呢。

问：老杨为什么请大家吃饭？

15. 女：明明一向是个守时的学生，今天居然迟到了。

男：谁都会有意外的时候，说不定他家里发生了什么事情。

问：关于明明，我们知道什么？

第 二 部 分

16 ～ 17 题是根据下面一段对话：

女：小刚的风筝真好看，飞得也高。

男：不仅如此，他的风筝还不要钱。

女：不要钱？他自己做的吗？

男：这个是他爷爷做的。另外他的爸爸和叔叔也都会做。

女：真羡慕他呀，家里那么多人会做风筝。

男：他们家是专门做风筝的，当然都会做了。

女：这就不奇怪了。

16. 问：关于小刚的风筝，下面哪一项正确？

17. 问：听说小刚的家人会做风筝，女的是什么态度？

18 ～ 19 题是根据下面一段对话：

男：李老师的自然科学课简直太棒了。

女：你以前不是不喜欢这门课吗？

男：现在不一样了，李老师上课既生动又有趣，全班同学都喜欢。

女：除了上课生动有趣，你还喜欢他什么？

男：他知道很多关于太空的知识和故事，还有一个宇宙飞船的模型。

女：难怪你这么喜欢他，原来是因为你们都是太空迷呀。

男：只要你听过他的课，保证你也会喜欢上他。

女：我可不这么认为。

18. 问：关于李老师，下面哪一项**不正确**？

19. 问：男的对自然科学课是什么态度？

20 ～ 22 题是根据下面一段对话：

男：请问公园门票多少钱一张？

女：单次票 5 元一张，月票 30 元一张，年票 50 元一张，您要哪一种？

男：我是来这里旅游的，给我一张单次票吧。

女：你看起来还是学生，你要是有学生证的话可以打五折。

男：我的学生证忘带了。对了，还有哪些证件可以打折啊？

女：教师证、军官证也能打折。

男：导游证能打折吗？我虽然还不是导游，但刚刚考过了导游证。

女：有导游证可以免费进。

20. 问：月票价格是多少？

21. 问：男的买票会付多少钱？

22. 问：男的的职业是什么？

23～25 题是根据下面一段话：

在一家医院的病房里，一位病重的老太太从房间里看见窗外有一棵树，树上的叶子随着秋风一片片地掉落下来。老太太望着不断掉落的树叶，情绪很低落，身体也随之越来越差，一天不如一天。有一天，她对照看她的护士还有家人说："当树叶全部掉光时，我也就要死了。"这让大家都很担心。同在医院的另一位病人是个画家，他听护士说了老太太的事情后，便用彩笔画了一片绿色的树叶挂在了那棵树的树枝上。树叶画得非常真实，老太太没有发现是假的。她每天看着那一片始终没有掉下来的叶子，身体竟然渐渐好起来了。医院的医生和护士都特别惊讶。画家知道了老太太身体康复的消息后，高兴地说："是那片叶子给了她希望，是希望创造了奇迹。"

23. 问：故事发生在什么季节？

24. 问：是谁告诉了画家老太太的事情？

25. 问：对于老太太的康复，医生和护士是什么反应？

26～28 题是根据下面一段话：

一位大学教授带着他的学生来到一个贫穷的村子搞调查研究，其中有一个课题是对该村 200 名孩子的前途做预测，看看这些孩子的未来会怎么样。学生们都很认真地做了调查，不久报告都出来了，200 名孩子无一例外地被认定为"一无是处""无所作为""没有出息""非常糟糕"等等。

40 年后，老教授早已去世，他的继任者从档案里发现了这份报告，好奇心驱使他来到当年的村子做了第二次调查。他惊奇地发现：当年被调查的 200 名孩子中，除了 20 个已离开村子，没有任何消息以外，其余 180 个孩子大多数都取得了相当高的成就，他们之中不乏银行家、商人、大律师和优秀运动员。他们都说自己能取得今天的成就，最该感谢的是当年的一位小学教师，是她改变了他们的命运，因为她一直相信他们会成功并不断地鼓励他们。

26. 问：根据这段话，下面哪一项正确？

27. 问：第二次调查一共找到了多少人？

28. 问：是谁改变了当年被调查的孩子的命运？

29～31 题是根据下面一段话：

邓亚萍曾是中国乒乓球运动员，是曾经 18 次夺得奥运会、世界锦标赛、世界杯冠军的世界女子乒坛顶尖选手。1997 年退役后，她进入清华大学学习，并用 11 年的时间从小学二年级学历走到剑桥大学博士。在接受采访时，她表示，自信心和毅力是她学习路上的成功秘诀。

她回忆说，刚到清华大学外语系报到时，她一次写完 26 个英文字母都有困难。因为她从 5 岁开始进行乒乓球训练，10 多岁入选国家队，一直到 24 岁退役，几乎没有什么学习基础。但她并没有因此感到自卑，反而自信心满满。她说，与同学们相比，自己的学习基础是差很多，但十几年转战世界重大体育比赛的经历，让她拥有一般同学所没有的毅力。这样一比，大家又在一个起点上了，没有差别。她感叹说，学习其实也和参加比赛一样，高手之间的较量也是自信心的对决，关键时刻要看谁能有更多的忍耐力和更坚定的必胜决心。正是凭着强大的自信与毅力，她如期完成了学业，取得了傲人的成绩。

29. 问：邓亚萍一共获得过多少次世界冠军？

30. 问：邓亚萍学习路上的成功秘诀是什么？

31. 问：关于在清华大学学习时的邓亚萍，下面哪一项正确？

32 ～ 35 题是根据下面一段话：

“超级食物”一般指的是蕴含着各类维生素、矿物质以及其他对身体有益的物质的天然食物，可以理解为：纯天然，小身体，大能量。有几种超级食物大家不会陌生，比如蓝莓和三文鱼，都是大家非常喜欢的美食。总的来说，超级食物里是绝对不会出现甜食的，但有一个例外，那就是枫糖浆。

顾名思义，枫糖浆是从枫树汁中提炼出来的糖浆。在寒冷的季节，枫树在树干和根部储存大量淀粉，这些淀粉在春天被转化为糖类储存在树干汁液中。制糖人在枫树树干上凿洞，枫树汁便会沿着洞口流出。收集到的汁液经过加热，蒸发掉大部分水分后就成了枫糖浆，平均 40 千克的树汁才能提炼出 1 千克糖浆。枫糖浆看起来和蜂蜜很像，尝起来都很甜，但它的营养价值更高，口感也更好。

32. 问：下面哪一项**不属于**超级食物？

33. 问：下面哪一项**不是**超级食物的特征？

34. 问：制糖人如何收集枫树的汁液？

35. 问：这段话主要讲了什么？

听力理解考试到此结束。

第二单元　专项训练

一、听力理解

第 一 部 分

第一组练习

1. 男：你好，请问还有九点去北京的车票吗？
女：有的，先生，还剩最后一张。
问：对话最可能发生在哪里？

2. 男：不好好学习，又玩儿游戏！你怎么这么不听话呢？
女：我刚做完作业，休息一下还不行吗？
问：说话人最可能是什么关系？

3. 女：你喜欢喝奶茶还是咖啡？
男：都不太喜欢，我一般都喝果汁。
问：男的喜欢喝什么？

4. 男：不知道什么原因，我最近反复感冒。
女：这个天气很容易这样，但也不能不重视，你应该去医院全面检查一下身体。
问：女的是什么意思？

5. 男：听老师说，这次国家博物馆的画展特别棒。
女：是的，我也听说了，特别想去看看。
问：女的是什么心情？

6. 女：你别忘了我们今晚去看电影。
男：同事在办公室晕倒了，我刚把他送到医院，恐怕今晚去不了了。
问：男的现在在哪儿？

7. 男：银行八点才开门，我们先去吃点儿东西吧。
女：我已经在家里吃过早餐了，还是早点儿过去吧。
问：女的现在要做什么？

8. 女：你别着急，我再逛一会儿就过去了。
男：你别忘了，话剧七点可就开始了。
问：男的是什么意思？

9. 女：怎么这么早就睡觉了？你不是要看电影吗？
男：越看越没劲，这部电影太没意思了。
问：男的为什么不看电影了？

10. 女：马上就要放假了，你回家的车票买了吗？
男：我下周才回家，不急。
问：男的觉得现在买车票怎么样？

11. 女：我前天从图书馆借来的书你看完了吗？
男：看完了，不过昨天又被小丽借走了。
问：这本书现在在哪儿？

12. 男：听说她母亲好像得了癌症。
女：那可真不幸，她丈夫刚跟她离婚。
问：女的是什么心情？

13. 女：楼下新开的那家饭店就是空间太小了，其他方面还不错。
男：如果价格再便宜一些，客人应该会更多。
问：男的对这家饭店是什么看法？

14. 男：我给你介绍一下，这位是我的同班同学小明。
女：小明，你好。我在新年晚会上见过你。
问：根据对话，我们知道什么？

15. 女：你看见我的手机了吗？刚才还在桌子上呢。
男：不应该啊，我刚才也看到在桌子上呢，是白色的那个吧？
问：男的是什么语气？

第二组练习

1. 男：这位女士，你的邮编忘填了。
   女：好的，我贴完邮票马上就填。
   问：对话最可能发生在哪里？

2. 男：你是在跟我开玩笑吗？
   女：我会拿离婚这么大的事和你开玩笑吗？
   问：女的是什么意思？

3. 女：儿子都快高考了，你也不关心一下，还在这里看电视。
   男：考试毕竟是他自己的事情，我们做父母的干着急也没用。
   问：说话人最可能是什么关系？

4. 男：这位同学，请问一年级三班怎么走？
   女：沿着楼梯上楼，左转就到了。
   问：对话最可能发生在哪里？

5. 男：你怎么还在家？不是要和朋友出去玩儿吗？
   女：我们本来已经准备好了，结果刚出门就开始下雨了。
   问：女的为什么没出去玩儿？

6. 女：经理，我们这周是不是得开个会啊？
   男：是啊，最近一些部门的问题太多了。
   问：男的是什么意思？

7. 男：你身体好点儿了吗？
   女：好多了。医生说明天我就可以出院回家了。
   问：女的现在在哪儿？

8. 女：能不能快一点儿？大家都在等你。
   男：着什么急啊？不是三点才开始吗？
   问：男的是什么态度？

9. 女：好巧啊，没想到能在电影院遇见你。

男：我们公司与这里有合作，派我过来谈事情的。

问：男的为什么来电影院？

10. 女：你为什么又迟到了？

男：实在对不起，都是我的错，路上太堵了。

问：男的现在最希望女的怎么做？

11. 女：小明，能把你的钢笔借我用一下吗？我的被张丽拿走了。

男：可以，我的钢笔在李红那里，你直接去她那里拿吧。

问：女的能在谁那里拿到钢笔？

12. 男：你好，我的行李不超重吧？

女：请放心吧，您的行李距离我们规定的最大重量还差 10 公斤呢。

问：女的是什么意思？

13. 女：做他们的邻居可真倒霉，每天都这么吵闹。

男：是啊，不只吵架声音大，连听音乐和看电视都这样。

问：说话人对什么不满意？

14. 男：我决定后天就去买房。

女：就你那么点儿钱还想买房？

问：女的是什么意思？

15. 女：天气这么热，带这几瓶水不够吧？

男：背着太重了，山上应该有卖水的。

问：男的希望怎么做？

第二部分

第一组练习

16～17题是根据下面一段对话：

女：你怎么来了？今天你不是该休息吗？

男：我也想休息啊。可是小刘请假了，我只好来了。

女：小刘怎么又请假了？最近他请假次数可不少。

男：前几天是孩子住院。现在孩子出院没事了，他妻子身体又不好了。估计是前阵子照顾孩子累的。

女：小刘可真不容易啊。要不我们下了班去他家里看看吧，看看有没有能帮忙的。

男：好啊。我正打算下班后去呢。那咱们一起去吧。

16. 问：根据对话，我们知道什么？

17. 问：女的打算去干什么？

18～19题是根据下面一段对话：

男：今天的天气真好，我们去爬山吧。

女：你看天气预报了吗？今天好像有雨。

男：天气预报常常不太准，如果担心下雨我们可以带着雨伞。

女：我上个周末刚爬过山，今天我想游泳。

男：可以啊，我也好久没有游泳了，一起去吧。

女：太好了！你一般是在哪里游泳呢？

男：我和朋友常常去郊区的河里游泳，那里更宽阔，也更有趣。

女：在河里游泳太危险了，我们还是去游泳馆吧。

18. 问：女的今天想去干什么？

19. 问：女的觉得在河里游泳怎么样？

20～22题是根据下面一段对话：

男：您好，您现在在家吗？您的快递到了，麻烦来快递点取一下。

女：现在吗？我现在不在家，不方便取，你可以帮我放到小区的快递柜里吗？

男：快递柜已经满了，放不下。我帮您把快递放到小区门卫室吧，您回来后去那里取一下。

女：好的，谢谢。

男：您的快递有点儿多，我都给您送到门卫室吧。

女：真是太好了！请问有几个快递呢？

男：我看看。有一箱水果、一箱酸奶、一包书，还有一包好像是衣服。请尽快到门卫室取啊。

女：好的，我下班后马上就去拿。

20. 问：女的现在最可能在哪里？

21. 问：快递最终放在了哪里？

22. 问：女的一共有几个快递？

23 ～ 25 题是根据下面一段话：

一只狐狸不小心掉进了井里，不论它怎么挣扎都没法爬上去，只好待在那里。一只山羊口渴了，来到井边，看见狐狸在井里，就问它井水好不好喝。狐狸觉得机会来了，暗暗高兴，于是赞美说井水非常甘甜凉爽，好喝极了，劝山羊赶快下来，跟它一起喝水。

山羊一心想着喝水，听了狐狸的话，想都不想就跳了下去。等喝饱了水以后，它不得不跟狐狸一起商量上去的方法。狐狸早有准备，它说："我倒有个办法。你用前脚趴在井的墙壁上，再把角竖直了，我从你身上跳出井去，再把你拉上去，这样我们就都得救了。"

山羊同意了。狐狸跳到羊的后背上，再从羊角上用力一跳，跳出了井口。狐狸上去以后准备独自离开，山羊指责狐狸说话不算数。狐狸回过头来对山羊说："亲爱的朋友，你的头脑如果像你的胡子那样完美，你就不至于在想清楚怎么上来之前就跳下去了。"

23. 问：狐狸为什么在井里？

24. 问：山羊为什么跳进井里去？

25. 问：狐狸提出了什么建议？

26 ～ 28 题是根据下面一段话：

从前有一个人看上了别人家的一个大钟，就想弄到自己家里去。钟是用上等青铜做的，样子和图案都很漂亮，可是又大又重，怎么也挪不动。于是他想把钟砸碎，然后再搬回家。

他找来一把大锤子，但是砸钟的时候，发出了很大的声响。他想，这声音不就是告诉别人他在偷东西吗？他非常着急，身子一下子扑到了钟上，张开双臂想捂住钟声。可声音捂不住啊，钟声依然很大。

他越听越害怕，抽回双手，使劲地捂住耳朵，发现钟声变小了，几乎听不见了。他高兴极了，心想，这下好了，只要把耳朵捂住就听不到钟声了。于是他立刻找来两个布团，把耳朵塞住，然后就放手砸起钟来。一下一下又一下，响亮的钟声传到了很远的地方。人们听到钟声，一起跑过来把他抓住了。

26. 问：这个人想干什么？

27. 问：这个人想怎么拿走钟？

28. 问：关于这个人，我们知道什么？

29 ～ 31 题是根据下面一段话：

很多人都以为自己晒黑了甚至皮肤晒伤了都是紫外线照射的原因，因为紫外线中的中波紫外线和长波紫外线不但会把人晒伤，还会把人晒黑。但是医生从专业的角度指出，晒黑晒伤除了紫外线的原因以外，还有一个常常被人忽视的原因，那就是在这段时间吃了较多的光敏性食物，或者服用了光敏性药物。

光敏性食物和药物主要是指含有光敏物质的食物和药物，因为它们容易引起日光性皮炎，所以被称作光敏性食物、光敏性药物。人们吃了一定量的光敏性食物或服用了光敏性药物后，经过人体的消化吸收，其中含有的光敏性物质会进入皮肤，如果这个时候正好又接受了强烈的紫外线照射，比起没有吃光敏性食物和药物的人来说，就可能会出现这两个后果：晒得更黑和伤得更重。

夏天除了要做好防晒以外，还要注意光敏性食物的摄入，比如杧果、柠檬和小龙虾，不建议白天食用，但是晚上可以。

29. 问：什么会把人们晒黑晒伤？

30. 问：皮肤晒黑晒伤被忽视的另一个原因是什么？

31. 问：关于预防晒黑晒伤，下面哪种做法**不对**？

32 ～ 35 题是根据下面一段话：

支付宝是阿里巴巴旗下的支付工具，由阿里巴巴集团总裁马云在 2004 年 12 月创立，是中国国内领先的第三方支付平台。支付宝是以个人为中心，以实名和信任为基础的一站式场景平台。支付宝不仅支持线上消费支付，也通过扫码支付的形式拓展了线下支付服务，涵盖了餐饮、超市、便利店、出租车、公共交通等许多领域。同时，支付宝也大力拓展海外业务，还在国内金融领域有所作为，如为余额宝、基金等理财产品提供支付服务。

支付宝最初只是淘宝网为了解决网络交易安全问题而设的一个功能，该功能首先使用了“第三方担保交易模式”，由买家将货款打到支付宝账户，再由支付宝通知卖家发货，买家收到商品确认后指令支付宝将货款付给卖家，至此，完成一笔网络交易。

支付宝为电子商务各个领域的用户创造了丰富的价值，成为全球领先的第三方支付公司之一。目前支付宝全球注册用户已经达到 12 亿多，日交易笔数约 6 亿。

32. 问：支付宝是什么时候创立的？

33. 问：支付宝以什么为中心？

34. 问：支付宝最初的目的是什么？

35. 问：这段话的主要内容是什么？

第二组练习

16～17 题是根据下面一段对话：

女：你晚上在家一般是看电视还是上网？

男：主要还是看电视，有时也上会儿网。

女：最近有没有好看的电视剧？给我推荐一下吧。

男：我都是看一些新闻和体育节目。我女儿倒是爱看电视剧。

女：你女儿不是高三了吗？还有时间看电视？

男：高考已经结束了啊。她现在在家没事干，就等着出成绩了。

女：哦，我都过糊涂了。她考得怎么样？以她的成绩，上个 985 大学应该没问题吧？

男：她自己感觉还不错，具体怎么样，还得等分数出来才知道。

16. 问：女的想做什么？

17. 问：关于男的，我们知道什么？

18～19 题是根据下面一段对话：

男：你好，我住在你家楼下。你们家昨天晚上有人弹钢琴吗？以后晚上十点以后能不能不弹了？太晚了，影响休息。

女：没有啊，昨天晚上我们没有弹钢琴，我九点半就睡了。

男：昨天晚上十一点你家还亮着灯呢。

女：那个房间是我女儿的，她一般十一点半才睡觉。

男：那你可以请她晚上不要弹钢琴吗？

女：绝不可能是她弹钢琴！她每天作业都写到很晚，哪有时间弹钢琴啊？她只是周末有时候会弹一会儿。

男：好吧，不好意思，打扰了。那你知道这一层还有谁家有钢琴吗？

女：不好意思，我们才来一个月左右，对这边不了解。

18. 问：女的的女儿昨晚可能几点睡的觉？

19. 问：说话人最可能是什么关系？

20～22 题是根据下面一段对话：

男：莉莉，我听说你报了一个书法培训班，是真的吗？

女：是的，我很喜欢软笔书法，所以想好好学一学。

男：我也很想学书法，每周一节书法课实在太少了，但是我不知道哪里有好的书法培训班，你是在网上学习吗？

女：不是的，我是在线下学习的，书法老师面对面教学。

男：太好了，看视频学习书法太难了，还是面对面教学好。你的书法班在哪里呢？离学校远吗？

女：不远，就在学校外面，从这里骑自行车过去大概 5 分钟，走路大概 15 分钟。

男：那很近啊。你们已经开始学习了吗？我也想去看看，如果合适我也报名学习。

女：下周一开始第一节课，你可以跟我一起去看看。

20. 问：走路去书法培训班需要多长时间？

21. 问：关于女的，我们知道什么？

22. 问：关于男的，我们知道什么？

23 ～ 25 题是根据下面一段话：

《老人与海》讲述了一个发生在 20 世纪中期的小故事。主人公是一位年龄很大的老渔夫。他已经连续 84 天没有钓到一条鱼，快要饿死了。但他仍然不肯放弃，不肯认输，反而充满着奋斗的精神，终于在第 85 天钓到一条身长 18 尺、体重 1500 磅的大马林鱼。大鱼拖着船往大海深处走，但老人拉着不放。船上没有水，没有食物，没有武器，没有人帮助他，他的手也受了伤，但他仍然不放弃。经过两天两夜，他终于杀死了大鱼，把它捆在船边，然后返回。这时很多小鲨鱼过来吃大马林鱼。他杀死了所有的鲨鱼，但是大鱼也被鲨鱼们吃光了，最终老人只拖回一副鱼骨头。他累极了，回到家后躺在床上睡着了，他梦见自己把那条大鱼拖回了家。

23. 问：《老人与海》是哪个时期的故事？

24. 问：老人钓到了一条什么鱼？

25. 问：老人梦见了什么？

26 ～ 28 题是根据下面一段话：

你有没有过这样的情况：每天起床都忍不住想多赖一会儿，快迟到了才匆忙出门；上午就能写完的作业，总是不想写，快交的时候才能写完；自己有很多要完成的事情，却要等一等，慢慢地时间过去了，又有其他的事情，最后就不做了。其实这些就是拖延。

这世上所有容易的事情中，拖延最容易最简单。任何事情只要你不马上去做，总会找到各种拖延的理由。如果常常拖延，人就会变懒，就会养成这种不好的习惯。它会给人带来暂时的轻松快乐，却能毁掉一个人的毅力和意志。一旦开始拖延，就会陷入不想工作、不想学习、不想前进的状态。有的人假装很努力很认真，经常告诉别人自己的计划，向别人展示自己的努力，结果却很糟糕，就是因为拖延到最后什么都没做好。

我们要努力做到今日事今日做。拒绝拖延，做一个自律的人。

26. 问：什么是拖延？

27. 问：下面哪一项**不是**拖延？

28. 问：根据这段话，我们知道什么？

29 ～ 31 题是根据下面一段话：

大禹是黄帝的后代，是我国古代最有名的治水英雄。他生活的时代发生了大洪水，使人们失去了房子、食物和家园，因此人们开始治理洪水。

第一个治水的人是大禹的父亲，但是他治水治了 9 年，洪水还是很大很凶。他死了以后，他的儿子大禹继续治水。大禹是一个特别善良而且聪明能干的人，他下定决心一定要治好水，让大家过上安定的生活。

他带领人们疏通河道，引导着洪水向东流入大海。治水的任务非常艰巨，为了早一天治好洪水，大禹一刻也不敢耽误。他在治水过程中有三次路过家门都没有回家，有一次听见了自己孩子的哭声他也忍着没有回去。大禹治水一共花了 13 年的时间，后来河道畅通，没有了洪水，人们过上了幸福的生活。大禹也被后人尊称为“禹神”。

29. 问：大禹治水一共用了多少年？

30. 问：大禹向哪个方向疏通河流，使洪水流入大海？

31. 问：这段话主要讲了什么？

32 ～ 35 题是根据下面一段话：

女孩子都很爱美，喜欢好的护肤品牌，尤其是随着年龄的增长和收入的增加，喜欢的护肤品就越来越好，也会越来越贵。商场里那些专柜的护肤品，不打折的时候特别贵，对于普通的学生和上班族来说，真的是太贵了，他们消费不起。

随着社会的发展，出国也越来越方便了，很多人就有了一个新的工作——代购。代购是什么意思呢？就是代替你在国外、境外或者便宜的地方购买你需要的商品。代购的商品一般会比商场里便宜，因此深受年轻人的喜爱。最初代购的商品主要来自香港。香港有很多商品物美价廉。比如一支迪奥的口红，在商场里卖 400 元，代购可能只需要 288 元。最开始做代购的主要是爱旅游的人，他们出去旅游，顺便帮忙买东西回来，再收取一定的费用。但是现在做代购的人越来越多了，各行各业的人都有。代购的商品也不只是来自中国香港了，日本、韩国、法国的商品很受女孩子们喜欢，夸张地说，就是只要人能去的地方就有代购。代购的商品价格虽然很便宜，但有的时候质量也有问题，我们一定要注意。另外，特别要注意，代购不能违反国家相关法律规定，代购商品的数量和金额不能超出国家允许的数额。

32. 问：最初代购的商品主要来自哪里？

33. 问：代购的迪奥口红可能多少钱一支？

34. 问：现在代购的商品来自哪里？

35. 问：根据这段话，我们知道什么？

第三单元　提速训练

第一组练习

第 一 部 分

1. 男：你好，请问教育类的书在哪里？
   女：沿着这排书架直走，走到头左转第二排书架。
   问：对话最可能发生在哪里？

2. 男：我们出去散步吧。
   女：今天时间太晚了，明天晚上再去吧。
   问：女的想什么时候去散步？

3. 女：我们明天上午十点出发怎么样？
   男：明天有暴雨，我们还是提前一小时吧。
   问：男的是什么意思？

4. 男：老师刚才说了什么？
   女：我也没听清，下了课我去问问老师。
   问：说话人最可能是什么关系？

5. 男：昨天开会你去了吗？
   女：去了。很多专家的水平很高，我深受启发。
   问：女的觉得昨天的会怎么样？

6. 女：你暑假有什么打算？
   男：我准备去北京旅游。8月中旬出发，月底回来。
   问：男的计划在北京待多长时间？

7. 男：你现在还每周末都要去上小提琴课吗？

女：我们现在都是通过网络学习，不用去教室了。

问：关于女的，我们知道什么？

8. 女：你怎么还没出门？今天不会又不陪我去跳舞了吧？

男：怎么可能呢，等我两分钟。

问：男的是什么意思？

9. 女：不好意思，您还得再等几分钟。

男：你们怎么搞的？定好的时间说变就变！

问：男的是什么语气？

10. 女：你和广告公司的人谈得怎么样？

男：不太乐观，不知道还有没有其他办法能和平解决。

问：男的是什么意思？

11. 女：小李能力不错，但很爱发脾气。

男：谁还没有点儿缺点？我们现在就缺小李这样有能力的人。

问：男的认为小李怎么样？

12. 男：你最近睡眠质量怎么样？

女：还是睡不好，半夜总是醒。我正准备下午去医院检查一下。

问：关于女的，我们知道什么？

13. 女：你的手表找到了吗？

男：还没有，但我一定会找到它的。

问：男的对找手表是什么态度？

14. 男：我们公司需要有一定工作经验的人，不过我看你的简历，之前好像并没有从事过媒体行业？

女：是的，但是我大学学过相关的专业，并且有过一段实习经历。

问：女的现在正在做什么？

15. 女：我刚才遇见你妻子了，她是来给你送午饭的吧？真羡慕啊。

男：她刚才去邮局寄信了，只是路过这里而已，一会儿还要去市场，每天忙得很。

问：男的的妻子等一会儿要做什么？

第 二 部 分

16 ～ 17 题是根据下面一段对话：

女：最近有一部很火的电视剧你看了吗？

男：你说的是《小娘惹》吗？

女：不是，是秦昊和三个小朋友主演的电视剧《隐秘的角落》。

男：哦，我知道，这个电视剧很多人都在看，我也想看，但是不知道在哪里看呢？

女：需要在网络上观看。

男：一共多少集？我最近比较忙，集数太多的话我就不看了。

女：不多，只有 12 集，很好看的，你去看看吧。

16. 问：电视剧《隐秘的角落》中有几个主演？

17. 问：关于电视剧《隐秘的角落》，我们知道什么？

18 ～ 19 题是根据下面一段对话：

男：老板，你好，可以为我们送一桶水吗？

女：好的。请问你要什么价格的水？

男：都有什么价格的呢？

女：有 12 元、15 元、20 元的。

男：那给我们送两桶 15 元的吧。

女：好的。麻烦你把地址告诉我一下。

男：八一小区 1 栋 3 单元 516。

女：好的，两个小时内送到。

18. 问：男的买了哪个价位的水？

19. 问：假设现在是下午一点，水大概几点之前会送到？

20 ～ 22 题是根据下面一段对话：

男：你好，我在网上预订了你们酒店的房间。

女：好的。请出示一下您的身份证。

男：请给我安排一间安静的房间，我明天有很重要的事情，需要好好休息。

女：好的。给您安排酒店内侧，距离公路较远。

男：请问早上提供早餐吗？

女：早上七点半至九点，酒店二楼餐厅提供免费早餐，午餐和晚餐可以电话或者网上订购，我们会给您送到房间。

男：好的，谢谢。请问退房的时间是几点？

女：会员退房时间是下午两点，非会员是中午十二点。您的房间已经开好了，这是您的房卡，请拿好。

20. 问：男的想住什么样的房间？

21. 问：下面哪个时间可以吃到酒店的早餐？

22. 问：关于酒店，我们知道什么？

23 ～ 25 题是根据下面一段话：

传说在秦朝的时候，有一个女子叫孟姜女，她的丈夫在北方修长城，她非常想念丈夫，于是就独自去看望他。她走了大概有几千里，终于来到了长城脚下。但是到的时候天已经黑了，城门已经关了，她没有办法进城。孟姜女非常着急，晚上怎么也睡不着觉，于是她就爬到了一座叫凤凰山的山上，站在一块大石头上看远处的长城，但是天已经黑了，哪里看得见呢？她急得在这大石上走来走去，希望天快点儿亮，她好早点儿进城与自己的丈夫团聚。不想一夜之间，她来回走动的足迹深深地印在了石头上，于是后人便把这块大石头称作望夫石。

现在孟姜女庙的后殿就有一块石头，上面有很多坑，传说就是孟姜女登石望夫留下的脚印。石头上还刻有三个大字——“望夫石”，代表坚贞不渝的爱情。

23. 问：孟姜女要去哪里？

24. 问：孟姜女在望夫石上时的心情是怎样的？

25. 问：这个故事主要想表达什么？

26 ～ 28 题是根据下面一段话：

银行里有一台取款机，邻近小区的居民常来取款，有一位抱着小宝宝的年轻母亲吸引了银行工作人员的注意。

宝宝大概一岁多，在母亲怀里也不老实，小手伸出去，把机子拍得“砰砰”直响。母亲怕宝宝把机子敲坏了，便将他放到地上。操作完了，低头一看，宝宝早摇摇晃晃地走出了好几步远。年轻母亲赶紧追上去，一把抱起宝宝才匆匆跑回来。而此时，取款机早已吐出了钱，在出币口搁了好一会儿了。

银行里向来人多手杂，工作人员好心地提醒年轻母亲：“你最好先把钱收好再抱孩子，万一有人把你的钱抓了就跑，该怎么办？”

年轻母亲连声道歉：“对不起，家里没人，我不能把宝宝一个人丢在家里，只好带过来了，我也是怕宝宝摔倒……”

工作人员笑着说：“只一两分钟时间，宝宝出事的可能性只怕还比不上钱被抢的万分之一呢。”

年轻母亲将宝宝的小脸在自己脸上轻轻一贴，柔声说：“可是对我来说，宝宝比钱重要千万倍呀！”

26. 问：年轻母亲带着宝宝出去做什么？

27. 问：银行工作人员给了年轻母亲什么建议？

28. 问：根据这段话，我们知道什么？

29 ～ 31 题是根据下面一段话：

这里是信息发布平台，目前有两条工作信息：一个是招聘全职教师，另一个是招聘兼职的发传单人员。

北京东方未来少儿学校需要全职语文老师 2 人，要求是师范类专业毕业，刚毕业的和已经工作过的都可以，要有教师资格证。普通话标准，达到二级甲等水平。喜欢小朋友，有爱心、耐心和责任心。有工作经验的优先录取。每周工作五天，周六和周日休息。基本工资为每月 2500 ～ 3500 元，每上一节课另有 40 ～ 60 元的课时费。

四川成都招聘发宣传单兼职人员，具体工作为把宣传单发给带着小孩儿的家长，向家长介绍免费的试听课并获取家长的基本信息，如电话、姓名、孩子的年级和成绩等。工作时间是下午四点到晚上八点，工作时间不可以吃饭。发宣传单的地点主要是在武侯区内，可以选择游乐场内、地铁口和小区周边。要求兼职人员年龄在 18 岁以上，最好是在校大学生。

29. 问：东方未来少儿学校在哪里？

30. 问：关于东方未来少儿学校的招聘信息，我们知道什么？

31. 问：关于四川成都的招聘信息，我们知道什么？

32 ～ 35 题是根据下面一段话：

这天他们公司有一个重要的会议，他在会议上的表现关系到他能否成为部门经理，他盼着这一天已经很久了，所以绝对不能迟到。但是可能他最近太累了，没有听到闹钟响，等他醒来时，已经快八点了。他收拾好以后赶紧出门。这时候是上班高峰期，出租车也不好打，等他终于拦下一辆出租车时，已经八点一刻了，最糟糕的是还有二十分钟会议就要开始了。匆忙上车后，他便对司机说："我很赶时间，拜托你走最短的路。"司机问道："先生，是走最短的路，还是走最快的路？"他好奇地问："最短的路不是最快的吗？""当然不是。现在正是上班时间，最短的路交通很拥挤。你要是赶时间的话便得绕道走，虽然多走一点儿路，却是最快的方法。"听了司机的话，他选择了走最快的路，最后果然赶上了会议。会议进行得很顺利，他如愿当上了部门经理。

32. 问：他为什么这么赶时间？

33. 问：会议什么时候开始？

34. 问：他为什么开会不能迟到？

35. 问：根据这段话，我们知道什么？

第二组练习

第 一 部 分

1. 男：你准备哪天回家？

女：本来打算 6 号回去，但现在有事又耽误了一天。

问：女的哪天回家？

2. 男：你的感冒怎么样了？

女：好多了，多亏了你给我买的药。

问：女的认为药怎么样？

3. 女：大夫，请问我还需要继续服药吗？

男：你的病已经全好了，平时注意休息就可以了。

问：对话最可能发生在哪里？

4. 男：我们去哪儿吃饭？还是老地方吗？

女：听说附近新开了一家饭馆，我们去那里试试吧。

问：女的建议去哪里吃饭？

5. 男：除了游泳以外，你还喜欢什么运动？

女：我偶尔跑步和打羽毛球，但我最喜欢的运动还是打乒乓球。

问：女的最喜欢什么运动？

6. 女：这么晚了，早点儿休息吧。

男：我也很困，但这个作业明天一早就要交，写不完不能睡。

问：男的现在在做什么？

7. 男：你看见我的雨伞了吗？

女：你不是前天借给小明了吗？

问：雨伞在哪儿？

8. 女：昨天晚上的比赛哪个队赢了？

男：我也不知道。上海队没进决赛，我就没兴趣关注了。

问：男的对昨晚的比赛是什么态度？

9. 女：你太客气了，每次过节都来给我们送礼物。

男：应该的，大家楼上楼下的，而且我每次出差，我家的狗也多亏你们帮忙照顾。

问：说话人最可能是什么关系？

10. 女：出去走走吧，在家太没意思了。

男：我也想出去，但今天空气质量太差了，还是在家看电视吧。

问：男的为什么不出去？

11. 女：我刚才在门口遇见小刘了。

男：这里出了这么大的新闻，他是来报道的吧。

问：小刘的职业最可能是什么？

12. 男：听说你下周要去北京开会，机票订好了吗？

女：最近天气不好，飞机总是晚点，火车票也紧张，不好订，我准备自己开车过去。

问：女的准备怎么去北京？

13. 女：没想到你还记得我的生日。

男：你的生日正好是中秋节，比较好记。而且我妈妈的生日只比你晚一天。

问：男的妈妈的生日是哪天？

14. 男：祝贺你学习成绩又进步了。

女：虽然数学和语文进步挺大的，但物理没有变化，而且化学退步了。

问：女的哪科学习成绩下降了？

15. 女：请问您对我们公司有什么不满意的吗？

男：你们产品的质量和公司的服务都很好，就是产品价格有些高。

问：男的对女的的公司哪里不满意？

第 二 部 分

16 ～ 17 题是根据下面一段对话：

女：暑假马上就要到了，你要回家还是有什么其他的安排？

男：这个暑假我不回家，我要去云南。

女：去云南？太好了，云南是一个很美丽很浪漫的地方，我也很想去。你是去旅游吗？

男：我报名去一个山村小学支教一个月，被录用了。我本来就是学习师范专业的，将来也想当老师，这也算提前找找工作的感觉，而且支教非常有意义。

女：支教都是做哪些工作？

男：因为暑期时间比较短，所以我们不会上语文、数学等主课，我们主要是给孩子们开辟第二课堂，目的不是传授知识，而是教他们学习的方法，激发他们的学习兴趣，让这些山里的孩子知道外面世界的丰富和精彩，从而更加努力地学习。

女：哇，真的很有意义啊。以后有机会我也去。

16. 问：男的暑假要去干什么？

17. 问：男的去云南主要做什么？

18 ～ 19 题是根据下面一段对话：

男：高红，都这么晚了，你要去哪里啊？

女：小敏今天在时代广场那边做兼职，10 点下班，我去接她一下。

男：这么晚了，你一个人出校不太安全，正好我也要出去，我和你一起去吧。

女：好的，真的太感谢你了。这么晚了，你要去干什么呢？

男：我去学校门口拿快递。小敏在做什么兼职？下班时间这么晚。

女：她在健身房做兼职教练，今天有个学员推迟了健身时间，所以下班要晚一点儿。

男：小敏居然是健身教练？一点儿都看不出来，她看起来很瘦啊。

女：她坚持健身有 5 年了，看起来很瘦，但她全是肌肉，特别健康。

18. 问：女的这么晚出去干什么？

19. 问：这段对话最可能发生在哪里？

20 ～ 22 题是根据下面一段对话：

男：你看新闻了吗？有一辆公交车冲进了河里。

女：真的吗？我今天还没看新闻呢。有人受伤吗？

男：听说车上一共有 37 个乘客，1 个司机，大部分人都受伤了。

女：他们伤得严重吗？

男：有5个人比较严重，现在还在医院治疗，其中还有两个是学生。

女：其他人呢？希望他们全都没有生命危险。

男：其他人都已经安全回家了。幸亏河水很浅，司机经验也很丰富。

女：没有人死亡真是太好了，希望他们都能脱离危险，早日出院。

20. 问：公交车上一共有多少人？

21. 问：现在有多少人还在医院治疗？

22. 问：根据对话，我们知道什么？

23～25题是根据下面一段话：

有一句话是这样说的："每一个成功的人，都是在不断的学习中获得成就的。"我们每一个人都要认真地学习，一步一步地朝着目标前行，相信我们总会成功的。有一个小故事是这样说的：主人公15岁的时候觉得游泳很难，就放弃了学游泳，到了18岁的时候，遇到一个自己喜欢的人邀请他去游泳，他只好说"不会"，放弃了和喜欢的人一起游泳。18岁的时候，他觉得英语很难，就放弃了学英语，28岁时出现了一个需要英语的工作，他还是只能说"不会"，放弃了这个很好的工作。

我们现在学的东西，一定会在将来的某个时间用得上，一定会使我们的生活越来越好，越来越幸运和幸福。不管是小学生、中学生、大学生，还是已经工作的人，都要一直学习，活到老，学到老。学生要认真上课，还要学习课外知识，不断地尝试新鲜的事物；工作人员要不断地学习工作的技术和技能，让自己的工作更出色。不论在什么样的年龄都要好好学习，这样的人生才会很有趣。

23. 问：什么人应该学习？

24. 问：这段话提到的小故事告诉我们什么？

25. 问：根据这段话，下面哪一项**不正确**？

26～28题是根据下面一段话：

今年是2020年，转眼间距离汶川"5·12"大地震已经12年了。地震的那个夏天，我还是一名小学生，当时我们全班在操场上上体育课，作为一名河南的学生，大地震时我根本感觉不到。后来，学校的老师告诉我们四川的汶川发生了大地震，那时我才知道。四川的通信中断了，我们没有办法和四川的亲戚联系。我们也很紧张，害怕会有地震，那几天妈妈每天一早就把我和弟弟叫醒，我们隔壁的几个小孩子和我弟弟都睡在邻居家的车里。虽然四川汶川离我们家很远，但是生命很脆弱，只有一次。

地震发生以后，我们捐了很多钱和东西给汶川，虽然我只是一个小学生，但是我把所有的零花钱，大概有100元，全都捐给了灾区，希望能对他们有所帮助。很多英雄去了汶川，救了很多人；但是也有很多人在地震中失去了生命。我的丈夫就是汶川人，在地震中他的老师为了保护他不幸去世了。他非常感动，也很难过，他说感谢老师最好的方式就是认真学习，做一个对社会有用的人。他现在是一名军人，我为他感到骄傲和自豪。

26. 问："5・12"大地震是哪一年？

27. 问："5・12"大地震发生在哪个省？

28. 问：根据这段话，我们知道什么？

29 ～ 31 题是根据下面一段话：

百香果有两种，一种是紫色百香果，一种是黄金百香果。紫色的百香果有点儿酸，我们喝的百香果汁大部分都是紫色百香果制成的；黄金百香果是青色的，成熟以后变成黄色，味道甜甜的，不加白糖、蜂蜜也可以吃，而且黄金百香果的汁水也很多。很多人喜欢喝百香果汁，因为它可以美白。常温下百香果不能全封闭保存，那样容易变坏。可以把百香果放在冰箱里保鲜，这样可以存放一周左右。把百香果放在房间里通风的地方，时间久了，它的皮会越来越不好看，但是味道会越来越好。还可以把百香果的肉取出来，放在冰箱里冷冻起来，这样可以存放三个月。

现在超市里两个百香果就卖 12 元，而我的小店 50 元可以买 5 斤。赶快来购买吧。

29. 问：黄金百香果是什么味道？

30. 问：百香果肉在冰箱里冷冻可以保存多久？

31. 问：根据这段话，我们知道什么？

32 ～ 35 题是根据下面一段话：

2018 年初中央电视台播出了《如果国宝会说话》，第一季就得到了很高的评价，评分高达 9.4 分。每季共有 25 集，每集 5 分钟左右，也就是说你吃一份泡面的时间就可以看一集。现在已经播放到了第三季。

其中有一个国宝的故事很有趣。那一集叫《胖妹的春天》，从名字就知道，一定是关于胖胖的女生的。很多人都以为唐朝以胖为美，胖胖的女生都希望自己可以生活在唐朝。其实只有唐朝后期的女孩子才是胖胖的，之前的女孩子也不胖。

唐朝的女孩子很自由，可以做自己想做的事情：可以穿男孩子的衣服，把自己打扮成一个男的；可以和男孩子们一起玩儿球；可以自由恋爱。这些在中国古代其他朝代都是不允许的。《胖妹的春天》其实是说唐朝女生有很多的选择。

32. 问：《如果国宝会说话》第一季是哪一年播出的？

33. 问：《如果国宝会说话》每季大概有多长时间？

34. 问：唐朝的女孩子**不可以**做什么？

35. 问：关于《胖妹的春天》，我们知道什么？

第三组练习

第 一 部 分

1. 男：你参加明天的比赛吗？
   女：以我的能力，还是别去丢人了。
   问：女的是什么意思？

2. 男：你好，请问还有土豆吗？
   女：不好意思，已经卖完了。
   问：对话最可能发生在哪里？

3. 女：今天实在是太热了。
   男：这也叫热？你没去过重庆吧？在那里汗都不会停。
   问：男的认为重庆天气怎么样？

4. 男：这本书我能再晚两天还给你吗？
   女：没关系，我也不着急用。
   问：女的是什么意思？

5. 男：慢一点儿走，路越来越陡了。
   女：是的，快到山顶了，我们更要小心一些。
   问：说话人正在做什么？

6. 女：听说你前一段时间去草原玩儿了？
   男：是啊。在那儿待了一星期，要不是经理催我，我都不想回来了。
   问：男的觉得草原怎么样？

7. 男：今天晚上的聚会不会再变了吧？
   女：时间地点都确定好了，怎么可能再变呢？
   问：女的是什么意思？

8. 女：你对上海的什么最感兴趣？
   男：这里的美食和风景都很吸引我，但我最感兴趣的还是这里的文化。
   问：男的对上海的什么最感兴趣？

9. 女：听说小明这次考试又没及格。
   男：谁让他经常逃课呢。我都已经批评过他多少次了。
   问：男的认为小明为什么考试不及格？

10. 女：真倒霉，今天早晨上班又迟到了。
   男：你没吃早饭就出门了，怎么还会迟到呢？
   问：男的是什么语气？

11. 女：你们店有什么特色菜？
   男：我们店有很多特色菜，最出名的是红烧鲤鱼。
   问：男的最可能是做什么的？

12. 男：祝贺你这么快就拿到驾驶证了。
   女：虽然拿到了驾驶证，但我现在还是不敢自己开车。
   问：女的是什么意思？

13. 女：这件衣服挺漂亮，看着质量也不错，价格还便宜，可惜我的钱不够了。
   男：我这里有钱，先借给你吧。
   问：女的认为这件衣服怎么样？

14. 男：小明，你怎么能撒谎呢？做错了事要勇于承担责任。
   女：你爸爸说得对，知错能改，你还是我们的好儿子。
   问：说话人最可能是什么关系？

15. 女：真没想到小刘下个月就要调到市里去当处长了。
   男：他平时办事踏实认真，这样的人不上又该谁上呢？早就该这样了。
   问：男的对小刘当处长是什么态度？

第 二 部 分

16 ～ 17 题是根据下面一段对话：

女：你好，请问这里是红旗中学吗？我是过来面试的。

男：是的。你是参加数学老师面试还是英语老师面试？

女：语文老师面试。

男：好的。麻烦你在这边登记一下你的个人基本信息，包括姓名、电话和身份证号码等。

女：请问面试地点怎么走？

男：去对面红色的楼 5 楼 517 找严老师。

女：好的，谢谢。

16. 问：女的来参加什么面试？

17. 问：哪一项信息**不需要**登记？

18 ～ 19 题是根据下面一段对话：

男：你好，请问你这火龙果和西瓜怎么卖？

女：红心的火龙果 10 元一斤，白心的 6 元一斤，西瓜 5 元一斤。

男：一个大概多重呢？这个看起来挺大的。

女：一个火龙果差不多 1 斤，一个西瓜 3 斤左右。

男：好的，给我拿两个红心火龙果吧。

女：其他还有需要的吗？

男：那再给我拿两个白心火龙果吧。

女：好的，我给你装一起吧。

18. 问：红心火龙果多少钱一斤？

19. 问：男的买了什么水果？

20 ～ 22 题是根据下面一段对话：

男：视频里的女孩子看起来好像你啊，是你吗？

女：这个是我的妹妹，她在参加比赛。

男：真的吗？她参加的什么比赛呀？

女：2020 年《中国好声音》成都赛区的初赛。

男：是周杰伦做评委的那个唱歌比赛吗？

女：是的，就是那个。

男：你妹妹唱得太好听了，和邓丽君唱得一模一样，我最喜欢邓丽君的歌了。

女：她目前排名第二，成绩还是挺不错的。她很喜欢周杰伦，特别希望能加入他的队伍。

20. 问：视频中的女孩子是谁？

21. 问：视频中的女孩子参加的是哪个地区的比赛？

22. 问：关于视频中的女孩子，我们知道什么？

23 ～ 25 题是根据下面一段话：

每年的农历八月十五是我国的中秋节，中秋节是一个团聚的日子，这一天人们会一起庆祝这个节日。我忘不了去年的中秋节，那是我第一个不在家过的中秋节。去年我考上了大学，开学不久就到了中秋节，我们班所有的同学都没有回家，一起在学校举办了中秋晚会，以此来庆祝大家从不同的地方聚集到一起组成一个班级。晚会上，我们尽情地展示我们的热情。我给同学们表演了我们家乡特有的舞蹈，同学们都很喜欢，给了我很多掌声和鲜花。

两个小时以后，我们去了学校的操场。中秋的月亮又大又圆，我们一起赏月，一起吃月饼，一起玩儿扑克牌，朗诵了很多与中秋有关的诗句。那一晚我过得很充实，虽然离开了家乡，但是有同学们的陪伴，并不觉得孤独。非常感谢我的大学同学，给了我一个特别美好又有趣的节日记忆。

23. 问：中秋节是哪一天？

24. 问：去年的中秋节说话人在哪里？

25. 问：下面哪一项是去年中秋节说话人跟同学做的事？

26 ～ 28 题是根据下面一段话：

今天给大家介绍一个非常优秀的男演员，他的电视剧都非常好看。他年少成名，14 岁就做了主持人。他 19 岁以全市第 2 名的成绩考上了大学，23 岁毕业，成了大家都知道且喜欢的男演员。但是，24 岁的时候他发生了意外，在车祸中他的眼睛受了很严重的伤，接近失明。之后的一段时间他很难过，也很自卑，不知道怎么面对。后来他终于战胜自我，接受了这个事实，努力配合医生进行治疗，并且开始专心地学习怎么拍电影。因为他很久没有再在电视上出现过，人们也逐渐忘记了他，就在这个时候他带着他的新作品走进了观众的视野。人们发现他不但演技更加精进了，而且愈发增加了成熟的魅力。

在生活中，我们也总会遇见很多问题，我们也应该学会面对问题，并不断地让自己变得更好。

26. 问：这个男演员多少岁考上了大学？

27. 问：在车祸中，这个男演员哪里受了重伤？

28. 问：这个故事主要告诉了我们什么？

29 ～ 31 题是根据下面一段话：

中国有很多的老年人，他们的生活非常有意思。我今天要给你们说一下我的外婆和奶奶。我的外婆和我的舅舅生活在一起，他们住在乡下。我的外婆已经 70 多岁，快 80 岁了，但是她的身体还很健康。因为她年龄太大了，耳朵听不太清楚，和她说话要很大声，但是有的时候又很奇怪，很小的声音她都听得清楚。我的外婆喜欢种菜，她的菜园里有很多菜，而且她还喜欢去卖自己种的菜，她觉得卖菜很有趣，可以看见很多有意思的事情，还能和其他的老年人一起聊天儿，说他们老年人才喜欢的事情。

而我的奶奶和爷爷住在我家附近，在一个小城市里。他们俩都很喜欢运动，每天早上 6 点就起床去公园了，奶奶跳舞，爷爷练太极拳。我的太极拳还是爷爷教的呢。

29. 问：说话人的外婆可能多少岁了？

30. 问：说话人的外婆喜欢干什么？

31. 问：说话人的爷爷奶奶住在哪里？

32 ～ 35 题是根据下面一段话：

成都大熊猫基地夏令营活动又来啦！跟往年一样，我们今年暑假又推出了非常有意义的近距离接触大熊猫的活动。参加者可以看到出生不久的熊猫宝宝，了解大熊猫的生活习性，做关于大熊猫的手工，等等。我们此次活动的主题依然是“爱护动物”。这个活动真的非常有意义，快让您的孩子报名参加吧。我们此次暑假大熊猫夏令营活动有 3 期，每期 2 天，分别是 2020 年的 7 月 21、22 号，7 月 25、26 号，7 月 29、30 号。夏令营面向 9 到 13 岁的孩子招生，每期招收 20 人，5 个人一组。夏令营活动都是免费的，我们提供免费的住宿、食物和水，但是车费需要自己承担。每个小组有专门的负责老师，不用担心安全问题。夏令营活动期间每天早上 7 点 30 分集合，一起去餐厅吃早餐，然后开始我们的活动。第二天下午 4 点家长在熊猫基地的东门接自己的孩子。

喜欢大熊猫的小朋友们和家长们快来报名吧！

32. 问：此次夏令营一共有几期？

33. 问：下面哪个年龄的孩子可以参加这一次的夏令营活动？

34. 问：家长在熊猫基地的哪个门接自己的孩子？

35. 问：这个夏令营的主题是什么？

第四组练习

第 一 部 分

1. 男：今年晚会的相声还不错嘛。
   女：我觉得比去年的差远了。
   问：女的认为今年的相声怎么样？

2. 男：真倒霉，去广州的飞机又晚点了。
   女：是啊，也不知道暴雨什么时候才能停。
   问：飞机为什么晚点？

3. 女：我要上车了，马上就要发车了。
   男：好的，路上小心。
   问：对话最可能发生在哪里？

4. 男：我们吃完饭去散步吧。
   女：我明天要考试，想再看看书，你自己去吧。
   问：女的吃完饭要做什么？

5. 男：小提琴怎么这么难学啊？
   女：难吗？我小学就通过了十级考试。
   问：女的认为学小提琴怎么样？

6. 女：你们班新来的语文老师上课怎么样？
   男：我昨天陪同学去医院了，听说他讲得还不错。
   问：男的昨天做什么了？

7. 男：除了跳舞以外，你还有什么爱好？
   女：有时我会陪父母去爬山和钓鱼，与朋友一起去唱歌，但都不能算是爱好。
   问：女的有什么爱好？

8. 女：昨天你家里的电话怎么一直没有人接听？

男：怎么可能呢？我昨天全天都在家啊。

问：男的是什么语气？

9. 女：你看到小李新买的鞋了吗？花了五百多呢！

男：真的吗？就那鞋还这么贵？

问：男的对小李的新鞋是什么看法？

10. 女：我最近睡眠质量很差，还经常到凌晨都睡不着。

男：你尝试在睡觉前喝一杯热牛奶，听听音乐，可能会有帮助。

问：男的在做什么？

11. 女：这家饭店的菜可真难吃，我再也不会来了。

男：也不知道究竟什么菜符合你的口味。

问：男的认为女的怎么样？

12. 男：高中毕业后，这是我们第一次一起吃饭吧？

女：是啊，我们上大学的城市离得太远了，见面的机会真的很少。

问：说话人最可能是什么关系？

13. 女：今天我有点儿感冒，身体不舒服，不想去上学了。

男：就这么点儿小问题，怎么能说不去就不去呢？

问：男的认为女的应该做什么？

14. 男：暑假要不要和我一起报名学车？

女：暑假虽然有优惠，练车的时间也充足，但是太热了。

问：女的对暑假学车哪方面不满意？

15. 女：周日我好想和家人一起去看电影，可是还要值班。

男：我替你吧，反正我也没什么事儿。

问：男的周日打算做什么？

第 二 部 分

16 ～ 17 题是根据下面一段对话：

女：你好，请问这里可以拍摄工作照吗？

男：可以。你想要拍摄什么类型的工作照呢？团体还是个人？

女：团体怎么收费呢？

男：我们是 100 元一个人，你们有多少人？超过 8 人总价可以打 9 折。

女：我们 11 个人，但是你们的价格有点儿高啊。提供服装吗？

男：有服装，而且提供化妆，还会赠送每个人 8 张蓝底的一寸照。

女：好的，谢谢。我和同事们商量一下，如果有需要的话和你电话联系。

16. 问：他们公司 11 个人拍照大概要多少钱？

17. 问：照相馆**不提供**什么服务？

18 ～ 19 题是根据下面一段对话：

男：你想喝什么茶？这里的茶很不错。

女：你说吧，我不太懂茶。

男：现在天气很热，应该喝绿茶。

女：那冬天应该喝什么茶呢？

男：冬天天气寒冷，喝红茶比较合适。

女：今天真是长知识了，我平时一般都喝咖啡。

男：我从来不喝咖啡，太苦了。

女：加糖和奶会好一些。

18. 问：冬天适合喝什么茶？

19. 问：女的喜欢喝什么？

20 ～ 22 题是根据下面一段对话：

男：你好，请问是湖南菜馆吗？我想订一个今天晚上的四人桌。

女：好的。请问您贵姓？

男：我姓刘。

女：刘先生您好，您对座位有什么特别的要求吗？

男：请给我们留一个靠窗的桌子，还要安静一点儿的。

女：没问题。给您订好了，2 楼 8 号桌。请问您大概几点到？

男：我们下了班就过去，6 点左右能到。对了，能自己带酒吗？

女：可以带白酒和红酒。另外提醒您一下，我们店里不能吸烟。

20. 问：女的最可能是做什么的？

21. 问：下面哪一项**不是**男的对座位的要求？

22. 问：关于这个饭馆，我们知道什么？

23 ～ 25 题是根据下面一段话：

我们现在都很喜欢通过淘宝买东西，我们也知道马云是淘宝的老板，但是你知道吗？马云以前不是老板，也不是销售员，而是一名英语老师。他是辞去自己的工作之后才开始创业的，而且他的公司最初只有三个人——他自己、他的妻子和一个朋友，十分艰难。那个时候他公司的主要营业项目也不是淘宝，淘宝是马云 2003 年才创办的。马云现在已经成为中国乃至世界著名的企业家。马云积累了一定的财富之后，也为国家做了很多好事。他在大学设立了助学金，帮助家庭经济困难的学生完成他们的学业和梦想。同时他也很支持中国农村教育的发展。他发起了“马云乡村教师计划”，让更多的乡村孩子有机会接受教育，同时也解决了一部分大学生的就业问题。

23. 问：马云以前的职业是什么？

24. 问：马云创业初期公司有几个人？

25. 问：根据这段话，我们知道什么？

26 ～ 28 题是根据下面一段话：

小李是一家公司的职员。刚来公司还不到一个月，同事们还认不全，小李就收到了三个同事的请帖：两个要结婚，一个刚生了孩子。请帖是发到公司的工作群里的。听老员工说，公司多年来的习惯是：同事有结婚和生孩子的，大家都给他们发红包表示祝贺。

小李感觉很为难。自己跟他们又不熟，也就是见了面打个招呼，实在不想拿钱，而且自己刚来公司，第一个月的工资还没拿到手呢，就先要往外拿钱，心里感觉很别扭。她忍不住跟几个朋友发牢骚。

朋友们的想法也不一致。有人认为，从长远来看，在一个单位工作，跟同事的关系还是要维护好的，这种礼尚往来是必要的感情投入，而且将来小李有喜事的时候也一样可以发请帖，到时候钱又回来了。有人则认为，现在的人越来越独立，普通同事之间的感情没有以前那么密切了，而且现在换工作很普遍，以后怎么样还不一定呢，没必要委屈自己，跟着感觉走就行了。

小李想来想去，最后还是给这三个同事发了红包。

26. 问：小李遇到了什么事？

27. 问：小李为什么不想拿钱？

28. 问：根据这段话，我们知道什么？

29 ～ 31 题是根据下面一段话：

一位著名的教授到一所学校演讲。他准备了两杯水，里面分别装着黄色和白色的液体。教授请每个学生从这两杯水中选择一杯尝一下，不管它味道如何，都不要说出来。

一共有大约 100 名学生参加了测试，其中大约四分之三的人选择了黄色的那杯。

实验结束后，教授问学生黄色的水味道怎么样，那四分之三的学生都皱着眉头说很苦。教授告诉大家那是一杯黄连水，然后问他们为什么要选那杯，那些学生回答："因为它看起来像橘子汁。"教授又问学生白色的水味道怎么样，另外四分之一的学生大声地说很甜。教授告诉大家白色的是蜂蜜水，然后问他们为什么选择白色的这杯，学生们说："那杯黄色的水颜色很好看，但是我们担心里面加了不健康的东西。"

教授笑着说："绝大多数同学选择了很苦的黄连水，只有极少数的同学尝到了蜂蜜水，这里有什么道理呢？其实，人们选择自己人生之路的过程，就像选择两杯不同颜色的水。大多数人都会选择颜色鲜艳的那杯，只有极少数人会选择看着不起眼儿的这杯。前一种人因为过于追求外表，往往会尝到苦果；后一种人并不看重外表，而是看重现实，反而能尝到甘甜的滋味。"

29. 问：大约有多少学生选择了黄色的水？

30. 问：那些学生选择白色水的原因是什么？

31. 问：根据这段话，我们知道什么？

32 ～ 35 题是根据下面一段话：

每年的 6 月、7 月我国南方会有很多的雨水，这个季节的雨水叫作"梅雨"，而这个季节叫作"梅雨季节"。因为这个时候是黄梅成熟的季节，黄梅的"梅"和发霉的"霉"发音相近，而且这个季节东西容易发霉，久而久之它就被称为"梅雨季节"了。

梅雨地区主要指我国长江中下游地区和台湾地区、日本中南部和韩国南部。有的时候梅雨特别多，会导致一些地区发生洪水，毁坏农民的庄稼和城市里的道路。有一些地方受到洪水的影响，会出现山体滑坡，山上的泥土会和雨水一起冲到山下，造成人员伤亡和财产损失。所以在梅雨季节出门游玩要特别关注天气变化，千万不要去山区游玩。

32. 问：梅雨的"梅"与哪种水果有关？

33. 问：在我国，梅雨主要发生在哪条河流周边？

34. 问：梅雨一般出现在什么季节？

35. 问：根据这段话，我们知道什么？

第四单元　实战演练

模拟试题（三）

第 一 部 分

1. 男：你今天居然步行来上班，既没开车也没骑自行车！
   女：也就走了四十多分钟，不要这么大惊小怪的。
   问：男的是什么语气？

2. 男：武汉最近热得不行，快40度了，你那儿天气是不是很凉爽？
   女：昆明气温确实不高，但是最近一直下雨，出不了门，整个旅行计划全泡汤了。
   问：最近昆明的天气怎么样？

3. 女：听说你这次数学考了满分，是不是跟每天多做数学题有关？
   男：我只是运气比较好，而且题也比较简单，有好几个同学都考了满分。
   问：男的是什么意思？

4. 男：你一会儿去老师办公室的时候顺便帮我交一下作业吧。
   女：你是怕自己去会被老师批评吧？每次作业都不按时交。
   问：根据对话，我们知道什么？

5. 男：你好，我想换一些外币，请问需要什么手续？
   女：兑换外币需要提前预约，然后在预约时间带上身份证件来就可以了。
   问：说话人最可能是什么身份？

6. 女：我最近肠胃不太舒服，消化不好，有时候还拉肚子。
   男：先做个大便常规检查吧，我给你开个单子。
   问：对话最可能发生在哪里？

7. 男：过几天就是中秋节了，我准备回趟老家。
女：真羡慕你，中秋节我得加班，不过中秋节以后我就可以去旅游了。
问：男的中秋节要干什么？

8. 女：书店旁边新建了一个游乐场，特别好玩儿，真想再去玩儿一次。
男：这好说。明天周末，不用上学，我们一起去呗。
问：说话人打算明天干什么？

9. 女：这次的文艺汇演每个班都要出节目，我准备报名，你呢？
男：那我也报个名，两个节目也不算多。
问：男的是什么意思？

10. 女：今天我要去孤儿院做志愿者，你能在家照顾一下妹妹吗？
男：当然可以，不过我准备带她去公园骑自行车。
问：男的最可能去哪儿？

11. 女：亮亮最近像变了一个人似的，表现特别好，同学们都喜欢和他玩儿，老师今天还表扬他了呢。
男：大概是因为我的奖励起作用了。我答应他，只要他表现得好就给他买游戏机。
问：亮亮为什么变了？

12. 女：你们的训练不是 6 点结束吗？怎么现在就到家了？
男：今天我们没有打球，教练过生日，我们去唱歌了。
问：男的今天去干什么了？

13. 女：这种跑鞋又轻便，又防滑，样式也好看，您儿子一定喜欢。
男：请给我拿一双 38 码的。
问：说话人最可能是什么关系？

14. 男：老金给的这本指导手册太实用了，帮了我们大忙了。
女：是啊，真不知道怎么感谢他才好。
问：女的是什么意思？

15. 女：这个舞蹈真是太精彩了，真想再看一遍。
男：可不是。这个舞蹈在国际上拿过好多大奖呢。
问：根据对话，我们知道什么？

第 二 部 分

16 ～ 17 题是根据下面一段对话：

女：我发现班里的星星特别挑食，总是剩下很多米饭。

男：他不是挑食，他只是更习惯吃面食。

女：你怎么知道的？

男：上次开家长会的时候，他爸爸告诉我的。

女：他小时候是不是在北方长大的？

男：那倒不是。不过他妈妈是在山西长大的，外公外婆都是地道的北方人。

女：那这样就不奇怪了。

16. 问：关于星星，我们知道什么？

17. 问：谁参加了星星上次的家长会？

18 ～ 19 题是根据下面一段对话：

男：小安，你看过《小王子》这本书吗？听说可好看了。

女：最近忙着复习，哪有时间看课外书啊。

男：等到考试结束了，就可以放松一下了。

女：等考完试我在网上买一本。

男：不用买吧？陈亮应该有。

女：对啊，陈亮就是个书虫，说不定他已经买了这本书。

男：如果他有，我们可以借他的看，还能省一点儿钱。

女：好主意，到时候记得提醒我。

18. 问：根据对话，我们知道什么？

19. 问：说话人打算怎么办？

20 ～ 22 题是根据下面一段对话：

男：请问公园怎么走？

女：你要去哪一个公园？这附近有三个公园：天河公园、天星公园和天云公园。

男：最近的公园是哪个？

女：天星公园。你往前直走有个医院，医院的东边就是天星公园。

男：那个公园里有喷泉吗？

女：三个公园里都没有喷泉，但是天河公园里有一个池塘。

男：可我明明记得有个公园里有喷泉呢。

女：哦，我想起来了。还有一个市政公园，特别小，在市图书馆和科技大厦的中间。

20. 问：天星公园在哪儿？

21. 问：哪个公园里有池塘？

22. 问：男的要去哪个公园？

23 ～ 25 题是根据下面一段话：

说到中国的时尚摄影界，陈漫是一个绕不开的人物。陈漫现在是中国身价最高的摄影师之一。她的作品往往带有强烈的个人风格和独特的审美，她拍摄的人物往往能给人出其不意的惊喜。她几乎拍遍了国内所有的一线明星，所以在摄影界被称为“明星收割机”。

说起来，摄影并不是陈漫最初的梦想。陈漫的父亲从事的是美术工作，从小看父亲画广告牌，耳濡目染下，陈漫喜欢上了画画。陈漫两岁时，母亲觉得她挺有绘画天赋，就将她送到少年宫的绘画班，她的画画之旅从此开始。高考时，她本来想考中央美术学院继续学习画画，结果却阴差阳错考进了中央戏剧学院。学了两年后，她发现自己实在不喜欢自己的专业，于是又退学重考了一次，才终于走进了中央美术学院。

在中央美术学院，陈漫接触到了摄影。因为自己二十多年来一直喜欢画跟人物相关的内容，而摄影也可以专注于拍人物，对她来说又是绘画之外的新东西，所以陈漫毫不犹豫地选择了摄影专业。

23. 问：陈漫为什么被称为“明星收割机”？

24. 问：陈漫小时候的梦想是什么？

25. 问：陈漫选择摄影专业的原因是什么？

26 ～ 28 题是根据下面一段话：

为了研究母亲对人一生的影响，一位心理学家在全美选出了 50 个成功人士和 50 个身在监狱的犯人，分别写信给他们，请他们谈谈母亲对他们的影响。其中有两人写了同一件事：母亲给他和弟弟分苹果。

犯人写道：“妈妈拿了一大一小两个苹果，问我和弟弟想要哪个。弟弟抢着说要大的。妈妈听完后瞪了弟弟一眼，并批评他不知道把好的东西让给别人。虽然我也很想要那个大的，但是为了不被批评，我就告诉妈妈我想要小的。从此，我学会了说谎。”

成功人士则写道：“因为我和弟弟都争着要大的苹果，妈妈想了一个办法。她把门前的草坪分成三块，我们三人一人负责修剪一块，谁干得最快最好，谁就有权得到它。于是我们三人比赛除草，结果我赢得了那个最大的苹果。我非常感谢妈妈，她让我明白了一个最简单也是最重要的道理：要想得到最好的，就必须努力争第一。”

26. 问：心理学家是通过什么方式得到受访者的故事的？

27. 问：那个犯人小时候为什么说谎？

28. 问：那个成功人士为什么要跟弟弟比赛除草？

29 ～ 31 题是根据下面一段话：

鱼可以分为海水鱼和淡水鱼。淡水鱼是最常见的淡水生物，其一生都必须在淡水水域中度过，常见的金鱼、鲢鱼、草鱼等都是淡水鱼类。海水鱼则是生活在海水里的鱼，常见的有带鱼、比目鱼、金枪鱼等。

根据组成骨骼的不同，海水鱼又可以分为海洋硬骨鱼和海洋软骨鱼。海洋硬骨鱼的鳃片中长有一个海水淡化装置，这个装置是一个海水淡化“车间”，当鱼吸进海水后，它能快速将又苦又咸的海水淡化，这样鱼吸进体内的海水就变成了淡水。海洋软骨鱼类没有这个淡化装置，但是它们自有一套保持体内外渗透压平衡的系统，能将体内过多的水分由肾脏排到体外。淡水鱼既没有海水淡化装置，也没有维持体内外渗透压平衡的系统，因而无法在海水中存活。

29. 问：下面哪一项**不是**淡水鱼？

30. 问：海洋硬骨鱼用什么淡化海水？

31. 问：这段话主要想告诉我们什么？

32 ～ 35 题是根据下面一段话：

《平凡的世界》是路遥创作的一部全方位“展现 1975 年到 1985 年的中国城乡生活”的百万字长篇小说。该书首次出版于 1986 年 12 月，并于 1991 年 3 月荣获第三届茅盾文学奖。

《平凡的世界》共分三部，路遥为写这部宏大的著作耗尽了心血。他从 1983 年就开始构思，为这部小说做前期准备。一直到 1985 年，他把构思想明白了，就背着两大箱资料和书籍，以及两罐咖啡，离开了生活便利的西安，来到铜川矿务局的一所煤矿医院，开始了《平凡的世界》的写作。他之所以选择这个地方，是因为这里相对偏僻，他可以一心一意地进行创作。

在写作的过程中，路遥对自己要求也很严格。他给自己确定了创作目标，规定了创作时间，尽可能地避免外界的打扰。只有一天的创作任务完成了，而且对内容比较满意，他才会主动放松一下自己。这样竭尽全力的创作过程整整持续了六年。

32. 问：《平凡的世界》首次出版于哪一年？

33. 问：路遥离开西安时**没有**带什么？

34. 问：路遥为什么要到煤矿医院住？

35. 问：这段话主要讲了什么？

听力理解考试到此结束。

模拟试题（四）

第 一 部 分

1. 男：外面天阴得厉害，看起来要下雪。

女：我看过天气预报了，今天就下点儿雨，明天才下雪。

问：根据对话，我们知道什么？

2. 男：上周有个女的来找你，说是你老家的，你不在家，她让我把这个包裹转交给你。

女：谢谢。上周我出差了，刚回来。她是我老家的一个亲戚。

问：说话人最可能是什么关系？

3. 女：怎么又把 214 室的快递放到我们信箱里了？这已经是这个月第三次送错了。

男：快递员实在是太粗心了！不过也难怪，这两个信箱上下紧挨着。

问：快递是谁的？

4. 男：你平时早上不是出去跑步就是散步，今天怎么在家休息？

女：昨天和朋友去爬山，不小心把膝盖摔伤了。

问：女的在干什么？

5. 男：我早上出门的时候明明关了窗户，现在怎么开着呢？

女：今天风大，可能吹开了。

问：窗户为什么开着？

6. 女：我想买一张明天去吉林长春的车票。

男：最近通往吉林的长途汽车停运了，建议您改乘火车或者飞机。

问：对话最可能发生在哪里？

7. 男：你最近是不是看东西特别模糊，总要凑近了才能看清楚？

女：你怎么知道的？听刘芳说的吧？我正准备让我爸带我去配眼镜呢。

问：谁要去配眼镜？

8. 女：你喜欢喝茶还是咖啡？或者果汁。我都有。

男：都不要。有汽水吗？

问：男的要喝什么？

9. 女：今天做的菜好像盐放多了，可能有点儿咸。

男：咸倒是不咸，就是有点儿甜，我猜你把白糖当成盐了。

问：今天的菜怎么了？

10. 女：医生不是说你还要住几天院吗？怎么跑回来上班了？

男：实在是放心不下学生们，他们马上就要高考了。

问：男的最可能是做什么的？

11. 女：今天的作业是不是只有阅读和写作？

男：没有写作，但是有数学和生物。

问：今天**没有**什么作业？

12. 男：我的钢笔没有墨水了，能借我一支笔吗？

女：我也没有多余的钢笔，给你这支圆珠笔吧。

问：女的给了男的什么？

13. 女：幸亏你带了备用钥匙，不然我们今天真不知道怎么回家了。

男：下次再把钥匙弄丢了，我可没有备用的了。

问：女的怎么了？

14. 男：都是我的错，要不是我摔了一跤，我们就能拿第一名了。

女：不要责备自己了，我们都尽了自己最大的努力了。

问：女的是什么语气？

15. 女：不是说好了今天去图书馆看书吗？怎么跑到咖啡馆去了？

男：别提了，图书馆人太多，根本找不到空位。

问：根据对话，我们知道什么？

第 二 部 分

16～17题是根据下面一段对话：

女：商场里面新开了一家电影院，我们周末去看看吧。

男：我不爱去电影院。

女：你不喜欢看电影吗？

男：我喜欢看电影，但是不喜欢去电影院看。

女：那你都在哪儿看啊？

男：我爸爸是个电影迷，他有一个专门看电影的房间。

女：怪不得你不喜欢去电影院，原来自己家就有个"小电影院"啊。

16. 问：谁是电影迷？

17. 问：根据对话，我们知道什么？

18～19题是根据下面一段对话：

男：你好，请问这花怎么卖？

女：小的一束50，大的一束100，买两束只要120。

男：我只要一束，来束大的。

女：这是要送给女朋友吗？

男：不是。今天是我妈妈的生日，我想送给她当生日礼物。

女：这样啊，既然是送给妈妈的，我给你打个折，给我80吧。

男：那怎么好意思？

女：有什么不好意思的？也祝你妈妈生日快乐。

18. 问：男的买花花了多少钱？

19. 问：男的为什么觉得不好意思？

20～22题是根据下面一段对话：

男：最近怎么没有听见小贝练习打鼓？是不是又去天津她姥姥家了？

女：这次没去姥姥家，是去广州了。

男：天天听她打鼓，突然听不到，还挺不习惯的。她去广州干什么？

女：学校打鼓俱乐部在那边组织了一个培训，趁着现在暑假没事就让她去了。

男：我记得去年寒假她还去上海参加培训了。她也不怕辛苦。

女：是啊。她从三岁开始学打鼓，已经坚持十二年了，从没喊过累。

男：看得出她是真心喜欢打鼓，果然兴趣才是最好的老师。

女：也得感谢邻居们的支持，她在家打鼓你们从来没有嫌她吵。

20. 问：小贝现在在哪儿？

21. 问：小贝练习打鼓多长时间了？

22. 问：男的认为小贝能坚持的主要原因是什么？

23 ～ 25 题是根据下面一段话：

大家都知道多喝水有益于身体健康，但究竟喝多少水合适呢？正常情况下，成年人的每日饮水量至少要有 1200 毫升。这是因为，人每天从身体流失出去的水大约为 2500 毫升，而我们每天从食物中获取的水为 1000 毫升，身体代谢产生的内生水为 300 毫升左右，为了达到进出平衡，我们要额外补充至少 1200 毫升的水。需要指出的是，喝水量应因人因时而异。比如身高体壮的人日饮水量就要略多些；气温偏高时，人们排汗多，也应该多喝点儿水。但也不是说喝水越多越好，尤其是对一些患有心脏或者肾脏疾病的人来说，大量饮水会加重身体的负担。简单来说，喝水应该“跟着感觉、习惯走”，只要没有出现如口渴、尿液发黄等问题，就不用刻意大量喝水。

23. 问：成年人每天最少要喝多少水？

24. 问：关于喝水，下面哪一项正确？

25. 问：这段话主要讲了什么？

26 ～ 28 题是根据下面一段话：

一直以来，我都觉得游泳特别累，但因为觉得游泳是一项很好的运动，所以断断续续地坚持着。有一天，我游完 1000 米之后一身疲惫地爬上岸，旁边一个年轻的救生员对我说：“我看你游泳游得很吃力，是刚刚学的吗？”我回答说不是。他说我之所以觉得游泳很辛苦是因为我的动作姿势错了。我心想，他这样说肯定是想推销他自己的教练课程，我游了十几年的泳，从来没有人说我姿势有问题。没想到，他直接趴在了地上，一边演练动作，一边解释应该怎样换气，怎样划水。我按照他教我的姿势游起来，渐渐找到了感觉，发现游泳原来真的可以很轻松，刚才的疲惫一扫而空。我不由得为自己之前的想法感到不安起来，正想去向救生员道谢，发现他已经不知道什么时候离开了。

26. 问：说话人为什么游泳游得很吃力？

27. 问：说话人为什么会为自己的想法感到不安？

28. 问：根据这段话，下面哪一项正确？

29 ～ 31 题是根据下面一段话：

一个学生在朗读课文时把“还有后来人”误读成了“还有后人来”，大家听了都哄笑起来。这个学生本来就有些害羞，这下更加不好意思了，把头埋得低低的。怎么办呢？老师淡淡地扫视了一圈教室，说道："同学们，你们在笑什么？这位同学念的意思并没有错呀！"经老师这么一说，教室里安静了下来。老师接着说："'还有后来人'的意思是还有接班人，'还有后人来'的意思也是还有接班人。"这时，教室里鸦雀无声。老师又亲切地说："当然，意思不变，并不等于说这位同学读对了。他之所以念错，是由于没有看清楚。如果仔细看，认真读，就不会出这种错误了。我们请他再为大家朗读一遍，好吗？"学生们听了，情不自禁地鼓起掌来。这时，那个站着的学生一扫之前的难受，精神振奋地高声读了起来。

29. 问：这个学生把"还有后来人"读成了什么？

30. 问：老师认为这个学生为什么会读错？

31. 问：老师让这个学生再读一遍时，他是什么反应？

32 ～ 35 题是根据下面一段话：

每一年，许多动物会从一个地方换到另一个地方，我们把这种现象称作动物迁徙。陆地上最壮观的动物迁徙是每年 7、8 月份超过百万的角马和斑马在非洲两片大草原之间往返，而在海洋里最让人吃惊的动物迁徙是每年的 5 ～ 7 月由南非南部海岸的数亿条沙丁鱼创造的。不过，要说最独特的迁徙方式，恐怕非美洲帝王蝶莫属。

帝王蝶是一种蝴蝶，在全球很多地方都有分布，除了主要的聚居地南北美洲和加勒比地区之外，我们在澳大利亚、新西兰、英国等都能发现它们的踪迹。不过只有北美的帝王蝶才有迁徙习性。它们身体的重量仅约 6 克，迁徙的距离超过 4000 千米！最让人觉得不可思议的是，帝王蝶的迁徙过程不是由一代帝王蝶完成的，而是由三到四代帝王蝶用"生命接力"的方式完成的——路途中繁育了后代的蝴蝶很快死去，新生代接过"接力棒"继续完成使命，真是子子孙孙无穷尽也。

32. 问：南非南部海岸的沙丁鱼每年的什么时候迁徙？

33. 问：在什么地方生活的帝王蝶才会迁徙？

34. 问：关于帝王蝶，下面哪一项**不正确**？

35. 问：下面哪一项最适合做这段话的标题？

听力理解考试到此结束。

参考答案及解析

笔试部分

第一单元 摸底检测

模拟试题（一）

一、听力理解

1. D 2. D 3. A 4. C 5. B 6. D 7. A 8. C 9. B 10. C
11. B 12. A 13. C 14. B 15. B 16. D 17. C 18. D 19. B 20. C
21. B 22. C 23. C 24. C 25. D 26. C 27. B 28. B 29. C 30. B
31. A 32. A 33. D 34. D 35. A

二、阅读理解

36. B 37. A 38. C 39. A 40. D 41. D 42. B 43. C 44. B 45. A
46. A 47. C 48. B 49. D 50. C 51. C 52. D 53. B 54. C 55. B
56. B 57. C 58. D 59. C 60. C 61. C 62. B 63. A 64. C 65. A
66. A 67. B 68. D 69. A 70. D 71. D 72. C 73. B 74. C 75. B

三、书面表达

76. C 77. B 78. B 79. A 80. C
81. 摇晃 82. 判断 83. 犹豫 84. 玻璃 85. 避免
作文：略

模拟试题（二）

一、听力理解

1. C	2. D	3. A	4. C	5. D	6. B	7. A	8. B	9. C	10. B
11. B	12. A	13. B	14. B	15. D	16. C	17. A	18. C	19. C	20. C
21. A	22. A	23. C	24. D	25. C	26. D	27. C	28. D	29. B	30. D
31. D	32. B	33. D	34. B	35. B					

二、阅读理解

36. A	37. D	38. C	39. B	40. B	41. A	42. C	43. C	44. A	45. D
46. C	47. B	48. D	49. C	50. A	51. B	52. A	53. A	54. B	55. D
56. C	57. D	58. B	59. A	60. D	61. B	62. A	63. C	64. D	65. A
66. C	67. B	68. C	69. C	70. D	71. A	72. D	73. D	74. C	75. D

三、书面表达

76. C　77. B　78. C　79. A　80. B

81. 措施　82. 保障　83. 融化　84. 逐步　85. 防治

作文：略

第二单元　专项训练

一、听力理解

第一部分

第一组练习

答案速查

1. A　2. B　3. B　4. A　5. C　6. B　7.D　8.A　9.D　10.D
11. D　12. D　13. C　14. A　15. D

详细解析

1. 正确答案是 **A**。本题主要考查的是考生能否掌握听力材料的关键信息并进行推断。男的问去北京的车票，可以推断对话可能发生在车站，选项 **A** 正确。
2. 正确答案是 **B**。本题主要考查的是考生能否掌握听力材料的关键信息并进行推断。男的在批评女的没有认真学习，说女的不听话，可以推断二者的关系是上下级或者长幼的关系。父女属于长幼关系，所以选项 **B** 正确。同学、夫妻和同事都是同级关系，因此选项 **A**、**C**、**D** 不正确。
3. 正确答案是 **B**。本题主要考查的是考生能否掌握听力材料的主要内容和关键信息。女的问男的喜欢奶茶还是咖啡，男的说自己一般都喝果汁，所以选项 **B** 为正确答案；咖啡和奶茶是女的的提问内容，选项 **C**、**D** 不正确；选项 **A** 未提及。
4. 正确答案是 **A**。本题主要考查的是考生能否掌握听力材料的主要内容和关键信息。女的说不能不重视，应该去医院全面检查。“不能不重视”，双重否定表示肯定，意思是应该重视，因此选项 **A** 正确；选项 **B**、**C**、**D** 未提及。
5. 正确答案是 **C**。本题主要考查的是考生能否掌握听力材料的主要内容和关键信息。男的说画展很棒，女的特别想去看看。“盼望”和“特别想去看看”语义一致，所以选项 **C** 正确。
6. 正确答案是 **B**。本题主要考查的是考生能否掌握听力材料的关键信息并进行推断。男的说同事晕倒了，他刚把同事送到医院，可以推断男的在医院，所以选项**B**正确；女的提醒男的要去看电影，但是男的说去不了了，所以选项 **D** 不正确；办公室是同事晕倒的地方，他们已经离开了，所以选项 **C** 不正确；选项 **A** 未提及。

7. 正确答案是 **D**。本题主要考查的是考生能否掌握听力材料的关键信息并进行推断。男的说了银行的开门时间，女的希望早一点儿过去，可以推断女的要去银行，所以选项 **D** 正确，选项 **A** 错误；男的建议先去吃点儿东西，而女的在家里吃过早餐了，所以女的不会去吃饭或者买早餐，选项 **B**、**C** 错误。
8. 正确答案是 **A**。本题主要考查的是考生能否掌握听力材料的关键信息并进行推断。女的想再逛一会儿，男的提醒她话剧七点开始，意思是让女的注意时间，所以选项 **A** 正确；男的知道话剧七点开始，选项 **D** 不正确；选项 **B**、**C** 未提及。
9. 正确答案是 **D**。本题主要考查的是考生能否掌握听力材料的主要内容和关键信息。女的问男的为什么睡得这么早，"你不是要看电影吗？"这个反问句表明男的应该说过他要看电影。"时间不早了"与材料中的"这么早就睡觉"矛盾，选项 **A** 不正确；"困了想睡觉"不符合题意，男的是不想看电影才睡觉，选项 **B** 不正确；男的说的是电影没劲，不是自己身上没劲儿，选项 **C** 不正确；选项 **D**"觉得没意思"与材料中的"没劲""没意思"语义一致，是正确答案。
10. 正确答案是 **D**。本题主要考查的是考生能否掌握听力材料的关键信息并进行推断。女的问男的买好回家的车票没有，男的说他下周才回家，不着急买票。"才"表示现在时间还早，"有点儿早"与"下周才回家，不急"语义一致，所以选项 **D** 正确；选项 **A**、**B**、**C** 未提及。
11. 正确答案是 **D**。本题主要考查的是考生能否掌握听力材料的关键信息并进行推断。女的把从图书馆借来的书借给了男的，男的看完后又借给了小丽。书的传递路线是：图书馆—女的—男的—小丽。所以选项 **D** 正确。
12. 正确答案是 **D**。本题主要考查的是考生能否掌握听力材料的关键信息并进行推断。男的说"她"母亲患病，女的说"她"刚离婚，认为"她"非常不幸。"同情"和女的说的"可真不幸"语义一致，所以选项 **D** 正确。
13. 正确答案是 **C**。本题主要考查的是考生能否掌握听力材料的关键信息并进行推断。女的认为楼下新开的饭店除了空间小以外，其他地方还好，"地方太小"是女的对饭店的看法，不是男的的看法，选项 **A** 不正确；男的认为价格便宜一些，客人会更多，也就是说现在的价格偏高，导致客人不是特别多，选项 **B**"客人太多"不正确，选项 **C**"价格偏高"正确；选项 **D** 未提及。
14. 正确答案是 **A**。本题主要考查的是考生能否掌握听力材料的关键信息。女的说在新年晚会上见过小明，选项 **A** 正确，选项 **B** 不正确；女的只是在新年晚会上见过小明，跟他不是特别熟悉，选项 **C** 不正确；女的说新年晚会上见过小明，证明她想起来了，选项 **D** 不正确。
15. 正确答案是 **D**。本题主要考查的是考生能否掌握听力材料的关键信息并进行推断。女的问男的有没有看见她的手机，男的表示刚才看见了，但是现在桌子上没有了，他觉得这不应该，意思是他感到奇怪，所以选项 **D** 正确。

第二组练习

答案速查

1. C　2. D　3. C　4. A　5. D　6. A　7. C　8. B　9. B　10. B
11. C　12. C　13. D　14. B　15. C

详细解析

1. 正确答案是 **C**。本题主要考查的是考生能否掌握听力材料的关键信息并进行推断。男的提醒女的填写邮编，女的说贴完了邮票就填邮编。由“邮编”“邮票”可以推断他们是在邮局，所以选项 **C** 正确。
2. 正确答案是 **D**。本题主要考查的是考生能否掌握听力材料的关键信息并进行推断。“我会拿离婚这么大的事和你开玩笑吗？”是反问句，意思是没有开玩笑，她说的是真的，选项 **D** 正确，选项 **B** 错误；是男的不信女的的话，选项 **A** 不正确；选项 **C** 未提及。
3. 正确答案是 **C**。本题主要考查的是考生能否掌握听力材料的关键信息并进行推断。女的说儿子快高考了，男的不关心还看电视，男的说考试还得靠孩子自己，父母干着急没用。由对话中的“儿子”“父母”可以判断说话人是夫妻关系，选项 **C** 正确。
4. 正确答案是 **A**。本题主要考查的是考生能否掌握听力材料的关键信息并进行推断。男的问一年级三班怎么走。问教室一般发生在学校，由关键词“同学”“一年级三班”可以推断他们是在学校，选项 **A** 正确。
5. 正确答案是 **D**。本题主要考查的是考生能否掌握听力材料的关键信息并进行推断。男的问女的为什么还在家，因为女的跟朋友约好了要出去玩儿。女的说刚出门就下雨，说明女的是因为天气原因没有外出。“天气不好”与对话内容语义一致，所以选项 **D** 正确；女的和朋友“已经准备好了”，说明他们想去，与“不想去了”矛盾，选项 **A** 不正确；选项 **B**“没准备好”与“我们本来已经准备好了”矛盾，所以不正确；选项 **C** 未提及。
6. 正确答案是 **A**。本题主要考查的是考生能否掌握听力材料的关键信息并进行推断。女的咨询本周是否得开会，男的给出了肯定的回答，表示要开会，与“同意女的的观点”一致，选项 **A** 正确；

不是会议问题太多，也不是女的的问题太多，而是一些部门的问题太多，选项 **C**、**D** 不正确；选项 **B** 未提及。

7. 正确答案是 **C**。本题主要考查的是考生能否掌握听力材料的关键信息并进行推断。医生跟女的说明天她就可以出院回家了。根据关键信息“明天”“可以出院”可以推断女的现在在医院，选项 **C** 正确。

8. 正确答案是 **B**。本题主要考查的是考生能否掌握听力材料的关键信息并进行推断。女的催促男的快点儿，男的回复了两个反问句，可以看出男的不太高兴。“生气”与不太高兴意思一致，所以选项 **B** 正确。

9. 正确答案是 **B**。本题主要考查的是考生能否掌握听力材料的关键信息并进行推断。女的觉得在电影院遇见男的很巧，男的解释说公司跟电影院有合作，是公司派他过来谈事情的，也就是说他过来是为了工作，所以选项 **B** 正确。

10. 正确答案是 **B**。本题主要考查的是考生能否掌握听力材料的关键信息并进行推断。女的责问男的为什么迟到，男的先是道歉，然后解释说路上太堵了。从“对不起”可以知道男的希望女的原谅自己迟到，所以选项 **B** 正确。

11. 正确答案是 **C**。本题主要考查的是考生能否掌握听力材料的关键信息并进行推断。女的找男的借钢笔，因为自己的钢笔在张丽那里；男的的笔在李红那里，他让女的直接去李红那里拿。由此可以推断女的要去李红那里拿男的的钢笔，选项 **C** 正确。

12. 正确答案是 **C**。本题主要考查的是考生能否掌握听力材料的关键信息并进行推断。男的问行李是否超重，女的回答行李重量距离规定的最大重量还差 10 公斤，也就是没有超重，选项 **C** 正确。

13. 正确答案是 **D**。本题主要考查的是考生能否掌握听力材料的关键信息并进行推断。说话人觉得很倒霉，因为邻居家很吵，不只吵架声音大，连听音乐和看电视的声音都很大。影响他们的是邻居吵架、听音乐和看电视的声音，而不是内容，所以选项 **A**、**B**、**C** 都不正确；选项 **D**“邻居的行为”是对邻居所有影响别人的行为的概括，是正确答案。

14. 正确答案是 **B**。本题主要考查的是考生能否掌握听力材料的关键信息并进行推断。男的想买房，女的用“就你那么点儿钱还想买房？”这个反问句对男的的话表示怀疑，意思是她认为男的的钱少，买不了房。“买房钱不够”与女的的话语义一致，所以选项 **B** 正确。

15. 正确答案是 **C**。本题主要考查的是考生能否掌握听力材料的关键信息并进行推断。女的觉得带的水不够，男的觉得背太多水太重了，认为山上应该有水卖，暗含的意思是如果水不够，可以在山上再买。关键信息是“山上应该有卖水的”，由此可推知男的想去山上买水，所以选项 **C** 正确。

第二部分

第一组练习

答案速查

16. C	17. C	18. B	19. C	20. B	21. C	22. B	23. B	24. A	25. D
26. A	27. D	28. B	29. B	30. D	31. A	32. B	33. A	34. D	35. A

详细解析

16. 正确答案是 **C**。本题主要考查的是考生能否掌握听力材料的关键信息并进行推断。从对话可知，男的跟女的是同事，男的今天来上班了，女的感到很奇怪，因为她知道今天男的应该休息。男的解释说小刘家里有事，所以自己替小刘来上班了。另外，小刘的孩子前几天病了，现在出院了，小刘的妻子身体又不好了，所以小刘在家里照顾她，因此选项 **C** 正确。
17. 正确答案是 **C**。本题主要考查的是考生能否掌握听力材料的关键信息。女的说“下了班去他家里看看吧，看看有没有能帮忙的”，因此选项 **C** 正确。
18. 正确答案是 **B**。本题主要考查的是考生能否掌握听力材料的关键信息。男的建议去爬山，女的说上周末爬过山了，今天想去游泳，因此选项 **B** 正确。
19. 正确答案是 **C**。本题主要考查的是考生能否领会听力材料的关键信息。男的经常去郊区的河里游泳，女的说在河里游泳太危险了，建议去游泳馆游泳，因此选项 **C** 正确。
20. 正确答案是**B**。本题主要考查的是考生能否掌握听力材料的关键信息并进行推断。在对话的最后，女的说下班后去拿快递，由此推断女的在工作单位，因此选项 **B** 正确。
21. 正确答案是**C**。本题主要考查的是考生能否掌握听力材料的关键信息。快递员说快递柜已经满了，打算放在小区门卫室，女的同意了，因此选项 **C** 正确。
22. 正确答案是 **B**。本题主要考查的是考生能否领会听力材料的关键信息并进行推断。女的问有几个快递，男的说有一箱水果、一箱酸奶、一包书，还有一包好像是衣服，一共4个快递，因此选项**B**正确。
23. 正确答案是 **B**。本题主要考查的是考生能否掌握听力材料的细节信息。材料一开头就说狐狸不小心掉进了井里，因此选项 **B** 正确。
24. 正确答案是**A**。本题主要考查的是考生能否掌握听力材料的主要事实并进行推断。山羊非常口渴，看到狐狸在井里，就问它井水好不好喝，狐狸骗它说水好喝，劝它下来喝水，所以山羊就下去了，可见山羊是为了喝水才跳下井去的，因此选项 **A** 正确。

25. 正确答案是 **D**。本题主要考查的是考生能否领会听力材料的主要事实并进行推断。山羊跟狐狸商量上去的办法，狐狸说："你用前脚趴在井的墙壁上，再把角竖直了，我从你身上跳出井去，再把你拉上去。"可见狐狸的建议是让山羊先帮自己上去，它上去后再把山羊拉上去，因此选项 **D** 正确。

26. 正确答案是 **A**。本题主要考查的是考生能否领会听力材料的关键信息。材料一开始就说他想把别人家的大钟弄到自己家里去，也就是偷东西，因此选项 **A** 正确。

27. 正确答案是 **D**。本题主要考查的是考生能否领会听力材料的详细信息。他想把那口漂亮的大钟偷走，但是钟又大又重，他搬不动，他就想把钟砸碎再搬回家，因此选项 **D** 正确。

28. 正确答案是 **B**。本题主要考查的是考生能否掌握听力材料的主要事实和大意。材料最后说他一下又一下地砸钟，弄出很大的声音，人们听到钟声，一起跑过来把他抓住了，因此选项 **B** 正确；材料中并没有说他是否把钟砸碎了，选项 **C** 错误；他被抓了，没有把钟偷回家，选项 **D** 错误；这个人偷东西的方式是自己欺骗自己，当然不算聪明，选项 **A** 错误。

29. 正确答案是 **B**。本题主要考查的是考生能否掌握听力材料的关键信息。材料中说紫外线中的中波紫外线和长波紫外线不但会把人晒伤，而且会把人晒黑，因此选项 **B** 正确。

30. 正确答案是 **D**。本题主要考查的是考生能否掌握听力材料的关键信息。材料中明确提到晒黑晒伤常常被人忽视的原因就是吃了较多的光敏性食物，或者服用了光敏性药物，因此选项 **D** 正确。选项 **B**、**C** 不全面。

31. 正确答案是 **A**。本题主要考查的是考生能否掌握听力材料的主要事实并进行推断。材料中明确提到，夏天"要注意光敏性食物的摄入，比如杧果、柠檬和小龙虾，不建议白天食用，但是晚上可以"，也就是说白天喝柠檬水不合适，因此选项 **A** 正确。

32. 正确答案是 **B**。本题主要考查的是考生能否掌握听力材料的关键信息。材料开头就提到支付宝"由阿里巴巴集团总裁马云在 2004 年 12 月创立"，因此选项 **B** 正确。

33. 正确答案是 **A**。本题主要考查的是考生能否掌握听力材料的关键信息。材料中提到支付宝"是以个人为中心"，因此选项 **A** 正确。

34. 正确答案是 **D**。本题主要考查的是考生能否掌握听力材料的主要内容并进行推断。材料中提到支付宝最初是为了解决网络交易安全问题而设的，因此选项 **D** 正确。

35. 正确答案是 **A**。本题主要考查的是考生能否掌握听力材料的内容要点或者大意并进行概括归纳。这段话介绍了支付宝的功能和发展情况，是对支付宝的简单介绍，因此选项 **A** 正确；选项 **B** 材料中未说明；创始人和交易模式只是简单地说了一下，不是介绍的重点，所以选项 **C**、**D** 不对。

第二组练习

答案速查

16. D	17. C	18. D	19. C	20. B	21. B	22. D	23. B	24. C	25. C
26. D	27. C	28. D	29. C	30. A	31. A	32. A	33. B	34. D	35. C

详细解析

16. 正确答案是 **D**。本题主要考查的是考生能否掌握听力材料的关键信息。女的问男的在家里是看电视还是上网，男的回答主要是看电视以后，女的接着问男的有没有好看的电视剧，让男的推荐一下，因此选项 **D** 正确。

17. 正确答案是 **C**。本题主要考查的是考生能否掌握听力材料的细节信息。男的说自己有时会上会儿网，由此无法推断他是否喜欢上网，所以选项 **A** 错误；对话中没有出现男的的职业，所以选项 **B** 错误；男的的女儿刚参加完高考，还没出成绩，不知道她是否考上了大学，所以选项 **D** 错误；男的说自己都是看一些新闻和体育节目，可以推测男的喜欢新闻和体育，因此选项 **C** 正确。

18. 正确答案是 **D**。本题主要考查的是考生能否掌握听力材料的关键信息并进行推断。男的说晚上十一点女的家还亮着灯，女的说她的女儿一般晚上十一点半才睡觉，因此选项 **D** 正确。

19. 正确答案是 **C**。本题主要考查的是考生能否掌握听力材料的关键信息并进行推断。男的说自己住在女的家楼下，可以推断他们是邻居，因此选项 **C** 正确。

20. 正确答案是 **B**。本题主要考查的是考生能否掌握听力材料的关键信息和重要内容。女的说去培训班骑自行车要 5 分钟左右，走路要 15 分钟左右，因此选项 **B** 正确，选项 **A** 是骑自行车需要的时间。

21. 正确答案是 **B**。本题主要考查的是考生能否掌握听力材料的关键信息和重要内容。男的问女的是否报了书法培训班，女的回答说是，她很喜欢书法，所以想学习，因此选项 **B** 正确。

22. 正确答案是**D**。本题主要考查的是考生能否掌握听力材料的主要事实。男的问女的书法班在哪里，想去看一看，如果合适也报名学习，所以选项**D**正确；选项**A**未提及；男的提到每周一节书法课，说明他已经在学习了，所以选项 **C** 错误；男的说看视频学习书法很难，想面对面学习，但是没有说自己不喜欢书法，因此选项 **B** 错误。

23. 正确答案是 **B**。本题主要考查的是考生能否掌握听力材料的关键信息。材料中说《老人与海》讲述了一个发生在 20 世纪中期的小故事，因此选项 **B** 正确。

24. 正确答案是 **C**。本题主要考查的是考生能否掌握听力材料的关键信息。材料中说老人在第 85 天钓到一条特别大的大马林鱼，因此选项 **C** 正确；小鲨鱼是来吃老人钓到的大马林鱼的，而不是老人钓到的鱼，所以选项 **B** 错误；选项 **A**、**D** 未提到。

25. 正确答案是 **C**。本题主要考查的是考生能否掌握听力材料的关键信息。材料最后说老人回到家躺在床上睡着了，梦见自己把那条大鱼拖回了家，因此选项 **C** 正确。

26. 正确答案是 **D**。本题主要考查的是考生能否掌握听力材料的内容要点并进行推断。任何事情只要不马上去做，总会找到各种拖延的理由，因此选项 **D**“找理由不马上做事情”符合语义，是正确答案；选项 **A**、**B** 都是好习惯；选项 **C**“很快地完成事情”与拖延矛盾。

27. 正确答案是 **C**。本题主要考查的是考生能否掌握听力材料的内容要点并进行推断。拖延是一直不做某事，直到没办法了才做或者不了了之。选项 **C** 是完成一件事情接着完成另一件事情，不是拖延，是正确答案；选项 **A**、**B**、**D** 都是拖延。

28. 正确答案是**D**。本题主要考查的是考生能否掌握听力材料的关键信息。材料中说“一旦开始拖延，就会陷入不想工作、不想学习、不想前进的状态”，所以选项 **D** 正确；拖延只会获得短暂的轻松快乐，选项 **C** 是长久的，不符合题意，选项 **A** 也不对；拖延会延迟完成工作的时间，不会提高工作效率，所以选项 **B** 错误。

29. 正确答案是 **C**。本题主要考查的是考生能否掌握听力材料的关键信息。材料中说大禹治水一共花了 13 年的时间，后来河道畅通，没有了洪水，因此选项 **C** 正确。

30. 正确答案是 **A**。本题主要考查的是考生能否掌握听力材料的关键信息并进行推断。材料中说大禹带领人们疏通河道，引导着洪水向东流入大海，所以选项 **A** 正确。

31. 正确答案是 **A**。本题主要考查的是考生能否掌握听力材料的主要内容或者大意。这段话主要讲了大禹治水过程中的故事，因此选项 **A** 正确。

32. 正确答案是 **A**。本题主要考查的是考生能否掌握听力材料的关键信息。由材料中“最初代购的商品主要来自香港”可知选项 **A** 正确。

33. 正确答案是 **B**。本题主要考查的是考生能否掌握听力材料的关键信息。由材料中“代购可能只需要 288 元”可知选项 **B** 正确，选项 **D** 是迪奥口红在商场里的价格。

34. 正确答案是 **D**。本题主要考查的是考生能否掌握听力材料的内容要点并进行总结推断。材料中说“只要人能去的地方就有代购”，意思是现在在任何地方都有代购，因此选项 **D** 正确。

35. 正确答案是 **C**。本题主要考查的是考生能否掌握听力材料的内容要点并进行总结推断。通过“代购的商品价格虽然很便宜，但有的时候质量也有问题”，我们可以推断“代购的商品不一定都好”，因此选项 **C** 正确。

二、阅读理解

第一部分

第一组练习

答案速查

36. C　37. D　38. A　39. C　40. A　41. C　42. C　43. A　44. D　45. C
46. A　47. B　48. B　49. B　50. A

详细解析

36. 正确答案是 **C**。本题主要考查的是考生能否根据需要获取阅读材料的细节性信息。具体来说，考生首先要理解句子主干的意思，“他最大的特点是快”，所以他的动作和“快”有关，由此可以排除选项 **A**、**B**；然后将选项 **C**、**D** 代入句子可发现，“敏捷”更符合文义，表示动作灵敏快速，“快捷”多指用时短，所以选项 **C** 正确。
37. 正确答案是 **D**。本题主要考查的是考生能否掌握词语在句子中的含义和用法。具体来说，题干表达的意思是由于时间的关系，手册有一些不足之处。从意思上看，“仓促”是指匆忙；“草率”主要指马虎，不细致；“短暂”主要表示持续的时间短；“迅速”指速度快。“草率”和“迅速”都是修饰动作行为的，不跟“时间”搭配。“短暂”虽然能跟“时间”搭配，但强调的只是时间短，而“仓促”强调时间不宽裕，事情做得不够周详细致，最符合文义，所以选项 **D** 正确。
38. 正确答案是 **A**。本题主要考查的是考生能否掌握词语在句子中的含义和用法。通过阅读题干可知空白处应填入动词，“可惜”和“珍贵”是形容词，所以首先排除选项 **B**、**D**；对比选项 **A** 和 **C**，“爱惜”有“因为珍惜，看得很重而注意保护”的意思，更符合文义，所以选项 **A** 正确。
39. 正确答案是 **C**。本题主要考查的是考生能否掌握词语在句子中的含义和用法。由题干可知，心理咨询师需要保护患者的个人信息。根据语义，这里需要填入一个动词定语，修饰“原则”。“机密”和“秘密”均为名词和形容词，所以首先排除选项 **A**、**B**；“保护”为动词，一般不单独做定语，但可以跟名词一起做定语，例如，可以说“动物保护原则”，但不说“保护原则”，所以选项 **D** 不对；“保密”意为保守人或事的秘密，不使其泄露，更符合词语搭配的用法和文义，所以选项 **C** 正确。

40. 正确答案是 **A**。本题主要考查的是考生能否掌握词语在句子中的含义和用法。题干表达的是实验人员的操作失误产生了不好的结果，“后果”一般就是指不好的结果，所以选项 **A** 正确。

41. 正确答案是 **C**。本题主要考查的是考生能否把握词语在句子中的含义和用法。题干主要论述了旅行的好处，“风俗习惯”是常用搭配，所以选项 **C** 正确。

42. 正确答案是 **C**。本题主要考查的是考生能否掌握词语在句子中的含义和用法。题干首先说明了“这次的评比我们单位落后了”，为了争取在下一次的评比中胜出，“我们”需要对照其他单位找出“我们”的不足，也就是和其他单位的“差距”，所以选项 **C** 正确。“差别”和“差异”为同义词，主要强调事物的不同，体现不出“不足”的意思；“差池”主要指失误、疏忽或者意外。

43. 正确答案是 **A**。本题主要考查的是考生能否掌握词语在句子中的含义和用法。题干的主要意思是科学的应用给人类带来了深刻的变化。科学的“少量”应用很难带来方方面面的深刻变化，所以首先排除选项 **D**；将剩下的选项 **A**、**B**、**C** 代入句子中可发现，“广泛”和“应用”为常用搭配，且符合文义，所以选项 **A** 正确。

44. 正确答案是 **D**。本题主要考查的是考生能否掌握词语在句子中的含义和用法。题干的主要意思是潮流是一个怪圈，现在不流行的衣服可能几年后又变得流行了。仔细审题发现，“明明”“又”构成转折，因此正确答案应该和“又”后面的“热卖品”相对。分析各个选项，“过时”符合这一点，所以选项 **D** 正确。

45. 正确答案是 **C**。本题主要考查的是考生能否掌握词语在句子中的含义和用法。这个题可以采用代入法。“还不是”代入句子，句子不成立，首先排除选项 **D**；选项 **A**、**B** 都表示假设，但语义不符合题干的逻辑；“要不是”是假设情况并非如此或要是没有的意思，代入句子表示“要是老师没有带我们复习，我们无法通过考试”，语义通顺，所以选项 **C** 正确。

46. 正确答案是 **A**。本题主要考查的是考生能否掌握词语在句子中的含义和用法。题干的主要意思是人们都希望事事如意，但生活中常常会有不如意的事情发生。“偏偏”常用在动词前，表示动作行为跟愿望、预料相反，符合文义；“总是”跟“常常”语义冲突；“成天”代入后句子语义不通。再将第二个空的词语代入句中。“时不时”意思是时常，不时地发生，符合文义；“动不动”一般用来描写有生命的事物，放在这里不合适。所以选项 **A** 正确。

47. 正确答案是 **B**。本题主要考查的是考生能否掌握词语在句子中的含义和用法。观察四个选项，第一个空考查“彼此”和“大家”的区别。“彼此”的意思是这个和那个、双方，“大家”做代词时指一定范围内所有的人。题干中讲了“教”和“学”两方面，因此“彼此”为正确答案，排除选项 **C**、**D**。选项 **A**、**B** 中的第二个词“即使”和“不仅”都可以和“也”搭配，“即使”表示假设的让步，“不仅”则表示递进，意思是“不只”，更符合文义。所以选项 **B** 正确。

48. 正确答案是 **B**。本题主要考查的是考生能否掌握词语在句子中的含义和用法。题干提出了假设，即“你现在马上出门”，结果为“还能赶上六点的火车”。选项 **A**“即使”表示假设的让步，通常后面为否定的结果，与语义不符，先排除。选项 **B**、**C**、**D** 的第一个空都表示假设，因此我们看第二空的选项。“说不定”“不一定”都表示不能确定，用于对某种事实发生或存在的可能性的推测，但“说不定”倾向于肯定，而“不一定”倾向于否定、劝阻，根据文义，应该是表达肯定的意思。所以选项 **B** 正确。

49. 正确答案是 **B**。本题主要考查的是考生能否掌握词语在句子中的含义和用法。观察四个选项我们发现，第一个空，“格外”和“特别”都符合语义，表示今天的饭非常好吃，因此主要考查的是第二个空。“相关”为动词，代入后语句不通，首先排除选项 **C**；介词“对于”通常引进对象或事物的关系者；介词“关于”引进关涉的对象，意思是与之有关系；“至于”做介词时表示提出另一话题，常用在句首，在本题中用来引出今天的饭特别好吃的原因，符合语义。所以选项 **B** 正确。

50. 正确答案是 **A**。本题主要考查的是考生能否掌握词语在句子中的含义和用法。题干的主要意思是“我”在公司遇到巨大危机的情况下选择留下来，并相信只要大家团结一心，就能克服困难。观察选项，发现第二个空的候选词为“必定”和“必须”，“必须”表示一定要，有强制的意味，不符合文义，因此排除 **B**、**C**。选项 **A**、**D** 中第一个空的候选词都有“和从前一样，不改变”的意思，但“照常”有“按照常规”的意思，文中并没有说“我”多次遇到公司的危机，并且每次都选择留下来，因此“照常”不符合逻辑。所以选项 **A** 正确。

第二组练习

答案速查

36. C　37. A　38. D　39. B　40. A　41. A　42. C　43. B　44. A　45. C
46. B　47. C　48. A　49. C　50. A

详细解析

36. 正确答案是 **C**。本题主要考查的是考生能否掌握词语在句子中的含义和用法。这里需要选择一个可以和“佳音”搭配的动词。“传说”是经过很多人述说，一般没有明确的主语；“传播”有广泛散布的意思，而题干中是传给“我们”，不是广泛散布；“传话”指把一方的话转告给其他人，后面不能带宾语，一般说“给……传话”；“传递”意为传送，辗转递送，符合文义。所以选项 **C** 正确。

37. 正确答案是 **A**。本题主要考查的是考生能否掌握词语在句子中的含义和用法。“变动”一般指小的方面的变化，是短时间内发生的；“发展”通常指好的变化，但不能和“发生”搭配；“影响”一般和“产生”搭配；“变迁”指情况、阶段等变化转移，是一个长期的过程，“时代变迁”“环境变迁”“社会变迁”是常用搭配。所以选项 **A** 正确。

38. 正确答案是 **D**。本题主要考查的是考生能否掌握词语在句子中的含义和用法。从题干可以得知，“他”给自己规定了如何对待别人的观点以及自己的意见。“别人的观点”跟“自己的意见”相对，所以可以推测需要填写的词语的意思可能跟“肯定”相对。“接受”与“肯定”意思接近，都有“同意”的意思，如果既不同意别人的观点，也不同意自己的意见，逻辑不通；“表明”的一般是自己的观点或看法，不能是别人的观点；“辩论”通常指和别人就某一观点进行辩论，在这里搭配不当；而“驳斥”指激烈地反对别人的言论观点，符合文义，而且与“肯定”语义相对。所以选项 **D** 正确。

39. 正确答案是 **B**。本题主要考查的是考生能否掌握词语在句子中的含义和用法。“分析”“检验”“检查”的实施者都是人，“分辨”指区分辨别，其实施者可以是动物。所以选项 **B** 正确。

40. 正确答案是 **A**。本题主要考查的是考生能否掌握词语在句子中的含义和用法。选项这几个词的意思比较接近。“根源”做名词时表示使事物产生的根本原因，“起源”指事情起始的源头，“来源”指事物所从来的地方，“根据”是论断或言行所依据的事物。根据文义可以知道，要解决问题，需要找到问题的根本原因，所以选项 **A** 正确。

41. 正确答案是 **A**。本题主要考查的是考生能否掌握词语在句子中的含义和用法。具体来说，本题考查的是词语搭配。“热情”通常和“激发”搭配，所以选项 **A** 正确。

42. 正确答案是 **C**。本题主要考查的是考生能否掌握词语在句子中的含义和用法。“见识”指见闻、知识，“见证”指当场目睹可以做证的人或者可做证据的物品，“见解”指对事物的认识和看法，“见闻”指见到和听到的事。将各个选项代入可发现，“见解”最符合语义，所以选项 **C** 正确。

43. 正确答案是 **B**。本题主要考查的是考生能否掌握词语在句子中的含义和用法。题干中描述的地方“林木茂盛，牧草丰富”，让“他一直念念不忘”。“可不是”多用在口语里，表示附和对方，后面一般不加其他成分；“怪不得”表示明白了原因，对某种情况就不觉得奇怪；“要不然”表示如果不是上面所说的情况，就是或者就会发生下面所说的情况；“说不定”表示说不准，可能。把四个词语代入句子，可以发现“怪不得”最符合文义，所以选项 **B** 正确。

44. 正确答案是 **A**。本题主要考查的是考生能否掌握词语在句子中的含义和用法。题干描写了镇子上的居民听到有人喊起火后逃命的状态。“忙碌”是事情多，闲不住的意思；“赶忙”指不拖延，速度加快；“连忙”指赶紧，赶快；“慌忙”指急忙，不从容，含有混乱的意思。起火以后一群人逃命，不仅仅是速度快，应该是又匆忙又混乱的，“慌忙”为最佳答案，所以选项 **A** 正确。

45. 正确答案是 **C**。本题主要考查的是考生能否掌握词语在句子中的含义和用法。题干主要是说赵元任的语言能力很好。需要选择的词语和“他的语言能力”让人感觉怎么样有关。“惊奇”的意思是又惊讶又奇怪，放在句中最合适。此外，也不能直接说“让人惊动”“让人惊呆”。所以选项 **C** 正确。

46. 正确答案是 **B**。本题主要考查的是考生能否掌握词语在句子中的含义和用法。题干提到这块宝地有森林和矿藏，需要选择相应的词语修饰“森林”和“矿藏”。第一个空，“茂密”“稀有”均可以修饰“森林”，因此我们主要看第二个空的备选词。需要注意的是，第二个空的词语和“种类”搭配构成主谓短语，一起修饰“矿藏”，只有“丰富”合适。所以选项 **B** 正确。

47. 正确答案是 **C**。本题主要考查的是考生能否掌握词语在句子中的含义和用法。阅读题干，我们可以看出，第一个空应该填一个表示假设的连词。将选项代入句子，“如果”和后文的“我现在肯定流落街头了”逻辑不成立，所以排除选项 **A**、**B**。“要不是”是假设情况并非如此或要是没有的意思，符合文义。再看第二个空。“感激”和“感恩”为近义词，前者指因对方的好意或帮助而感动并产生谢意，后者指对别人所给的帮助表示感激，语义上后者要强于前者，但是“感恩”后面通常不带宾语，而“感激”可以直接带宾语。所以选项 **C** 正确。

48. 正确答案是 **A**。本题主要考查的是考生能否掌握词语在句子中的含义和用法。第一个空的备选项为“调查”和“检查”，均可以和“详细”搭配，因此该题的关键在于第二个空，该空需要比较“这一统计结果”与“实际情况”的差别。“出入”有两个意思，一为“出去和进来”，二为“差别，不一致”；“前后”指比某个时间稍早或稍晚的一段时间；“上下”“左右”均表示“大约”。将各个选项代入可发现，“出入”符合文义，在句中用的是第二个意思。所以选项 **A** 正确。

49. 正确答案是 **C**。本题主要考查的是考生能否掌握词语在句子中的含义和用法。第一个空，“照常”“照旧”“照样”“仍旧”都可以跟“活动”搭配，所以本题的关键在于第二个空。题干主要是说科学家解释植物既无神经又无肌肉但能活动这一现象。“这一现象”是科学家解释的对象，“对于”通常引进对象，放在句中最合适。所以选项 **C** 正确。

50. 正确答案是 **A**。本题主要考查的是考生能否掌握词语在句子中的含义和用法。第一个空的备选项为“相对”和“大致”，前者表示相互对比、比较，后者表示大约，“大致”更符合文义，因此排除选项 **B**、**D**。第二个空的备选项为“明确”和“明白”。从语义上来说，“明确”和“明白”都有“清楚”的意思，但前者还有“确定”的意思；从词语搭配上来说，“明确”也多和“界限”搭配。所以选项 **A** 正确。

第二部分

第一组练习

答案速查

51. C	52. C	53. A	54. C	55. D	56. D	57. C	58. C	59. D	60. B
61. C	62. D	63. D	64. C	65. B	66. C	67. D	68. C	69. B	70. A
71. D	72. C	73. B	74. D	75. D					

详细解析

51. 正确答案是 **C**。本题主要考查的是考生能否根据需要获取阅读材料的细节性信息。这道题的答案可以在第一段找到。仔细阅读可以发现，专注力和智力有关，但智力并不是决定性因素，专注力是可以培养和提高的，所以选项 **C** 正确。

52. 正确答案是 **C**。本题主要考查的是考生能否根据需要获取阅读材料的细节性信息。本题的关键词是 4 岁，在第二段可以快速找到相应的信息，所以选项 **C** 正确。

53. 正确答案是 **A**。本题主要考查的是考生能否根据需要获取阅读材料的细节性信息。短文第二段最后一句明确提到培养孩子的专注力要从孩子的兴趣出发，所以选项 **A** 正确。文中没有提到让孩子只专注于一件事，所以选项 **B** 错误；文中说让孩子在感兴趣的事情上付出足够的专注时间，并不是泛泛地给孩子留出足够的时间做事情，所以选项 **C** 错误；文中说家长应该在日常生活中刻意寻找孩子感兴趣的事，但并不是让孩子只做感兴趣的事，所以选项 **D** 错误。

54. 正确答案是 **C**。本题主要考查的是考生能否根据需要获取阅读材料的细节性信息。短文第一段提到常规的安全带是针对成人设计的，因此高度和尺寸都不适合儿童，无法给儿童有效的保护，所以选项 **C** 正确。

55. 正确答案是 **D**。本题主要考查的是考生能否根据需要获取阅读材料的细节性信息。本题主要考查了地点和数字的对应情况，可以迅速定位到第二段。虽然这段中提到的调查涵盖了上海，但是并没有提到上海的数据，所以我们不知道上海的安全座椅安装率，选项 **D** 正确。

56. 正确答案是 **D**。本题主要考查的是考生能否领会阅读材料的主要内容和判断作者的观点。根据选项，基本上可以定位到短文的最后一段。文中提到国内对儿童乘车安全的关注度提高了，并没有呼吁大家关注儿童乘车安全，所以选项 **A** 错误；文中提到“大多数地区还只是呼吁家长要为儿童准备安全座椅”，不是作者呼吁，所以选项 **B** 错误；文中完全没有提到“提高儿童安全座椅质量”

这个问题，所以选项 **C** 错误；文章最后提到“相应的法律法规指日可待”，“指日可待”意思是事情不久就可以实现，也就是相关法律法规很快就会出台，所以选项 **D** 正确。

57. 正确答案是 **C**。本题主要考查的是考生能否根据需要获取阅读材料的细节性信息并进行推断。这道题是让考生判断“姜撞奶”的相关阐述是否正确。从短文可知，姜撞奶是老婆婆的儿媳妇无意中发明的，所以选项 **A** 错误；短文第一段提到姜撞奶受到越来越多年轻人的喜爱，没提老年人是否喜爱，所以选项 **B** 错误；虽然姜撞奶有暖胃表热作用，但文中没说它是治病的药方，所以选项 **D** 错误；从第二段对姜撞奶发明过程的叙述和第三段对姜撞奶制作方法及原理的阐释来看，选项 **C** 正确。

58. 正确答案是 **C**。本题主要考查的是考生能否根据需要获取阅读材料的细节性信息。从题干可知这一题问的是老婆婆吃姜撞奶的原因，定位于短文的第二段。仔细阅读我们可以发现，老婆婆吃姜撞奶的原因是儿媳妇意外把牛奶倒进了姜汁，导致牛奶凝结，生成了姜撞奶，儿媳妇准备倒掉，她却舍不得，于是把姜撞奶吃了，因此选项 **C** 正确。

59. 正确答案是 **D**。本题主要考查的是考生能否根据需要获取阅读材料的细节性信息。这道题问的是制作姜撞奶时哪种做法是错误的，与题目相关的内容可以定位到第三段。文中提到牛奶煮开后要迅速倒进姜汁里，选项 **D** 是慢慢倒进去，是错误的做法，因此选项 **D** 正确。

60. 正确答案是 **B**。本题主要考查的是考生能否根据需要获取阅读材料的细节性信息。题干要求选择关于“鲸落”表述错误的选项。文中说鲸鱼的尸体掉落到深海后，对于海底生物来说就像“大洋荒漠之中的孤岛和绿洲”，意思是鲸鱼的尸体为这些海洋生物提供了生存的环境和养料，而非真的形成了一片绿洲，因此选项 **B** 正确。

61. 正确答案是 **C**。本题主要考查的是考生能否领会阅读材料的细节性信息并进行归纳概括。短文第一段后半部分介绍了鲸落形成的过程——“当一头鲸鱼死在大海中央时，由于它身躯太过庞大，食腐生物无法快速将它完全分解，因此它会一直下沉到数千米深的海底。”从中可以看出鲸落形成有 3 个条件，即死在大海中央、身躯庞大、下沉到数千米深的海底，分别对应选项 **B**、**A**、**D**。短文开头提到“如果一头鲸死在了浅海区，各种腐食者会以更快的速度将有机物瓜分殆尽”，也就是说如果有大量的食腐生物的话，鲸鱼一死亡，尸体就会被迅速吃完，不会落到海底，也就形成不了鲸落了，所以“海洋中有大量的食腐生物”不是鲸落形成的条件。因此选项 **C** 正确。

62. 正确答案是 **D**。本题主要考查的是考生能否根据需要获取阅读材料的细节性信息。题目问鲸落最大的意义是什么，短文第二段整段都是讲鲸落的意义，从“鲸落对海洋生态环境有着重大的意义，一次鲸落形成的生物聚落可以持续数十甚至数百年”可知，鲸落最大的意义是形成大型生物聚落，因此选项 **D** 正确，选项 **A**、**B**、**C** 也是鲸落的意义，但都是一个个具体的点，不是“最大的意义”。

63. 正确答案是 **D**。本题主要考查的是考生能否领会阅读材料的主要内容并进行归纳概括。短文第一段主要解释了什么是鲸落，第二段介绍了鲸落对海洋生态系统的意义，选项 **D** 概括得最全面，是正确答案，其他选项只概括了短文的部分内容。

64. 正确答案是 **C**。本题主要考查的是考生能否根据需要获取阅读材料的细节性信息。文章第一段说王德文“是一名从事木匠行业 50 年的资深手艺人”，也就是说，他当了 50 年的木匠了，因此选项 **C** 正确。

65. 正确答案是 **B**。本题主要考查的是考生能否根据需要获取阅读材料的细节性信息。文章第二段明确提到“儿子将他制作玩具的过程录了下来，上传到网上”，所以选项 **B** 正确。

66. 正确答案是 **C**。本题主要考查的是考生能否根据需要获取阅读材料的细节性信息。第三段说王德文制作的很多玩具用到了榫卯工艺，然后举了上海世博会中国馆、鲁班锁、苹果锁、木拱桥等例子，没提到竹蜻蜓，由此可以推测最可能没用到榫卯工艺的就是竹蜻蜓，所以选项 **C** 正确。

67. 正确答案是 **D**。本题主要考查的是考生能否根据需要获取阅读材料的细节性信息。短文的最后一段讲的就是王德文对意外而来的名气的态度。他认为自己“只是一个普通的农民，会点儿木工活儿”，所以选项 **D** 正确。

68. 正确答案是 **C**。本题主要考查的是考生能否根据需要获取阅读材料的细节性信息。题干需要选择不正确的说法。短文第一段第一句话提到土豆“既可以作为主食，也可以做成菜”，所以选项 **A**、**B** 正确；最后一句说“土豆还富含钾、锌、铁——富钾的食物对于降低血压很有帮助”，所以选项 **D** 正确；第二段提到土豆中含有一种特殊的淀粉，“可以增加饱腹感，并且十分耐饿”，“因此土豆受到减肥人群……的青睐”，可以知道土豆能够让人减肥，选项 **C** 正好与之相反，是错误的。

69. 正确答案是 **B**。本题主要考查的是考生能否根据需要获取阅读材料的细节性信息。这道题是比较土豆和谷物中一些营养成分含量的差别的。第二段句首提到“土豆中脂肪的含量为 0.2%，而谷类中脂肪的含量约为 1%”，也就是土豆中脂肪含量更少，因此选项 **B** 正确。

70. 正确答案是 **A**。本题主要考查的是考生能否根据需要获取阅读材料的细节性信息。根据关键词“抗性淀粉”，我们要去第二段寻找答案。第二段提到抗性淀粉“在体内消化缓慢，吸收和进入血液都较慢”，与选项 **A** 说法一致，所以选项 **A** 正确；“只存在于土豆中”太过绝对，文中并没有这样说，所以选项 **B** 错误；文中说抗性淀粉的“性质类似溶解性纤维”，而不是说抗性淀粉是一种溶解性纤维，所以选项 **C** 错误；文中说抗性淀粉“不会引起血糖升高”，选项 **D** 和原文相反，是错误的。

71. 正确答案是 **D**。本题主要考查的是考生能否领会阅读材料的主要内容并进行归纳概括。本文前面两段讲了土豆的各种优点，最后一段说我国启动了马铃薯主粮化战略，土豆将成为我国的又一主要粮食。正是因为土豆有诸多优点，所以我国才启动了土豆主粮化战略，使其将来成为我国的主粮之一。选项 **D** 概括得最全面，因此是正确答案。

72. 正确答案是 **C**。本题主要考查的是考生能否根据需要获取阅读材料的细节性信息。文中第一段开头提到，“1609 年，伽利略首次把他的小型望远镜指向夜空”，也就是首次用望远镜观察夜空，所以选项 **C** 正确。文中说“进而发现了木星的卫星”，可见发现的是木星的卫星，而不是木星，而且不一定是当年发现的，所以选项 **A** 错误；文中说伽利略“开启了一场天文学的革命”，并非真的发动了一场革命，所以选项 **B** 错误；文中说“结束了此前对于地球之外的宇宙仅能用肉眼观察的历史”，含意是以前人们也观察地球之外的宇宙，只不过是用肉眼观察的，伽利略开始用望远镜观察地球之外的宇宙，所以选项 **D** 错误。
73. 正确答案是 **B**。本题主要考查的是考生能否根据需要获取阅读材料的细节性信息。文中第二段明确指出天文台建在郊区或者山顶上是为了避免光污染影响观测，因此选项 **B** 正确。
74. 正确答案是 **D**。本题主要考查的是考生能否根据需要获取阅读材料的细节性信息。准确地说，是考查考生对数字的敏感性。考生可以以数字为关键词，迅速定位到原文中相应的句子。文中提到哈勃望远镜“行驶了 48 亿千米，环绕地球转了将近 15 万圈”，选项 **D** 把这两个数据混淆了，是错误的。
75. 正确答案是**D**。本题主要考查的是考生能否领会阅读材料的主要内容并进行归纳概括。纵观全文，这篇文章主要讲了人类在天文观测方法上的改变——从古代的肉眼观察到伽利略开始使用小型望远镜观测，再到后来的使用空间望远镜观测，因此选项 **D** 概括得最全面准确。选项 **B** 和 **C** 虽然也提到了，但不是主要内容。选项**A**有比较强的迷惑性。虽然文章也显示出了望远镜的不断发展，但始终是从望远镜是天文观测的工具这个角度来说的，所以文章的主要着眼点还是天文观测。

第二组练习

答案速查

51. D	52. C	53. B	54. B	55. B	56. B	57. D	58. B	59. B	60. C
61. C	62. D	63. D	64. B	65. C	66. A	67. C	68. C	69. C	70. D
71. D	72. D	73. D	74. B	75. C					

详细解析

51. 正确答案是 **D**。本题主要考查的是考生能否根据需要获取阅读材料的细节性信息。这道题考查考生是否理解极光的定义，第一段就是解释什么是极光的。文中说“太阳风的等离子体进入地球大气层，与分子、原子碰撞之际释放出能量，而能量释放的过程伴随着光芒”，简而言之，极光就是太阳风的等离子体释放能量时发出的光芒，所以选项 **D** 正确。选项 **A**“分子和原子碰撞时发出的光芒”是对原文的误解，因为极光是太阳风的等离子体在地球大气层与分子、原子碰撞发出的光，而不是分子和原子碰撞时发出的光；选项 **B** 是对文中“太阳黑子周期达到高峰时，就常常发生大型磁暴，造就超高强度的极光”这句话的误解，极光是太阳风运动造成的，不是太阳黑子造成的，所以选项**B**不对；选项**C**是指极光中的一种特殊情况，并不是所有的极光都是这样产生的。

52. 正确答案是 **C**。本题主要考查的是考生能否根据需要获取阅读材料的细节性信息。题干要求选择关于极光不正确的表述，选项 **C** 表述不完整，极光是南极光和北极光的统称，在北极和南极均有发生，因此选项 **C** 正确。

53. 正确答案是 **B**。本题主要考查的是考生能否根据需要获取阅读材料的细节性信息。文章第三段提到了几个出现过极光的国家和地区，对照之后可以看到只有选项 **B** 的几个国家和地区都出现过极光。

54. 正确答案是 **B**。本题主要考查的是考生能否根据需要获取阅读材料的细节性信息。这道题要求选择猕猴桃的原产地，文中说“我国是猕猴桃的起源和分布中心”，也就是说，猕猴桃起源于我国，选项 **B** 正确。

55. 正确答案是 **B**。本题主要考查的是考生能否根据需要获取阅读材料的细节性信息。文章第二段说这位女教师将猕猴桃的种子带回了新西兰，因此选项 **B** 正确。

56. 正确答案是 **B**。本题主要考查的是考生能否根据需要获取阅读材料的细节性信息。猕猴桃最初在新西兰有多个名字，但并不是新西兰人给它改名字的原因。从第三段中“为了更好地发展出口，新西兰猕猴桃需要一个响当当的名字”可知，猕猴桃改名是为了更好地发展出口，因此选项 **B** 正确。

57. 正确答案是 **D**。本题主要考查的是考生能否根据需要获取阅读材料的细节性信息。从文章第一段可知，游戏厂商推出健身游戏是“为游戏玩家们的身体着想”“鼓励玩家们健身”，因此选项 **D** 正确。

58. 正确答案是 **B**。本题主要考查的是考生能否根据需要获取阅读材料的细节性信息。文中没有提到《健身环大冒险》是第一款健身游戏，所以选项 **A** 错误；文章第三段明确提到这款游戏需要新设备“灵环”的配合，第一段提到该款游戏“在游戏机上适用”，所以选项 **C**、**D** 错误；文章第二段一开始就提到这是“一款角色扮演兼主打健身的游戏”，所以选项 **B** 正确。

59. 正确答案是 **B**。本题主要考查的是考生能否根据需要获取阅读材料的细节性信息。文章第三段的末尾说这款游戏“还真的有一定的健身效果”，也就是能起到健身作用，所以选项 **B** 正确。

60. 正确答案是 **C**。本题主要考查的是考生能否根据需要获取阅读材料的细节性信息。文中说“一般鱼的咽喉两侧各有四个鳃”，也就是说，鱼一般有八个鳃，选项 **A** 错误；选项 **B** 没有提到；文中明确提到“鳃是一种特别适应水中呼吸的器官”，所以选项 **C** 正确；文章开头说“鳃是鱼类主要的呼吸器官”，可知鳃不是鱼类唯一的呼吸器官，选项 **D** 错误。

61. 正确答案是 **C**。本题主要考查的是考生能否根据需要获取阅读材料的细节性信息。文章第一段提到“鱼呼吸时，各鳃片、鳃丝和鳃小片完全打开，使鳃和水的接触面增大”，所以选项 **C** 正确。
62. 正确答案是 **D**。本题主要考查的是考生能否根据需要获取阅读材料的细节性信息。文章最后一段就是解释鱼为什么离不开水的。离开水以后，鱼的鳃片等各部分结构便会重叠在一起，导致与空气的接触面积变小，鱼会因得不到足够的氧气而死亡，所以选项 **D** 正确。
63. 正确答案是 **D**。本题主要考查的是考生能否领会阅读材料的主要内容并进行归纳概括。文章第一段介绍了鱼的呼吸器官——鳃，第二段介绍了鱼的呼吸过程，第三段解释了鱼不能离开水的原因——鱼离开水后鳃不能正常工作导致鱼死亡，选项 **D** 概括得最全面，因此是正确答案。
64. 正确答案是 **B**。本题主要考查的是考生能否根据需要获取阅读材料的细节性信息。吴纯被誉为“闪耀在欧洲的中国钢琴之星”，意思是吴纯在欧洲取得了巨大的成就，但他并不属于欧洲，选项 **A** 错误；吴纯是拥有高学历的钢琴家之一，而非仅有的，选项 **C** 错误；文章只是说他获得过 18 项国际钢琴演奏大奖，不确定他是不是获奖最多，选项 **D** 错误；从文中“他是我国唯一获得三个海外博士学位的钢琴家”可知他在国外获得三个博士学位，所以选项 **B** 正确。
65. 正确答案是 **C**。本题主要考查的是考生能否根据需要获取阅读材料的细节性信息。从文章第二段最后一句“那时的他和母亲常常六点半起床，乘坐公共汽车到老师家练琴”可知，选项 **C** 正确。
66. 正确答案是 **A**。本题主要考查的是考生能否根据需要获取阅读材料的细节性信息。文章第三段提到“在吴纯的音乐之路上，母亲可说是倾其所有，从不吝啬”，“倾其所有，从不吝啬”就是非常舍得花钱，所以选项 **A** 正确。“四处借钱”“给他加油打气”只是与一次比赛有关，文章中没有说“经常”，所以选项 **B**、**D** 错误；选项 **C** 完全没提到。
67. 正确答案是 **C**。本题主要考查的是考生能否领会阅读材料的主要内容并进行归纳概括。本文主要讲了著名钢琴家吴纯小时候的故事，文章第一段的末尾用“然而，他的童年却充满了苦难”这个表示转折的句子引出了后面三段的内容，由此可见，该句为本文的中心句，后面连续两段都是讲他童年的情况和经历，所以选项 **C** 最适合做本文的标题。
68. 正确答案是 **C**。本题主要考查的是考生能否根据需要获取阅读材料的细节性信息。从第一段中的“毫无疑问，在这个充满沙砾的环境中，它们在生活中会不停地吸入和吐出沙粒”可知，珍珠贝不停地吸入和吐出沙粒是因为它们生活在沙砾中，选项 **C** 正确。
69. 正确答案是 **C**。本题主要考查的是考生能否根据需要获取阅读材料的细节性信息。文章第一段提到珍珠形成的原因是外来物的侵入刺激，多数情况是蓄意侵入；第二段再次提到珍珠贝总是被寄生物所困扰，这种严重的刺激是诱发珍珠形成的原因。由此可知，选项 **C** 正确。

70. 正确答案是 **D**。本题主要考查的是考生能否根据需要获取阅读材料的细节性信息。从文章第二段最后一句和第三段第一句可知，选项 **A**、**B**、**C** 的说法都是正确的；第三段中说“珍珠质的厚度要达到 1.5 毫米需要 2 年的时间”，选项 **D** 的表述与之不符。本题要选的是错误的说法，所以正确答案为选项 **D**。

71. 正确答案是 **D**。本题主要考查的是考生能否领会阅读材料的主要内容并进行归纳概括。本题要求考生推测作者的写作目的。通过第一段开头的句子我们可以知道，人们对珍珠的形成有误解，接下来作者解释了珍珠的形成过程，由此我们可以推测，本文的写作目的是消除人们对珍珠形成过程的误解，因此选项 **D** 正确。

72. 正确答案是 **D**。本题主要考查的是考生能否根据需要获取阅读材料的细节性信息。零浪费生活是尽可能减少垃圾而不是不制造垃圾，选项 **A** 表述不正确；制成堆肥的是可降解物质，而不是一次性物品，选项 **B** 表述错误；选项 **C** 表述太过绝对，与文中表述不符；文中说“将自己不需要的物品和别人交换或捐赠给慈善机构”，所以选项 **D** 正确。

73. 正确答案是 **D**。本题主要考查的是考生能否根据需要获取阅读材料的细节性信息。从文章第二段第二句可知，他们是希望通过亲力亲为解决城市的垃圾问题，因此选项 **D** 正确。

74. 正确答案是 **B**。本题主要考查的是考生能否根据需要获取阅读材料的细节性信息。药品、茶包等有可能会产生垃圾，但零浪费生活并不要求杜绝它们，因此选项 **A**、**D** 不正确；选项 **C** 和原文意思相反；文中说“不使用一次性塑料用品，用布袋和玻璃瓶代替塑料袋”，选项 **B** 的表述与之意思一致，为正确答案。

75. 正确答案是 **C**。本题主要考查的是考生能否领会阅读材料中作者的态度。在本文中，作者只是客观介绍了零浪费生活方式，并没有对该种生活方式表示支持或者反对，因此，本题的最佳选项为 **C**。

三、书面表达

客观性试题第一部分

第一组练习

答案速查

76. D　77. C　78. A　79. B　80. C

详细解析

76. 正确答案是 **D**。选项 **D** 属于主谓语搭配不当。“培养了很多优秀毕业生”的是“老校长”，而不是“一生”。或者去掉“的”，改成“他一生培养了很多优秀毕业生”；或者去掉“的一生”，改成“他培养了很多优秀毕业生”。
77. 正确答案是 **C**。选项 **C** 属于主谓语搭配不当。“水平”应该和“提高”搭配。应该改为“由于天天坚持写日记，他的作文水平提高得很快”。
78. 正确答案是 **A**。选项 **A** 属于句子成分缺失错误。这是一个由“是……的”构成的强调句，“的”不能省略。应该改为“他是他们村里第一个考上大学的。”
79. 正确答案是 **B**。选项 **B** 属于否定词误用。两个否定词连用表示的是肯定的意思，与句子要表达的“赞成”意义矛盾，应该去掉一个否定词。应该改为“他讲得还是很有道理的，我们都没有反对”或“他讲得还是很有道理的，我们都不反对”。
80. 正确答案是 **C**。选项 **C** 属于状语语序错误。表示范围的状语“都”应该在表示对象的状语“向警察”前。应该改为“几位路人都向警察证明是这位小伙子救了老人的命”。

第二组练习

答案速查

76. C　77. A　78. D　79. C　80. B

详细解析

76. 正确答案是 **C**。选项 **C** 属于指代不明错误。句子有歧义：“自己”是指“老师”还是指“我”？从句子本身表达的意义看，应该是指“我”。应该改为“今天老师又在大家面前特别表扬了我，我很开心”。
77. 正确答案是 **A**。选项 **A** 属于关联词语搭配不当。“既然”应该和“就”搭配。应该改为“既然你想知道，我就把真实的情况告诉你吧”。
78. 正确答案是 **D**。选项 **D** 属于搭配错误。“是不是”“能否”“成败”这类词语都涉及两个方面，与之相对应的也必须是两个方面。考生经常犯一面对应两面的错误。就这个句子来说，前半句的“会不会”是两面，后半句的“能”是一面，二者应该一致，“会不会”应该和“能不能”搭配。应该改为“会不会利用业余时间，关系到你的学习成绩能不能有所提高”。

79. 正确答案是 **C**。选项 **C** 属于定语语序错误。“三千多年前”应该修饰文物，而不能修饰出土。应该改为“考古学家对在殷墟出土的一批三千多年前的文物进行了细致的研究”。

80. 正确答案是 **B**。选项 **B** 属于句子成分缺失错误。动词“养”的宾语应该是“花”，句子缺少宾语，应该补上“花”。应该改为“我家里养了很多盆花，有的花春天开，有的则夏天开”。

客观性试题第二部分

第一组练习

答案速查

81. 奔跑　82. 疯狂　83. 边疆　84. 陪伴　85. 怀念

详细解析

81. “奔跑”，二级词。难点是“奔”字，“大”下面的“卉”容易少写笔画，或者笔画错误相交、露头。

82. “疯狂”，二级词。难点是“疯”字，容易把病字旁“疒”写成广字旁“广”。

83. “边疆”，二级词。难点是“疆”字，左边的偏旁容易写成“弓”，右边的偏旁容易忘掉中间的一横“一”。

84. “陪伴”，二级词。难点是“陪”字，左边的偏旁容易写成单人旁“亻”，也有的考生会把两个部件的位置弄反，写成“部”。

85. “怀念”，二级词。难点是“念”字，上边的偏旁容易写成“令”。

第二组练习

答案速查

81. 描写　82. 初期　83. 极端　84. 热烈　85. 笑容

详细解析

81.“描写”，二级词。难点是“描”字，左边是提手旁“扌”，不要写成反犬旁“犭”。

82.“初期”，二级词。难点是“初”字，左边是衣字旁“衤”，不要写成示字旁“礻”。

83.“极端”，二级词。难点是“极”字，容易写成“及”字。

84.“热烈”，二级词。难点是“热烈”两字，容易将下边的四点底“灬”少写一个点儿。

85.“笑容”，二级词。两个字都属于一级字，只要记住该词的整体意思，就不会写错字。

作文考试

第一组练习

本篇作文是叙事的记叙文。考生要在抓住记叙文的六要素，即时间，地点，人物，事件的起因、经过和结果的基础上，保证事件的完整性，特别要注意事件的先后顺序，要有事件的开端、发展、高潮和结局。由于作文只要求300字，所以写作时要抓住事件的突出特点，表达出作文的核心观点。

下面根据作文提示提供一篇范文供大家参考。

难忘的陪伴

17岁那年，我第一次离开家去外地上学。同宿舍一共有6个人，我年龄最小，他们几个都比较照顾我。

有一天，我的耳朵突然疼得厉害，我赶紧去了校医院。医生检查后说是耳朵里发炎了，需要打点滴。我还从来没有打过点滴呢，所以心里非常害怕，但是没办法，我一个人躺在病床上，看着药水一滴一滴地往下滴。旁边几张病床上的病人都有人陪伴，就我自己孤零零的，当时真的想哭。终于，我这一瓶药水快滴完了，旁边床病人的一个亲友帮我去喊护士来拔针头。

回宿舍后我一说，老四说：“明天我陪你去。”于是第二天老四真的陪着我去了。有老四陪着，同时又有了第一天的经历，所以第二天我就不紧张了。而且老四在旁边陪着我聊天儿，时间也不那么无聊了。快滴完时，老四去喊护士过来拔针头。这次我感觉有了依靠，心里踏实多了。

人在生病时是最需要人陪伴的时候，感谢老四在我最需要的时候陪伴着我，我永远不会忘记他。

第二组练习

本篇作文是一份加入志愿助老团队的申请书。首先要熟悉申请书的写作格式，即标题、称呼、正文、署名、日期；其次要清楚本申请书的核心是加入志愿助老团队，关键点是“志愿”和“助老”，围绕着这个核心，重点表达申请加入志愿助老团队的理由和自己具备的条件，以及成为志愿助老团队一员后的做法。

下面根据作文提示提供一篇范文供大家参考。

申 请 书

尊敬的志愿助老团领导：

我叫 ×××，是 ×× 年级 ×× 班的学生，志愿加入学校志愿助老团。

尊老敬老是中华民族的传统美德。我生长在一个敬老爱老的家庭，我不仅在家里尊敬爷爷奶奶，而且在小区里也会主动帮助有需要的老人，比如扔垃圾时顺便把邻居老奶奶的垃圾捎下去，遇到他们提着东西就帮他们提上楼，等等。我还每个月都去市养老院做一天志愿服务，帮忙打扫卫生，护理老人，陪老人聊天儿，给老人读报，等等。

一个人的力量是有限的，我希望加入学校志愿助老团，在团组织的统一领导下，大家心往一处想，劲往一处使，可以做得更多，也更能满足老人的需求，我也更能实现自己的价值。

如果我能加入助老团，我一定服从团的领导，遵守团的纪律，积极参加团组织的助老活动，毫无保留地贡献自己的智慧和力量。

请团领导批准。

此致

敬礼

申请人：×××

2020 年 11 月 17 日

第三单元　提速训练

一、听力理解

第一组练习

1. C	2. B	3. B	4. B	5. A	6. B	7. A	8. C	9. D	10. B
11. C	12. C	13. B	14. D	15. D	16. D	17. D	18. B	19. A	20. A
21. B	22. D	23. A	24. D	25. D	26. C	27. B	28. D	29. C	30. C
31. C	32. A	33. D	34. C	35. D					

第二组练习

1. C	2. B	3. D	4. B	5. D	6. C	7. D	8. C	9. D	10. B
11. A	12. D	13. D	14. C	15. C	16. D	17. B	18. C	19. A	20. C
21. C	22. B	23. D	24. D	25. B	26. C	27. A	28. C	29. C	30. D
31. A	32. B	33. D	34. A	35. C					

第三组练习

1. C	2. B	3. B	4. C	5. B	6. D	7. D	8. D	9. D	10. C
11. C	12. C	13. B	14. D	15. A	16. A	17. C	18. D	19. C	20. D
21. A	22. B	23. B	24. C	25. D	26. B	27. C	28. C	29. C	30. A
31. C	32. B	33. C	34. A	35. B					

第四组练习

1. D	2. B	3. A	4. C	5. B	6. D	7. A	8. A	9. C	10. D
11. C	12. D	13. B	14. A	15. C	16. B	17. C	18. B	19. D	20. C
21. C	22. D	23. B	24. B	25. C	26. D	27. C	28. C	29. B	30. D
31. C	32. C	33. B	34. B	35. C					

二、阅读理解

第一组练习

36. B	37. D	38. C	39. B	40. A	41. C	42. D	43. A	44. B	45. A
46. B	47. A	48. B	49. C	50. D	51. A	52. B	53. C	54. D	55. D
56. C	57. B	58. A	59. D	60. D	61. D	62. B	63. C	64. B	65. C
66. A	67. B	68. A	69. A	70. D	71. D	72. D	73. A	74. B	75. D

第二组练习

36. B	37. D	38. D	39. C	40. A	41. D	42. C	43. C	44. B	45. B
46. A	47. D	48. B	49. A	50. B	51. C	52. D	53. B	54. B	55. B
56. A	57. A	58. B	59. B	60. C	61. D	62. C	63. D	64. B	65. C
66. A	67. C	68. A	69. A	70. A	71. B	72. A	73. B	74. C	75. C

第三组练习

36. A	37. D	38. D	39. C	40. A	41. B	42. B	43. C	44. A	45. B
46. B	47. D	48. C	49. A	50. B	51. D	52. B	53. C	54. B	55. D
56. B	57. A	58. D	59. D	60. D	61. C	62. B	63. D	64. C	65. B
66. D	67. A	68. B	69. D	70. C	71. A	72. A	73. C	74. C	75. B

第四组练习

36. C	37. A	38. D	39. B	40. A	41. A	42. C	43. C	44. D	45. B
46. D	47. A	48. B	49. C	50. B	51. C	52. B	53. C	54. D	55. D
56. D	57. D	58. C	59. D	60. D	61. C	62. A	63. C	64. B	65. C
66. A	67. D	68. D	69. A	70. C	71. B	72. D	73. C	74. C	75. B

三、书面表达

第一组练习

76. C　77. A　78. B　79. D　80. B

81. 开辟　82. 形象　83. 误会　84. 佩服　85. 依旧

作文：

本篇作文是写一篇写人的记叙文。写人的记叙文可以通过对人物肖像、动作、心理以及细节的描写来表现人物的特点，一般按时间先后顺序安排内容。由于作文只要求300字，所以写作时要抓住人物的突出特点进行描写，表达出中心思想，不能面面俱到。

下面我们根据作文提示提供一篇写人的记叙文范文供大家参考。

我的好朋友

我的好朋友叫张大伟，又高又壮的他长着一张圆圆的脸和一双会笑的大眼睛，高挺的鼻梁下是两片厚厚的嘴唇，给人一种憨厚可靠的感觉。

我和大伟从小一起长大。我体弱多病，个子比同龄的大伟矮很多。小时候的大伟是我的保护神，只要有小朋友对我发脾气，他总是第一时间站出来保护我。

上小学后，大伟加入了学校足球队，一开始我只是有时在场外看他们踢球，大伟在场上奋力奔跑的样子特别帅气，令我十分羡慕。后来，大伟自己买了个足球，业余时间就鼓励我和他一起踢球。踢球让我的身体变得强壮起来，我也喜欢上了足球运动。

大伟不光踢球好，学习成绩也特别好，他还会书法，每天都抽空练习。在他的影响下，我也开始和他一起学习书法。

如今，大伟因搬家转学去了另一所学校。虽然离得很远，但我们经常联系。我想他应该是我一辈子的好朋友。

第二组练习

76. C　77. B　78. D　79. A　80. B

81. 沉重　82. 传染　83. 控制　84. 支援　85. 忙碌

作文：

本篇作文是写一封表扬信。写作时要严格遵循表扬信的格式。一封表扬信一般包括标题、称呼、正文、署名、日期。正文部分交代表扬的原因，包括事件发生的时间、地点、原因、经过和结果等，并在此基础上对好人好事进行评价，点明其意义。

下面我们根据作文提示提供一篇表扬信范文供大家参考。

表扬信

尊敬的爱民小学领导：

您好。

我们是大明派出所，贵校的张小华同学拾金不昧，我们对此提出表扬。

上周六傍晚，贵校张小华同学在放学回家的路上捡到一个包，里面有两捆百元人民币。他在原地等了很久不见人来找，就把包交到了我们派出所。在我们清点包内物品时，失主也满头大汗地来到派出所报案。看到失而复得的包，失主激动不已，并告诉在场人员，这些钱是用来给他住院的母亲做手术的救命钱。他非常感谢张小华同学拾金不昧。张小华同学谦虚地说，他是一名少先队员，这是他应该做的。

临离开前，失主特别委托我们先代表他写封表扬信，希望贵校表扬张小华同学拾金不昧的精神。待安排好母亲的手术后，他也会专程去贵校给张小华同学送面锦旗。

我们和失主一道感谢贵校培养出了这么优秀的学生，恳请贵校在全校范围内对张小华同学拾金不昧的精神进行表扬。让我们共同向社会传递正能量，为建设和谐幸福的家园而努力。

此致

敬礼

大明派出所

2019 年 5 月 6 日

第三组练习

76. D　77. A　78. B　79. C　80. C

81. 广阔　82. 固定　83. 思考　84. 探索　85. 清晰

作文：

本篇作文是写一篇读后感。一般先简单介绍自己所读书籍或文章的内容概要，然后谈自己的感想，就是先叙述后表达感想、感悟等。具体步骤：第一，简单开头；第二，简单介绍原著或原文的主要内容；第三，写出自己的感想，在感想中选择突出事例来说明自己的观点；第四，结尾。由于作文只要求 300 字，所以写作时要简明，介绍原著或原文的部分不要过长。

下面我们根据作文提示提供一篇读后感范文供大家参考。

《县委书记的榜样——焦裕禄》读后感

四年级时，老师曾给我们介绍过焦裕禄，并让我们阅读穆青写的《县委书记的榜样——焦裕禄》。

后来，我通过报纸转载看到了发表于1966年的《县委书记的榜样——焦裕禄》一文。1962年，焦裕禄来到兰考担任县委书记，面对贫穷落后的兰考，焦裕禄没有退缩，而是扎根在这里。作为一名“心里装着人民，唯独没有自己”的人民公仆，他身先士卒，到灾情一线、到田间地头，和群众同甘苦，共患难。为让兰考县人民过上好日子，他不仅做思想政治工作，让干部群众坚定信心，而且开展了大量的实地调查，了解兰考县涝、沙、碱三害的特点，以找到科学治理的方法。长期拼命工作损害了焦裕禄的健康，患了肝癌后，他不仅不去医院治疗，反而更加拼命地工作，直到生命的最后一刻。

阅读全文，不知不觉我已泪流满面。焦裕禄真正做到了无私、无我、无畏。他用自己的行动实践了全心全意为人民服务的誓言，所以得到了人民永远的怀念。正是由于有了一批批焦裕禄式的英雄模范人物，我们的国家才一步步走上富裕之路。我将珍惜今天的美好生活，努力向英模学习，长大后也成为焦裕禄式的英雄模范人物。

第四组练习

76. B　77. C　78. D　79. C　80. B

81. 欺骗　82. 尊重　83. 撒谎　84. 导致　85. 信赖

作文：

本篇作文是写一封一般书信。考生首先要熟悉一般书信的写作格式，一般书信包括称呼、问候、正文、结语、署名、日期；其次要了解本篇作文要求写给谁，写哪些内容。这里的核心是要表达自己的思念之情，除此之外，可以问一下对方的学习与生活情况。

下面我们根据作文提示提供一篇一般书信范文供大家参考。

亲爱的表姐：

你好。

你离开我们去省城上大学已经一年了，我好想你。你在学校还好吗？学习紧张吗？生活怎么样？你想家吗？要问的问题太多了，有时间表姐给我写封回信说一说吧。

你离开家以后，我经常去看望舅舅和舅妈。他们都挺好的，每天工作很忙，身体很健康，也特别想念你。每次到舅舅家，舅舅和舅妈都说非常惦记你，不知道你是否适应外面的生活。我觉得表姐你一直非常独立坚强，在外面一定会照顾好自己的。

我在学校学习也非常紧张。你是我的榜样，我希望自己努力学习，将来也能像你一样考上心仪的大学，实现自己的理想。

表姐，你除了学习以外，也要注意休息，劳逸结合。听说省城里有好几个公园，你有时间就去公园玩儿玩儿，欣赏一下美丽的景色，多照几张照片发给我们看看吧。盼望暑假快快到来，你好早日回家和我们团聚。

祝你一切顺利。

表妹：欣欣

2020 年 6 月 2 日

第四单元　实战演练

模拟试题（三）

一、听力理解

1. B　2. B　3. A　4. B　5. B　6. A　7. C　8. C　9. A　10. A
11. C　12. A　13. C　14. C　15. B　16. C　17. A　18. B　19. D　20. B
21. B　22. D　23. C　24. A　25. B　26. A　27. A　28. C　29. D　30. B
31. D　32. C　33. C　34. D　35. D

二、阅读理解

36. C　37. A　38. C　39. D　40. B　41. D　42. B　43. A　44. C　45. B
46. C　47. A　48. C　49. A　50. D　51. B　52. C　53. B　54. A　55. B
56. C　57. A　58. D　59. D　60. B　61. D　62. C　63. D　64. B　65. A
66. D　67. A　68. B　69. B　70. C　71. D　72. B　73. B　74. D　75. C

三、书面表达

76. D　77. C　78. B　79. A　80. A
81. 悠久　82. 记载　83. 融合　84. 有效　85. 遗产
作文：略

模拟试题（四）

一、听力理解

1. C　2. B　3. C　4. D　5. C　6. A　7. B　8. D　9. C　10. C
11. B　12. D　13. B　14. D　15. A　16. C　17. B　18. B　19. B　20. B
21. B　22. D　23. C　24. D　25. A　26. D　27. C　28. B　29. C　30. C

31. C　32. B　33. A　34. B　35. C

二、阅读理解

36. A　37. D　38. C　39. B　40. A　41. B　42. C　43. D　44. A　45. C
46. C　47. B　48. D　49. C　50. A　51. B　52. D　53. D　54. C　55. B
56. C　57. A　58. B　59. C　60. A　61. B　62. A　63. C　64. B　65. D
66. D　67. C　68. D　69. B　70. B　71. D　72. C　73. B　74. B　75. D

三、书面表达

76. D　77. C　78. C　79. B　80. D
81. 举办　82. 浓厚　83. 素质　84. 形象　85. 赔偿
作文：略

口试部分

第一单元　摸底检测

口试模拟试题（一）

朗读部分断句参考

1. 茶叶 / 源自中国，中国人饮茶 / 已有 6000 多年的历史，喝茶 / 有很好的 / 医疗和保健作用。

2. 理想 / 是一种精神，是一种 / 奋斗目标，我们每个人 / 都应该 / 树立远大的理想，并为之努力。

3. 一名小学生 / 推着坐在轮椅上的 / 残疾母亲 / 过马路，过来后，他又对着 / 刚刚礼让他们的车辆 / 鞠躬致谢。

4. 越来越多的 / 中国企业 / 开始重视 / 打造 / 具有强烈社会责任感的 / 企业形象。

5.每到春天，看见枯黄的草/开始变绿，我就想朗诵/白居易的诗——离离/原上草，一岁/一枯荣。野火 / 烧不尽，春风 / 吹又生。

口试模拟试题（二）

朗读部分断句参考

1. 我生活在 / 江南水乡，这里一年四季 / 都非常湿润，一到夏天 / 孩子们就泡在水里 / 打水仗。

2. 大熊猫/是我国的国宝，主要生活在/四川等地，据说/它们在地球上/已经生活了/至少/800 万年。

3. 爱国 / 是神圣的，有人把祖国 / 比喻成母亲，谁不热爱 / 自己的母亲呢？祖国 / 就是我们的 / 坚强依靠。

4. 生活中 / 总会遇到 / 各种各样的困难，只要想办法 / 总能解决，办法总比困难多。

5. 刘明/向我们介绍/他的学习经验时说：“制订科学的/学习计划，是提高/学习效率的/关键因素。”

第二单元　专项训练

第一部分：朗读

第一组练习

朗读部分断句参考

1. 马兰花 / 是具有 / 较高观赏性的植物，在我国的 / 分布区域 / 很广，从黑龙江 / 到西藏 / 都有马兰花。

2. 少年强 / 则国强，少年 / 是祖国的未来，从小 / 就要树立 / 肩负 / 国家发展建设重任 / 的意识。

3. 我国的 / 万里长城 / 是世界文化遗产，它 / 既是 / 中华民族的象征，也是 / 人类文明的象征。

4. 2016 年 /5 月 30 日，习近平总书记 / 发出了 / 向世界 / 科技强国 / 进军 / 的号召，这一天 / 被定为 / “全国科技 / 工作者日”。

5. 下周 / 就要放暑假了，你们 / 有什么 / 打算呢？我 / 准备 / 先和朋友们 / 踢几场 / 足球。

第二组练习

朗读部分断句参考

1. 我 / 读过 / 无数遍 / 方志敏烈士 / 写的 /《可爱的中国》，每次朗读时 / 都 / 格外激动。

2. 暴风雪 / 已经持续了 / 近半个月，就在 / 我家的牛和羊 / 快没饲料的时候，县里的救助队 / 及时 / 给予了援助。

3. 针对 / 该校多名学生 / 不明原因 / 发烧、咳嗽的情况，市医院 / 及时进行了 / 检查诊断 / 和救治。

4. 我国 / “长征十一号” / 运载火箭 / 昨天 / 成功 / 将两颗卫星 / 发射升空，卫星 / 顺利进入 / 预定轨道。

5. 学习上 / 难免会 / 遇到困难，老师 / 总是鼓励我们 / 不要放弃，要认真分析，找到 / 解决问题的办法。

第三单元 提速训练

第一组练习

朗读部分断句参考

1. 我们要 / 时刻牢记 / 绿水青山 / 就是金山银山 / 的理念，保护好 / 生态环境，保护好 / 我们人类的家园。

2. 小明 / 平时 / 特别不喜欢 / 运动，导致 / 身体很弱，一到冬天 / 就 / 经常感冒、发烧、咳嗽。

3. 秋天 / 是收获的季节，是多彩的季节，高粱 / 熟了，小麦 / 黄了，菊花 / 开了，到处是 / 丰收的景象。

4. 油炸食品 / 虽然美味 / 却不健康，家长们 / 都不希望 / 自己的孩子吃。

5. 经常 / 大声朗读 / 或者 / 背诵诗文，久而久之 / 你的语文水平 / 就会 / 在不知不觉中 / 提高。

第二组练习

朗读部分断句参考

1. 为了 / 在运动会上 / 取得 / 好成绩，这两个月来 / 小明 / 每天都 / 早早起来 / 到操场上 / 练习长跑。

2. 看到 / 一位老人 / 正缓慢地 / 横穿马路，民警小王 / 赶紧 / 从岗亭里 / 跑出来，搀扶着老人 / 过了马路。

3. 为了 / 合理利用 / 自然资源，防止 / 生态恶化，政府规定 / 这一片草原 / 不能 / 过度放牧，要 / 轮流放牧。

4. 夏季来临，天气 / 越来越热，家家户户 / 都在院子里 / 支起了凉棚，人们 / 吃着西瓜、扇着扇子 / 来降温。

5. 人生路上 / 会有失败，但 / 只要 / 自强自立，相信 / 自己的能力，最终 / 一定能到达 / 成功的彼岸。

第四单元　实战演练

口试模拟试题（三）

朗读部分断句参考

1. 张明 / 很喜欢 / 摄影，一开始 / 是拍些 / 花花草草，后来开始 / 拍风景，周末 / 只要天气好，他就去野外 / 拍照。

2. 青海湖 / 位于青海省 / 境内，湖里 / 鱼类资源 / 丰富，岸边 / 是辽阔的 / 天然牧场。

3. 我国 / 有超过三亿人 / 吸烟，每年 / 因吸烟死亡的人数 / 超过 100 万，为此 / 政府采取了 / 公共场所 / 全面禁烟 / 的措施。

4. 读书 / 可以丰富 / 人的精神世界，提升 / 人的道德境界，让自己 / 变得更好，让世界 / 变得更好。

5. 野鸭 / 种类很多，我国 / 约有 10 种，其中 / 中华秋沙鸭 / 是国家 / 一级保护动物。

口试模拟试题（四）

朗读部分断句参考

1. 中华人民共和国的国旗 / 是五星红旗，旗上 / 有五颗 / 五角星，象征 / 中国共产党 / 领导下的 / 革命人民 / 大团结。

2. 人的一生 / 不会 / 处处平顺，总会遇到 / 各种困难 / 或挫折，需要我们 / 勇敢、乐观地面对。

3. 长江和黄河 / 是我国 / 第一 / 和第二长河，二者 / 均发源于 / 青海境内，其源头 / 景色秀丽，风光宜人。

4. 书籍 / 是人类进步的阶梯，一本好书 / 犹如 / 一盏明灯，照亮前程，给我们的人生 / 指明 / 正确的方向。

5. 暑假 / 妈妈带我 / 去北京 / 旅游了，我们游览了 / 天安门、故宫，还登上了 / 雄伟壮丽的 / 万里长城。